U0799479

高等学校“十三五”规划教材

体育与健康

主　编　富仁杰　张　龙　张　宁
副主编　万绪鹏　张蕊玲

北　京
冶　金　工　业　出　版　社
2020

内 容 简 介

本书内容涉及较广，主要运动技术要求符合全民健身的特点，具体讲述的体育项目包括田径、篮球、足球、排球、乒乓球、羽毛球、武术等，基本可以满足高等学校学生体育、健康教育课程教学的需要。同时，本书注重对运动项目形成历史、发展及规则的介绍，对于学生拓展体育运动与健康教育知识和视野，以及培养科学锻炼习惯和终身锻炼的意识有促进作用。

本书可作为高等学校学生的体育课程教材，也可作为体育教师及体育爱好者的参考书。

图书在版编目(CIP)数据

体育与健康/富仁杰，张龙，张宁主编. —北京：冶金工业出版社，2020.8

高等学校"十三五"规划教材

ISBN 978-7-5024-8566-5

Ⅰ.①体… Ⅱ.①富… ②张… ③张… Ⅲ.①体育—高等学校—教材 ②健康教育—高等学校—教材 Ⅳ.①G807.4 ②G647.9

中国版本图书馆 CIP 数据核字（2020）第 083317 号

出 版 人 陈玉千

地　　址 北京市东城区嵩祝院北巷 39 号 邮编 100009 电话 (010)64027926

网　　址 www.cnmip.com.cn 电子信箱 yjcbs@cnmip.com.cn

责任编辑 杜婷婷 耿亦直 美术编辑 彭子赫 版式设计 禹 蕊

责任校对 石 静 责任印制 禹 蕊

ISBN 978-7-5024-8566-5

冶金工业出版社出版发行；各地新华书店经销；三河市双峰印刷装订有限公司印刷

2020 年 8 月第 1 版，2020 年 8 月第 1 次印刷

787mm×1092mm 1/16；15.25 印张；365 千字；234 页

46.00 元

冶金工业出版社 投稿电话 (010)64027932 投稿信箱 tougao@cnmip.com.cn

冶金工业出版社营销中心 电话 (010)64044283 传真 (010)64027893

冶金工业出版社天猫旗舰店 yjgycbs.tmall.com

（本书如有印装质量问题，本社营销中心负责退换）

前　言

21世纪是科学技术与人才竞争的时代。高校培养出全面发展、身心健康的复合型人才及大批具有现代思想的新青年，不仅是时代赋予的使命，同时也是走向“终身体育”的必由之路。

身心健康是幸福生活的基本保证。现代高校体育教学的根本目的就是促进学生身心健康。体育是达到“身心健康”这一目的的有效途径，“健康第一”是高校体育教育的主体内容，使学生学会能够在社会生活中运用于健身的体育运动项目和养成良好的运动习惯是现代高校体育教育的重要目标。

本书以《全国普通高校体育课程教学指导纲要》为依据，以教育性、知识性、健康性、兴趣性、发展性为基本原则，吸取了近年来体育学科的主要研究成果，介绍了体育学科的基础理论、基础实践。本书结构体系合理，结合时代特点，注重实用性与指导性，强调体育与健康有机联系和互动，融合了健康、体质、生理、营养、保健、养生等诸多学科的理论与实践成果，突出理论与实践相结合、现代与传统相结合。本书注重根据现代社会和学生的特点，以大量的科学事实和最新的科研成果为依据，传授体育文化知识和健身方法。

本书由西安理工大学的富仁杰、张龙、张宁担任主编，由西安理工大学的万绪鹏、西安交通大学附属小学的张蕊玲担任副主编。具体编写分工如下：富仁杰编写了第二章、第四章和第十四章；张龙编写了第五章、第八章、第九章和第十一章；张宁编写了第三章、第七章和第十章；万绪鹏编写了第六章；张蕊玲编写了第一章、第十二章和第十三章。全书由富仁杰、张龙、张宁负责统稿。

在本书的编写过程中，参考了相关书籍和文献资料，在此向有关作者致以诚挚的谢意。

由于作者水平所限，书中不妥之处，真诚欢迎广大专家与读者批评指正。

作　者

2020年2月

目　　录

上篇　理　论　篇

第一章　体育概述 ………………………………………………………… 1

第一节　体育的概念与构成 ………………………………………………… 1
第二节　体育的作用 ………………………………………………………… 3
第三节　大学体育的地位 …………………………………………………… 5

第二章　体育健康概述 ……………………………………………………… 8

第一节　健康概述 …………………………………………………………… 8
第二节　健康的影响因素 …………………………………………………… 11
第三节　体育与健康的关系 ………………………………………………… 14

第三章　锻炼身体的科学性 ………………………………………………… 20

第一节　锻炼身体的原则 …………………………………………………… 20
第二节　锻炼计划的制定 …………………………………………………… 22
第三节　常见生理反应与处理 ……………………………………………… 27

第四章　体育卫生保健 ……………………………………………………… 31

第一节　合理膳食与健康 …………………………………………………… 31
第二节　科学减肥 …………………………………………………………… 32
第三节　体育锻炼与常见运动损伤及处理 ………………………………… 38
第四节　科学锻炼与常见疾病的防治 ……………………………………… 42

下篇　实　践　篇

第五章　田径 ………………………………………………………………… 49

第一节　田径运动概述 ……………………………………………………… 49
第二节　短距离跑 …………………………………………………………… 51
第三节　中长跑 ……………………………………………………………… 53
第四节　接力跑 ……………………………………………………………… 56

第五节 跨栏跑 …… 57
第六节 跳远 …… 60
第七节 跳高 …… 64
第八节 推铅球 …… 66

第六章 篮球 …… 69

第一节 篮球运动概述 …… 69
第二节 篮球运动基本技术 …… 70
第三节 篮球运动基本战术 …… 84

第七章 足球 …… 93

第一节 足球运动概述 …… 93
第二节 足球基本技术 …… 94
第三节 足球基本战术 …… 102

第八章 排球 …… 107

第一节 排球运动概述 …… 107
第二节 排球基本技术 …… 111
第三节 排球基本战术 …… 119

第九章 乒乓球 …… 124

第一节 乒乓球运动概述 …… 124
第二节 乒乓球基本技术 …… 126
第三节 乒乓球运动战术 …… 139

第十章 羽毛球运动 …… 142

第一节 羽毛球概述 …… 142
第二节 羽毛球基本技术 …… 143
第三节 羽毛球基本战术 …… 157

第十一章 武术 …… 158

第一节 武术运动概述 …… 158
第二节 武术的特点与价值 …… 161
第三节 武术的流派与分类 …… 165
第四节 太极拳 …… 166

第十二章 操类运动 …… 170

第一节 健美操 …… 170
第二节 啦啦操 …… 178

第十三章　游泳……………………………………………………… 182

第一节　游泳运动概述……………………………………………… 182
第二节　竞技游泳…………………………………………………… 183
第三节　游泳基本战术……………………………………………… 187

第十四章　时尚休闲体育………………………………………… 189

第一节　台球………………………………………………………… 189
第二节　轮滑………………………………………………………… 193
第三节　跳绳………………………………………………………… 199
第四节　拔河………………………………………………………… 206
第五节　自行车运动………………………………………………… 209
第六节　野外生存…………………………………………………… 213
第七节　拓展训练…………………………………………………… 220
第八节　登山………………………………………………………… 225
第九节　攀岩………………………………………………………… 230

参考文献………………………………………………………………… 234

上篇

理 论 篇

第一章　体 育 概 述

第一节　体育的概念与构成

一、体育概念

什么叫作"体育"？20 世纪 50 年代，国际体育界学习交流日益频繁，许多国家认识到统一体育术语的重要性，并试图对一些基本的术语加以统一。20 世纪 60 年代，统一体育术语国际研究会成立，举行了以讨论体育基本概念为中心的国际学术会议。1980 年的世界体育科学大会，把体育的概念列为亟待解决的研究课题之一。20 世纪 80 年代初，我国体育理论界也围绕着体育的概念展开过一场学术争鸣。最后把体育分为"广义体育"和"狭义体育"，讨论暂告一段落。"广义体育"是人们平时所理解的体育，它涵盖了体育的全部内涵。"狭义体育"是指学校体育。

曾有些学者将"体育"解释为是"身体教育"的简称，至今仍被部分人所接受。而准确的体育概念必须是体育本质属性的反映和高度的概括。体育的本质属性应该是以身体练习为基本手段，以增强体质为核心目的。这是体育所特有的，是区别于其他社会活动的属性。体育的概念也在不断变化和发展。增强体质、增进健康的目的逐渐扩大为包括提高运动技术水平和丰富人们的文化生活，因此，原指身体教育的"体育"已不能涵盖具有相对独立体系的"竞技运动"和"身体锻炼"。于是，根据体育发展的特点和规律，可以给体育下这样的定义：体育是人们根据社会生产和发展的需要，遵循人体的生长发育规律和运动技术的提高规律，为增强体质、提高运动技术水平、丰富文化生活而进行的一种以身体练习为基本手段的社会活动。

二、体育构成

（一）学校体育

学校体育是学校教育的重要构成部分，也是素质教育和全民体育的基础，它作为教育与体育的交叉点和结合部，又是体育事业发展的战略重点。为了达到教育、素质及身心健康的总目标，学校体育根据受教育者的年龄特征和教育阶段，通过体育课程、课外体育活动和运动训练等基本组织形式，以“健康第一”为核心，全面完成学校体育的各项任务。学校体育处在学校这个特定领域，体育的内容被列入学校的总体计划，实施效果又有相应的措施予以保证，从而与学校其他教育环节共同构成了一个完整的教育过程，使学生在德、智、体、美各方面都得到发展，实现党的教育方针。

教育者要根据体育社会化、娱乐化、终身化的发展趋势，开展学校体育应该符合时代的特点，注意受教育者的个体感受，力求满足受教育者个人对体育的兴趣和爱好；启发受教育者主动参加体育锻炼的意识，讲究科学锻炼；帮助受教育者树立“健康第一”的体育思想。受教育者应明确学校体育的目标，使自己在参加各种形式的体育活动中保持个体心态与目标一致，对学校体育有一个正确的认识，使自己通过体育锻炼，成长为进取、开拓、创新的现代人。

（二）竞技体育

竞技体育也叫作竞技运动（sport），本来的含义是离开工作，通过一些轻松愉快的身体活动转移自己的注意力使自己高兴。因此，美国、英国、德国、日本等国的《体育大辞典》对竞技体育保留着这样的解释：“sport”是游戏、娱乐活动，是社会文化不可分割的一部分。随着社会的发展，竞技体育的竞争性、挑战性、规范性受到新闻媒体的广泛宣传，使得竞技运动的游戏、娱乐因素变得不太重要了，竞技体育在现代奥林匹克运动会的推动下，充分地体现出“更高、更快、更强”的奥林匹克精神，人们不断地向人体的极限挑战。竞技体育的规范性符合“公平竞争”的要求，体现了不同个体参加竞争的平等性。同时又因为它的竞争性，现代的各种高科技手段在该领域内广泛使用，使竞技体育的高艺术、高难度、高技巧和强竞争得到了充分体现，吸引了很多观众。竞技体育作为一种极富感染力、极具观赏性的运动，在活跃社会文化生活、振奋民族精神、促进各国人民之间的友谊等方面都有着特殊的作用。竞技体育在从体育实践中派生出来的初期强调的是业余性，发展至今，其职业性完全替代了业余性，从而使从事竞技体育的部分人，为了追求经济效益，不根据人体生理特点进行科学训练和竞赛，盲目追求超负荷、高强度运动训练，给人体带来了负面影响。有时甚至为了夺标而滥用兴奋剂，靠金钱操纵和控制比赛的输赢等，破坏了竞技体育的公平竞争原则，有悖于奥林匹克的体育精神，无疑使竞技体育的发展面临严峻的考验。

（三）社会体育

社会体育也称大众体育，是指以健身、娱乐、休闲、医疗和康复为目的的身体活动。我们经常提到的休闲体育、余暇体育、医疗体育、保健体育等均可以列入此范畴。社会体育作为体育的一个组成部分，它最能体现体育增强体质、增进健康的本质属性。参加对象是一般民众，是参加人数最多的一项群众性体育活动。组织形式灵活，锻炼内容丰富，参加者可以根据自己的兴趣爱好选择喜爱的运动，在活动中可得到愉快的情绪体验，强化其参加健身的意识。

社会体育开展的普及程度是衡量体育强国的重要标志。现代人已经认识到健康的重要性，“健康第一”“花钱买健康”的观念已经为现代人所接受。为提高国民的健康水平，减少因各种疾病给社会带来的损失，各国不惜投入巨资来开展群众性体育活动，发展社会体育。日本把每年的10月10日定为“体育日”，使得参加体育运动的人口增加到64%。

我国在1995年制订了“全民健身计划”，使健身活动遍及整个社会，社会体育蓬勃兴起，人们的健身意识有所改观，参加体育锻炼的人数也大幅增加。

第二节　体育的作用

一、健身作用

体育活动可以促进人体的新陈代谢和血液循环，从而促进有机体的生长发育，改善各项器官、系统的机能，提高整个有机体的工作能力。体育的健身功能具体表现在以下三个方面。

（一）体育运动能提高中枢神经系统的工作能力

经常参加体育运动，可以促进大脑皮层的兴奋，加深抑制，使得兴奋和抑制更加集中，神经过程的均衡性和灵活性得到加强，对体内外刺激的反应更加迅速、准确，提高大脑皮层的分析和综合能力，改善神经系统对各项器官、系统的调节作用，从而使各项器官、系统的活动更加灵活、协调，提高对外界环境的适应能力和整个有机体的工作能力。

（二）体育运动能促进有机体的生长发育，提高运动器官的机能

经常运动可以使管状骨变粗，骨密质增厚，骨结节和粗隆增大，骨小梁的排列也随之发生适应性变化。由于体育运动加强了肌肉的运动，肌肉中毛细血管扩张，血液供应增加，对蛋白质等营养物质的吸收和贮存能力增强，肌纤维增粗，肌肉收缩更加有力强健，关节更加灵活、牢固，机体的运动能力大大提高。

（三）体育运动能促进内脏器官构造的变化和机能的提高

运动使人体内的能量消耗增加，代谢产物增多，促使新陈代谢旺盛和血液循环加速，因而心血管系统、呼吸系统、消化系统和排泄系统的机能都将得到改善，同时也使各主要器官在构造上发生变化，机能得到提高。如心脏在构造上产生运动性肥大，心肌增强，心壁增厚，心脏容积增加，在机能上使每搏输出量增加，心搏频率减少，出现“节省化”现象。肺的功能也会提高，肺活量增大，呼吸深度增加。在剧烈运动时，则能高度发挥呼吸器官的机能，使能量物质的氧化过程进行得更加完善，以保证运动时能量物质的供应。

总之，体育运动能增强人的体质，使人健康长寿。这是体育运动健身功能的直接效果。由体育运动的健身功能还可以派生出其他一些功能，诸如可以促进生产、提高劳动效率、提高部队战斗力、增强国防力量以及促进其他事业的发展；同时，全民族的体质增强，本身就是精神文明的标志之一。

二、教育作用

由于体育运动竞赛具有群众性、国际性、技艺性和礼仪性（指有一定的仪式，如开幕式、闭幕式、发奖仪式等）的特点，它成了传播价值观的一种理想的载体。它能激发人们的爱国热情，振奋民族精神，教育人们保持与社会价值取向相一致的行为。体育运动竞赛的国际性，不仅扩大了它的活动范围，而且加深了它所产生的社会影响，把本来属于运动技艺的比赛，扩大和延伸到国与国之间的竞争，这种竞争超越了体育运动本身的价

值，产生了不可低估的教育作用。比如在国际比赛中，运动员按规定必须在胸前佩戴所代表国家（或地区）的鲜明标志，竞赛规程又明文规定比赛结束后，在给获胜国运动员颁奖时要奏国歌、升国旗；这就更增加了体育运动竞赛参与者和欣赏者的爱国意识。虽然人们不会简单地以运动竞赛的胜负来论定国家的优劣，但是，人们总是把一个国家的运动员在国际比赛中的表现和他们所取得的成绩，看成是一个国家国力的反映，民族威望也会由于在国际比赛中取胜而得到提高。特别是互联网飞速发展，体育运动更加成了一种富于感染、易于传播的精神力量，这就使体育运动不仅与人民生活息息相通，而且能产生巨大的教育作用。如有一些失足青年在给中国女排的信中都表示要告别黑暗的昨天，奔向光辉灿烂的明天。

三、娱乐作用

丰富多彩、健康文明的余暇生活，不仅可以使人们在繁忙劳动之后获得良好休息，还可以陶冶情操，愉悦身心，培养高尚的品格。体育运动娱乐功能的客观依据是体育能够满足人们的精神需要。体育运动由于其技术的高难性与简单性、动作造型的艺术性、配合的默契性和易于接受的朴素性，成为现代人余暇生活的一个重要组成部分，丰富社会文化生活、愉悦人的身心、调节人的情感、满足人的精神需要。

现代体育活动，能最大限度地发挥人的体力和智力水平，运动技艺日益向难、新、尖、高的方向发展。一些杰出的运动员能够在一定的空间和时间内把身体控制到尽善尽美的程度，使健、力、美高度统一起来，再加上和谐的韵律与鲜明的节奏巧妙配合，能表现出抒情诗般的艺术造型，使人们在观看体育比赛时，有种美的享受。在欣赏跳高比赛时，成千上万的人在运动员准备起跳的时候屏息凝神，而当他越杆而过时，立即爆发出宽慰的、纵情的欢呼；当一个排球运动员跳起扣球时，观众的手心沁出了汗水，而当排球落地有声得分时，观众马上爆发出震耳欲聋的掌声。亚里士多德曾将类似的情境称为“净化”观众的感情，这不仅能调节人们由于工作所带来的紧张的神经、疲劳的身体和紊乱的情绪，有助于元气的恢复，也是一种精神上的享受。人们通过参加体育运动，特别是参加那些自己特别喜爱和擅长的运动项目，在完成各种复杂练习的过程中，在征服自然障碍的斗争中，能体验到一种非常美妙的愉快感受。这种心理状态可以激发人的自尊心、自信心和自豪感，满足人们与同伴交往、合作的需要。同时，运动项目的不同特点，能使人在实践中获得各种不同的情感体验。跑步能使人感到有条不紊，勇往直前；打球使人感到视野开阔，豁达合群；旅游则可以饱览名山大川，使人感到赏心悦目，心旷神怡……现代奥运会的创始人皮埃尔德·顾拜旦在他的名作《体育颂》中，也满腔热情地歌颂了体育的这些功能。的确，体育无愧是一种最积极、最健康的娱乐方式，在现代社会生活条件下，它已经与传统的娱乐方式（如戏剧、电影艺术等）并驾齐驱。

四、政治作用

政治对体育起主导和支配作用，直接影响着体育的目的与任务；反之，体育以特有的方式能动地影响和反作用于政治，为政治服务。体育的政治功能主要体现在以下两个方面。

（一）提高民族、国家的威望和地位

随着竞技体育的飞跃发展，竞赛场成为金牌争夺的战场，金牌从一个侧面标志着一个国家的实力、地位、政治面貌、精神状态以及社会制度的优越性等，因此，各国纷纷运用竞技体育这一手段来表现实力，扩大影响，提高国际声誉。例如，1972 年，美国在奥运会篮球决赛中输给苏联，引起了美国公众的普遍不满，认为这有损于美国的国际威望，要求调查失败的原因。中国历史上曾被侮辱为“东亚病夫”，国际威望大受贬损。我国运动员在亚运会上连续夺得金牌总数第一，在奥运会上也连续多届获得多枚金牌，大大激发了民族意识，振奋了民族精神，提高了中华民族的威望和国际地位。

（二）振奋民族精神，加强爱国主义教育，增强国民凝聚力

一个国家谋求政治安定、经济繁荣、文化发达、军事强大，必须具备多种条件，而发扬民族精神，掀起爱国主义热潮，增强国民的凝聚力，是其中必不可少的条件。为了实现这一目标，可采取多种渠道和方式，而体育是其中十分重要的渠道和方式之一。当今，在一次国际体育大赛中的胜利，会像巨石击水，在国民心中产生巨大的冲击波，使千百万人甚至整个民族、国家沸腾起来，使民族精神得到升华，爱国激情得到弘扬，民众之心连成一片。

五、经济作用

经济学界认为，劳动生产力的提高是社会经济发展的重要标志，而在对生产力进行价值评估时，人的素质就成为最主要的衡量标准。一般来说，人的素质包含身体素质、文化素质、道德素质三个方面。但就某种意义而言，身体素质作为诸素质的基础，对生产力的提高起着至关重要的作用。

体育具有发展社会经济的功能，最初是由体育的健身作用决定的。因为它在提高身体素质、提高劳动者健康水平方面有显著效果，能够保持和增强劳动者的劳动能力，因此，在体力投资方面所做的贡献，也有力地促进了社会经济的发展。

在商品经济社会里，体育作为第三产业，它以劳动的形式向社会提供消费。当前，一些经济发达国家非常重视发挥体育的经济功能，采用多种途径追求体育的经济效益。诸如在大型比赛中获取收入的措施有：出售比赛的电视转播权，发行纪念币，提供体育彩票，收取门票费用、广告费等。在日常体育活动中增加收入的措施有：提高体育设施的利用率、举办热门项目的比赛，还有发展体育旅游、寻求赞助、开展体育咨询等。在改革开放过程中，我国体育的经济功能正在不断得到发挥，以获取可观的体育经济效益。

第三节　大学体育的地位

大学体育是大学教育的重要组成部分，它与德育、智育紧密结合，肩负着为当代社会培养全面发展的高层次人才的历史使命。大学体育是国民体育的基础，它作为社会体育和竞技体育的基础，是发展我国体育事业的战略重点。大学体育还是社会主义精神文明的组成部分，并在现代社会生活中占有重要的地位。同时，大学体育作为我国学校体育的最高阶段，又是实现人们社会体育、终身体育的基础体育教育。因此，大学体育的社会地位和作用不断地提高，主要表现在以下三个方面。

一、大学体育是高校全面发展教育的组成部分

全面发展教育，是指为促进受教育者的全面发展而实施的德育、智育、体育等多方面的教育。大学体育是全面发展教育的重要组成部分。

大学体育在大学教育中的地位，是由大学体育的功能与社会发展对大学体育的要求所决定的。大学体育既是大学教育的重要内容，也是大学教育的重要手段。

学校体育的目标应该从属于学校教育的目标。当今信息社会的竞争实质是人与人全面素质的竞争，科技的进步、经济的繁荣和社会的发展都基于素质的提高，因此，现代社会对人才培养提出了更严格的要求。人们整体素质（思想道德素质、科学文化素质及生理与心理素质）的发展依赖于人们接受的全面教育，而人们健康的体魄和心理主要由大学体育教育来实现。缺少体育的教育是不完整的教育。毛泽东在1957年就提出“我们的教育方针应该使受教育者在德育、智育、体育几方面都得到发展，成为有社会主义觉悟的有文化的劳动者。”《中国教育改革和发展纲要》明确提出：“教育必须为社会主义现代化建设服务，必须与生产劳动相结合，培养德、智、体全面发展的建设者和接班人。”实践证明，体育在健全大学生体格、体能，提高心理、社会适应能力及民族素质，促进大学生的全面发展中起到了不可替代的作用，大学体育教育的价值和地位越来越得到重视。

二、大学体育是我国国民体育的基础

大学体育在我国国民体育中的基础地位越来越被人们所认识。它主要表现在以下几个方面：

（1）大学体育对增强民族体质，提高民族素质有重要意义。当前世界范围内的各类竞争，实质上是科学技术和民族素质的竞争。身体素质是民族素质的组成部分，民族体质的强弱，民族素质的优劣，直接关系到一个民族、一个国家的兴衰。

（2）大学体育对推动群众体育的发展有重要作用。群众体育是一个国家体育发展的重要方面，国际上通常用体育人口这一指标来衡量。发展大学体育是增加体育人口，推动群众体育发展的直接措施。“十一五”期间，我国高等教育的毛入学率已达到26.5%，大学体育的长足发展，会使各级各类在校大学生直接成为体育人口，这从一个侧面反映出我国群众体育的普及水平。同时，受过良好的体育教育的大学生们走上社会后可以成为社会体育的骨干，对推动我国全民健身运动的开展，加速体育的社会化进程，都具有积极的作用。

（3）大学体育对发现和培养体育后备人才，提高运动技术水平有重要意义。竞技体育水平的高低，能够从侧面反映出一个国家的科学文化水平和综合国力。在我国体育体制改革深入发展的今天，学校体育正在担当起提高运动技术水平的任务，大学“体教结合”，创办高水平运动队，已成为培养高水平运动员的重要模式，直接为攀登世界体育高峰服务，关系到国家的声誉。

（4）大学体育是终身体育的重要环节。终身体育是指人们在一生中所进行的身体锻炼和受到的各种体育教育的总和。它是在现代终身教育思想的促进下形成的。大学体育作为终身体育的重要衔接环节，可以为大学生走向社会打下坚实的体质基础，并能有效地培养其终身体育的意识、习惯和能力，从而养成关注个人健康和形成体育锻炼的良好习惯，

使社会生活方式更加文明、健康、幸福。

三、大学体育是促进学生健康的重要手段

大学生正处于青年时期，从人体生理、心理的发展规律来看，其身心发展已进入了一个较为成熟的阶段，并处在不断发展与完善之中。大学生经过青春期的发育，人体生长发育渐趋稳定，各器官系统的机能和适应能力均已发展到较高水平，性发育也已成熟，人体正处于生命力最旺盛的时期。因此，大学体育教育应抓住这个良好的契机，在体育教育过程中将增进学生身心健康放在首位，让学生了解健康的基本常识，掌握体育锻炼的基础知识、基本技术和技能，提高自身的运动能力，并养成良好的锻炼习惯，以促进大学生身心健康发展与自我完善，为学习期间乃至今后的工作、生活积蓄精力，并为终身体育打下良好基础，这对提高全民族身体素质和实施全民健身战略都具有深远的意义。

目前，我国大学生的体质和健康状况令人担忧，一些常见病已在大学生中占有相当的比例，如肥胖、视力不良、神经衰弱症、心血管疾病等，严重影响了大学生的身心健康。鉴于此，教育部、国家体育总局、共青团中央联合提出在大、中、小学开展阳光体育运动，促进学生身体的正常生长与发育和形态机能的全面协调、发展，激励学生积极主动地进行体育锻炼，切实提高学生体质健康水平。因此，以“健康第一”为指导思想，有针对性地促进大学生的健康，是目前大学体育教育的紧迫任务。对于大学生本人来说，应牢牢树立健康意识，养成良好的体育锻炼的习惯，形成良好的生活方式，努力全面提高自身素质，以获得良好的体能，这对祛病健体、增进健康和生活幸福等方面都具有深远的影响。

四、大学体育是丰富校园文化生活、建设和谐校园的积极因素

体育作为社会主义精神文明建设的重要手段，是文化建设的重要内容和思想建设的重要手段。随着社会物质文化生活水平的提高，人们对体育文化生活的需求日趋强烈，体育日益成为人类现代文明生活中的重要内容。大学生在校期间，更需要文明、健康、娱乐、人际交往、合作等和谐的课余文化空间和丰富的校园文化生活来满足精神的追求。大学校园的体育活动内容丰富多彩，形式多种多样，吸引了广大学生的参与和观赏，使大学生从中充分享受体育文化。在直接参与健身娱乐的体育实践过程中，通过体育活动调节生活内容、丰富课余文化生活、改变生活方式、培养竞争与合作意识、享受精神乐趣，这对引导学生开展文明健康生活，抵制精神污染，防止和纠正不良行为具有十分重要的意义，同时促进了校园的和谐发展。

第二章 体育健康概述

第一节 健康概述

一、健康概念

人类对健康的需要和认识是随着所处的时代、环境和条件的不同而不断变化、不断更新的。以往，由于受传统观念和世俗文化的影响，人们往往将健康单纯理解为“无病、无残、无伤”。早在古希腊时代，医生就相信健康是身体的完全平衡。《辞海》将健康定义为“人体各器官系统发育良好，功能正常，体质健壮，精力充沛，并且具有劳动效能的状态。通常用人体测量、体格检查和各种生理指标来测量”。在美国也有类似的叙述，健康专家贝克尔认为，健康是“一个有机体或有机体的部分处于安宁状态，它的特征是机体有正常的功能以及没有疾病”。

然而，随着社会的发展和科学技术的进步，人们完全突破了原先的思维模式，对健康的概念有了新的认识。1948 年，世界卫生组织（WHO）在其宪章《阿拉木图宣言》中明确指出：“健康是指在身体上、精神上和社会适应各方面都完美的状态，而不仅仅是没有疾病和虚弱。”从而使人们对健康的评价不再局限于医学、生物学的范畴，而是扩大到心理和社会学领域。由此可见，一个人只有在身体和心理上都保持健康状态，并具有良好的社会适应能力，才算得上真正的健康。

身体健康、精神健康、社会适应三个方面的有机结合，可以构成人的生命质量，也就是我们所说的三维健康观，如图 2-1 所示。在人的生命这个立方体中，身体、心理和社会三种属性的面积越大，则生命立方体的体积越大，在自然和社会中所占的位置也越高，与社会的接触面也越大，该个体显示出的生命质量也越高。反之，如果这三种属性的面积过小，则个体与社会的接触面也越小，生命质量就越低。

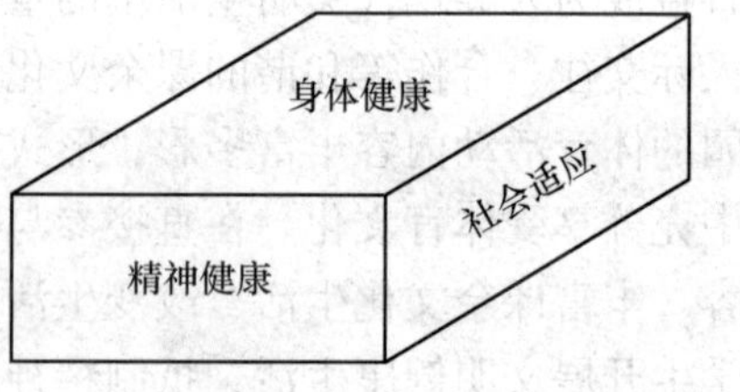

图 2-1 三维健康观

许多健康者的经验告诉我们，生命体的质量越高，则健康长寿的可能性就越大；相反，如果个体心理压抑和自我封闭，则极易产生疾病，缩短寿命。这也说明，一个人只有从生物、心理和社会三个方面着手，才能有效地保证其健康幸福的生活，从而提高生命的质量。

二、健康的标准

根据 WHO 对健康的定义，人的健康标准可概括为三个方面。

（1）躯体健康。指人的肌体及其生理功能方面的健康，包括身体发育正常，体重适当，体形匀称，眼睛明亮，头发有光泽，皮肤有弹性，睡眠好，能够抵抗一般性感冒和传染病等。

（2）心理健康。指人的精神、情绪和意识方面的良好状态，包括智力发育正常，自我人格完整，心理平衡，有正确的人生目标和较好的自控能力，精力充沛，情绪稳定，处事乐观，能从容不迫地负担日常生活的付出和繁重的工作而不感到过分紧张与疲劳，思想和行为符合社会准则及道德规范，与周围环境保持协调，具有追求健康文明生活方式的主观愿望和自觉行动，能够对健康障碍采取及时合理的预防、治疗和康复措施。

（3）社会适应性良好。指人的外显行为和内隐行为都能适应复杂的社会环境变化，能为他人所理解，为社会所接受，行为符合社会身份，与他人保持正常的人际关系。同时，还应该经受良好的文化教育，掌握与自身发展和社会进步相适应的科学知识或专业技能，培养从事工作、生产、劳动及其他社会事务的综合素质，不断丰富人生经历，积累人生经验，增强社会适应能力。

2000 年，WHO 进一步根据健康的定义，制定了健康的十条标准。

（1）有充沛的精力，能从容不迫地担负日常生活和繁重的工作而不感到过分紧张。

（2）处事乐观，态度积极，勇于承担责任，事无巨细，不挑剔。

（3）应变能力强，能较快地适应外界环境和各种变化。

（4）善于休息，睡眠良好。

（5）能抵抗一般感冒和传染病。

（6）体重适当，身体匀称，站立时头、肩、臂位置协调。

（7）头发有光泽，头屑少。

（8）眼睛明亮，反应敏锐，眼睑不易发炎。

（9）牙齿清洁，无龋齿，无疼痛，牙龈无出血而颜色正常。

（10）肌肉丰富，皮肤富有弹性。

除 WHO 的定义及标准，对现代健康的理解，通常还应包括以下几个方面：

（1）快食。所谓快食，就是食欲旺盛，吃得痛快。一日三餐，饮食规律，感觉津津有味，不挑食，不偏食，不酗酒，进食量有节制，没有过饱或不饱的感觉。说明消化吸收功能比较好。

（2）快眠。快眠就是入睡快，能一觉睡到天亮。睡眠时间规律，性生活适度，不失眠，不做梦，醒后头脑清醒，感觉舒畅。说明神经系统的兴奋、抑制功能协调，身体无病理信息干扰。

（3）快便。便意来时，能顺畅排泄大小便，且排便时间规律，感觉轻松自如，粪便颜色无异常，无排便困难或疼痛及其他不适感。说明泌尿系统及胃肠功能良好。

（4）快语。语言流畅，语意清楚，语音清晰。说话中气足，无声音沙哑、含糊不清或反应迟钝、词不达意的现象。说明头脑灵活、思维敏捷、心肺功能正常。

（5）快行。行动自如、协调，迈步轻松、有力，转体敏捷，反应迅速。证明躯体和四肢状况良好，精力充沛、旺盛。因诸多病变导致身体衰弱，均先从下肢开始。人患有内脏疾病时，下肢常有沉重感；心情焦虑，精神抑郁，则往往感到四肢乏力，身心交瘁。

（6）良好的处世技巧。看问题，办事情，都能以现实和自我为基础。处世乐观，态度积极，尊重他人，善待自己，能够主动与人交往并被大多数人所接受。

三、健康五要素

美利坚大学的国家健康中心提出了一个与健康三维观相似的定义，即健康是人对环境适应之后所达到的一种生命质量，个体只有在躯体、情绪、智力、精神和社交等五个方面都达到完美状态才称得上真正的健康（也称健康五要素），或称之为完美状态。

（1）身体健康。身体健康不仅指没有疾病，还包括良好的体能，拥有满足生活需要和完成各种活动任务的能量和能力。

（2）情绪健康。情绪涉及我们对自己的感受和对他人的感受。情绪健康的主要标志是情绪的稳定性，所谓情绪稳定性是指个体应对日常生活中人际关系和环境压力的能力。当然，生活中偶尔情绪高涨或情绪低落均属正常，关键是在生活的大部分时间里要保持情绪稳定。

（3）智力健康。智力健康指在长期的学习和生活中，大脑始终保持活跃状态。有许多方法可以使大脑活跃敏捷，如听课、与朋友讨论问题和阅读报刊书籍等。此外，努力学习和勤于思考还能使人有一种成就感和满足感。

（4）精神健康。精神健康对于不同宗教、文化和国籍的人意味着不同的内容，主要包括理解生活基本目的的能力，以及关心和尊重所有生命体的能力。

（5）社交健康。社交健康指形成与保持和谐人际关系的能力，此能力会使人们在交往中有自信感和安全感。与人友好相处，也会让你少生烦恼，心情舒畅。

健康五要素相互联系、相互影响，如图 2-2 所示。比如，身体不健康会导致情绪不健康，缺乏精神上的健康会引起身体、情绪和智力的不健康等。

在人生命长河的不同时期，健康的某一要素所起到的作用可能会比另一些要素更重要，如果长久地忽视某一要素就可能存在健康的潜在危险。只有各健康要素平衡地发展，人才称得上处于完美状态，才能真正健康和幸福地生活，享受美好的人生。

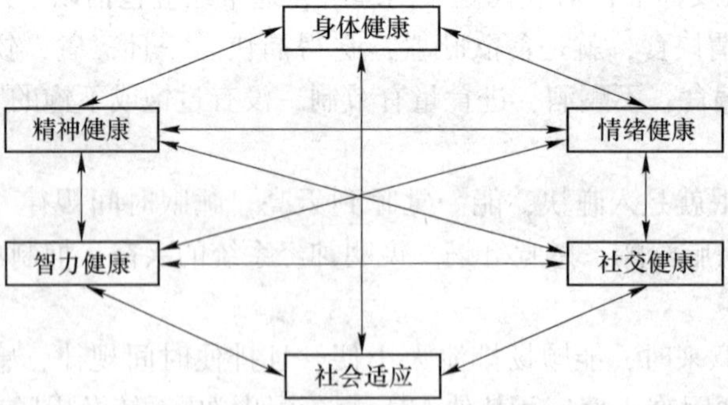

图 2-2 健康五要素之间的关系

四、亚健康状态

亚健康是近年来新提出的概念。亚健康状态是介于健康与疾病之间的一种状态，又叫“第三状态”或“灰色状态”。它是指机体在内外环境不良刺激下引起心理、生理发生异常变化，但尚未达到明显病理性反应的程度。从生理学角度来讲，亚健康状态就是人体各器官功能稳定性失调尚未引起器质性损伤，医学检查所得各项生理、生化指标均无明显异常，医生无法做出明确诊断。在此状态下如能及时调控，可恢复健康状态，否则会发生疾病。

亚健康状态基本上是由于机体组织结构的退化（老化）及生理功能减退所致，因而目前将人体衰老的表现也列入亚健康状态的一种类型。亚健康在临床上常被诊断为疲劳综合征、内分泌失调、神经衰弱、更年期综合征等。它在心理上的具体表现是精神不振，情绪低沉，反应迟钝，失眠多梦，白天困倦，注意力不集中，记忆力减退，烦躁，焦虑，易惊等；在生理上则表现为疲劳、乏力，活动时气短、出汗、腰酸腿疼等。此外，还有可能出现心血管系统变化，如心悸、心律不齐等。

国内外研究表明，现代社会完全符合健康标准的人大约只有15%，有疾病在身的大约15%，其余近70%的人都处在不同程度的亚健康状态。打个比方，生命过程就像一个两头尖的橄榄，健康和疾病是两个尖端，中间突出部分就是处于健康与患病之间的亚健康状态。亚健康包含前后衔接的几个阶段：与健康紧邻的可称为“轻度身心失调”，常表现为疲劳、失眠、胃口差、情绪不稳定等，约占人群的25%~28%。这种失调者若持续发展，可进入“潜临床”状态。此时，已呈现出发展某些疾病的高危倾向，人群中这种状态的人超过1/3。他们除了表现为身心失调外，还常伴有慢性咽痛、反复感冒、精力不支等。另有约10%的人处于潜临床和疾病之间，即“前临床”状态，他们已有了病变，但症状还不明显，已从健康走向疾病。

亚健康对人体危害极大，那么，造成亚健康的原因是什么呢？应怎样走出亚健康呢？首先，克服不良的生活习惯，如吸烟、过度饮酒、高脂肪或过量饮食、缺少运动、睡眠不足、不吃早餐、经常熬夜等不良习惯，都会使身体由健康状态逐渐转变成亚健康状态，最后导致各种疾病的发生。

亚健康形成的原因有：遗传基因的影响；环境的污染；紧张的生活节奏；心理压力过大；不良的生活习惯；工作、生活过度疲劳；久病、大病或手术后。

第二节　健康的影响因素

根据科学家的推算，人类寿命的极限应该在110岁左右。我国古代就有“尽享天年，度百岁乃去”的说法。虽然人类现在的寿命较远古时代要长，而欲达到人类正常的百岁寿命，仍是比较困难的。在英年早逝者中，除去意外事故，更多的是死于平时不注意医疗保健而发生的心脑血管、癌症等疾病。这种现象在知识分子中尤为突出。

那么，影响人的健康与长寿的关键因素是什么呢？世界卫生组织认为，每个人的健康与长寿，60%取决于自身状况，15%取决于遗传，10%取决于社会因素，8%取决于医疗条件，7%取决于生活环境和地理气候条件的影响。对取决于人们自身的因素来说，影响人的健康与长寿的关键是每个人的生活方式和行为习惯，即每日饮食是否适宜？是否经常进行体育锻炼？情绪是否良好与稳定？而体育锻炼是其中最重要的因素。

一、认知水平

“意识主导理念，理念主导行为”，有宏观与正确的意识，才能指导正面而有意义的行为。

二、遗传因素

遗传是指子代和亲代之间在形态结构以及生理功能上的相似，是一切生物共有的基本特征。有的草本植物只有一年的寿命，有的树木却可以存活几百年，说明生物的寿命因为物种的不同而产生很大差异。对人类来说，遗传除了影响人的自然寿命，在人的生长发育过程中，身高、体重、皮下脂肪、血压等多项形态、生理指标都有不同程度的家庭性倾向，尤以身高最为明显。遗传病是当前医学领域中，严重危害人类健康的疾病之一。现在世界上许多国家大力发展康复医学，遗传致残人群是重要的康复对象。对于遗传病，最重要的还是预防，如提倡科学婚姻，用法制来控制近亲结婚等。

三、心理因素

（一）消极的心理因素能引起许多疾病

我们祖先在2000多年前就发现了情绪对身心健康的影响，如《黄帝内经》中多处提到了“怒伤肝”“悲伤脾”“恐伤肾”。现代医学心理的研究也证明了许多疾病的发生、发展和心理因素有关，如心血管病、高血压、肿瘤等。大量的临床实践也证明，消极的情绪（如悲伤、恐惧、紧张、愤怒、焦虑等）能引起各器官系统的功能失调，导致失眠、心跳过速、血压升高、尿急、月经失调等症状。在我国癌症普查中还发现心理因素与食道癌、子宫颈癌的发病有密切关系。

（二）积极的心理状态是保持和增进健康的必要条件

心理是对客观的反映，积极、乐观、向上的情绪状态是人适应环境的良好表现。心理变化会引起一系列的生理变化。消极的心理状态会使各器官系统功能失调；积极的情绪状态则会保证各器官系统功能的协调和稳定，使器官系统生理功能提高，从而提高人体的免疫能力。

（三）心理因素在治疗中的作用

心理因素在治疗中的作用主要表现在两个方面：一方面是在疾病治疗中要打消顾虑，树立和疾病做斗争的坚定信念，积极与医护人员配合，以保证治疗效果；另一方面对由心理因素、情绪因素引发的疾病要坚持“心理治疗”，即消除致病的消极心理因素。

四、环境因素

（一）自然环境

影响人体健康的自然环境因素大致可以分为三类。

（1）化学性因素，指向环境直接排放有毒的化学物质，或者是由于化学反应的结果在环境中生成有害的产物，例如汞、氟、砷、氰化物、酚、多氯联苯、化学农药等。

（2）物理性因素，指放射性物质的辐射、机械振动、噪声、废热等。

（3）生物性因素，指各种病菌、病毒、寄生虫卵等。

这三类因素中以化学性因素影响最大。当这些有害物质进入大气、水和土壤时，便会造成自然环境的污染。环境污染直接、间接或潜在地对人体健康产生危害。

（二）社会环境

社会经济发展状况、社会秩序、伦理道德、宗教、风俗、教育等因素构成的社会环境都可能直接或间接地影响人的健康状况。美国弗莱齐尔（S. D. Frasier）曾报告，一些遭受虐待、歧视的少年儿童，生长发育缓慢、身材矮小、骨龄落后、性发育迟缓，他们并无明显的家族遗传倾向，可能是由于不良环境对中枢神经系统长期形成的恶性刺激，导致生长激素释放因子分泌缺乏而引起的。一旦改变他们的社会处境，他们的生长速度会大大加快，甚至最终可达正常水平。

五、行为与生活方式因素

身体健康的人，常得益于良好的生活方式：不吸烟，节制饮酒，每天吃早餐，注意饮食营养，维持正常体重，保证高质量的睡眠，坚持中等负荷的体育锻炼。

美国疾病控制中心调查了心脏病、癌症、中风、车祸及其他意外事件、流感、肺炎、糖尿病、肝病、自杀、他杀等10种最常见的导致死亡的原因，发现不良的生活方式是造成死亡的最主要因素。除此之外，还应注意身体的需要，并及时地对身体传递给自己的各种信息做出反应，即具有自我保健的意识和常识，做到定期体检，有病及时就医。最后，还要保证有适量的社交活动。生活于社会之中的人不单是一个生物的人，还是一个社会的人，因此，必须承担起一定的社会责任，“扮演”好自己的社会角色，不断提高自己的社会适应能力。

“生活方式病”是发达国家在对一些慢性非传染性疾病进行了大量的流行病调查研究后得出的结论。这些慢性非传染性疾病的主要病因就是人们的不良生活方式，包括肥胖、高血压、冠心病等心血管疾病，脑中风等脑血管疾病，糖尿病和一部分恶性肿瘤。这些疾病都是现代医学难以治愈、并严重地危害着人们的生命和健康。

“生活方式病”很可怕，因为它已经融入了现代生活的方方面面。开私家车上下班、坐电脑前完成一天的工作、餐桌上推杯换盏、在灯红酒绿的夜生活里度过夜晚时光……这曾是许多人追求的幸福生活，而今我们享受到了，“生活方式病”却已经开始缠身。在过去的一个世纪里，不良生活方式导致的慢性非传染性疾病逐渐取代传染性疾病，成为健康“头号杀手”。现代人所患疾病中有45%与生活方式有关，而死亡的因素中有60%与生活方式有关。

不健康的生活方式直接或间接地与多种慢性非传染性疾病有关，如高血压、冠心病、肥胖、糖尿病、恶性肿瘤等。原来以老年患者为主的高血压、冠心病、肥胖、糖尿病、恶性肿瘤等慢性疾病，目前已有“年轻化”的趋势。有关专家已经向北京人发出了警告：1/3的北京人都患有生活方式疾病，它正在以快速蔓延的方式侵袭着每一个人。

职业病也属于生活方式病的范围。现代白领普遍患有颈椎病、肩周炎、痔疮等疾病，这与长时间伏案工作，缺乏必要的身体活动有关。中国疾病预防控制中心健康教育所所长侯培森说：“其实，对于生活方式病，真正的危害不是来自疾病本身，而是来自日常生活中对危害健康的因素认识不足，不懂得生活方式与疾病的关系，脑子里还没有‘健康生活方式’的概念。这才是今后生活方式病对人类真正的威胁所在。”

六、社会保障和医疗卫生服务因素

保健是包括对疾病患者进行治疗在内的康复训练、普查疾病、促进健康、预防疾病、预防伤残以及健康教育等一系列的措施。显然，健全的社会保健制度是维护和促进健康的重要保障。社会保健制度涉及各个方面，而其中最重要的是建立和健全初级卫生保健制度。例如，开展针对性的健康教育，提供安全饮用水和基本卫生设施，改善食品供应及合理营养，开展妇幼保健和计划生育，地方病的预防和控制，常见病和外伤妥善处理，主要传染病的免疫接种，提供基本药物等。这使所有个人和家庭都能在一定范围内，享受到基本的卫生保健。改革开放后，我国卫生保健服务有了突飞猛进的发展，主要表现在医疗设施设备的更新、疾病的防疫方面有了较大的发展，开展了康复医疗、卫生咨询，在一定程度上建立了家庭病床，推广实行了医疗保险制度等。

第三节 体育与健康的关系

一、体育与健康的关系

“生命在于运动”的经典名言，已成为人们珍爱生命、维护健康的首要原则。古语道：“流水不腐，户枢不蠹”“马不行而脚直，车不驾而自朽”“用进废退”，这都是对“动”的真切感悟和生动描述。当今的“动则病去，静则病来”等说法都与“生命在于运动”的观点相一致。“动”态养生观主张运动锻炼以健身延年，生命就是要动。体育锻炼有益于健康。实践证明，经常参与有规律的体育锻炼会使人的身体发育正常、强壮、精力充沛，可增进身体健康。

有人曾在动物身上做过试验：将兔子、乌鸦和夜莺很小时就关进笼子。从外表上看，这些动物长大后发育都比较正常。然而，当它们被放出笼子后，惨不忍睹的情景出现了：兔子刚跑几步便倒下死去，乌鸦在天空飞半圈就一头栽下，夜莺欢唱了几句便死去了。实验者对这些动物死亡的原因进行了分析，发现兔子和夜莺死于心脏破裂，乌鸦则死于动脉撕裂。显而易见，这是由于它们长期不运动导致内脏器官发育不良，一旦激烈运动就不能适应的结果。国外对人也做过类似的实验：将若干 20~30 岁的健康男子分成两组，要求第一组被试者在 20 天里一直躺着，不许他们起坐、站立；第二组被试者也按同样的规定，所不同的是该组被试者每天虽然保持躺着的姿势，但可以在专门的器械上锻炼 4 次。20 天的实验结束后，第一组的被试者感到头昏眼花、四肢乏力、心慌气短、肌肉酸痛和不想吃饭；第二组被试者依然有一定的活动能力，身体反应也没有第一组被试者那样强烈。

动物和人的实验均表明，没有运动就没有生命，运动得少，生命力就弱；要保持旺盛的生命力，就应该进行有规律的体育运动。

二、体育锻炼的作用

（一）体育锻炼的生理作用

体育锻炼有如下生理作用：

（1）增强心脏和循环系统的功能，预防心血管疾病和中风。心血管病是当今世界危及人类生命的“头号杀手”。据报道，美国每死去的两个人中就有一个是死于心血管疾病。在我国，死于心血管病的人亦居首位。大量研究表明，参与有规律的体育锻炼能够增强心肌收缩力，降低血压，提高高密度脂蛋白胆固醇的含量，降低低密度脂蛋白胆固醇的含量，促进血液循环并增强心脏的功能，显著降低心血管病形成和发生的危险性。现在国际上还普遍认为，将血压维持在一个较低的水平可以减少各种心脑血管疾病的发病率，一般将血压控制在120～70mmHg的范围。临界高血压为：收缩压140～149mmHg，舒张压90～94mmHg。

（2）改善呼吸系统的功能。人在体育运动过程中呼吸进程加深，会吸进更多的氧气，排出更多二氧化碳，从而使肺活量增大，残气量减少，肺功能增强。经常锻炼的人由于身体适应能力强，其呼吸显得平稳、深沉、匀和、频率较慢，安静时的呼吸频率为7～11次/min，而不锻炼的人呼吸频率为12～18次/min，女性比男性快2～3次/min。

（3）提高消化系统的功能。体育运动会增强体内营养物质的消耗，使整个机体的代谢增强，从而提高食欲。另外，体育运动还会促进胃肠蠕动和消化液分泌，改善肝脏、胰腺的功能，从而使整个消化系统的功能得到提高，为人的健康和长寿提供良好的物质保证。

（4）增强运动系统的功能。经常不间断地徒手或持器械的体育活动，使运动者骨质中钙的积累增加，骨突增大，骨外层密质增厚，内层的骨松质在排列上则更能适应肌肉拉力和压力的作用。骨骼增粗，抗折断、弯曲、压缩、拉长和扭转的能力加大。调查显示，青少年时代经常参加体育运动比不经常参加者的身长要高4～8cm，肌肉发达、结实匀称且有力。同时，增加关节的稳固性，提高肌肉的伸展性，使关节活动范围加大，活性增强。

（5）改善神经系统的调节功能。科学的体育锻炼能改善神经系统的调节功能，提高神经系统对人体活动时错综复杂变化的判断能力，并能及时做出协调、准确、迅速的反应，使人体适应内外环境的变化，保持机体、生命活动的正常进行。人的活动是在神经系统支配下的协调活动，坚持锻炼的人，常表现为机体灵活、耳聪目明、精力充沛，这正是神经系统功能健壮的表现。

（6）增强体质，保持身体健康。科学的体育锻炼能增强人的体质。体质的强弱受多种因素影响，体育锻炼是增强体质最积极、最有效的手段之一。原国际运动医学联合会主席普罗科教授研究发现，锻炼的人到四五十岁身体机能还相当稳定，当他六十岁时，心血管系统的功能大约相当于二三十岁不锻炼的人。这也就是说，经常锻炼的人比不锻炼的人要年轻二三十岁。现任国际运动医学联合会主席霍尔曼教授指出：每天坚持跑步10min，心脏可以年轻二十岁。人类老化的主要特征之一是身体活动能力的逐步衰退，尤其是六十岁以后，身体活动能力的退步尤为明显。我国有句谚语：“老年勤锻炼，拐杖当宝剑。”事实证明，有规律的体育运动能使老年人身体活动能力的退化速度减慢。

（7）降低糖尿病发生概率，预防癌症。研究表明，有规律的体育运动能控制血糖水平的提高，有抗癌作用，使个体产生糖尿病的可能性和结肠癌的发生大大减小。有报道，妇女经常参加体育锻炼，可减少乳腺癌、子宫癌的发生。事实证明：经常参加体育锻炼能促进新陈代谢，加强消化和吸收，有助于增强体能，而体能的提高正是抗癌防病的关键。最新一项“癌症的死亡率”的调查资料显示：体能弱者的癌症死亡高达约1.8%，体能中等者约占 0.8%，体能强者约 0.4%。事实上，每个人无时无刻都可能在形成肿瘤细胞，但体内的免疫系统，在它还没来得及在数量上发展之前，就消灭了它。因此，免疫力强者能抵抗癌症的发生，而免疫力弱者则容易发生癌症。因此，适当的体育运动有助于增强抵抗力和减少癌症的发生。

（8）预防骨裂。骨质疏松会引起骨裂。骨裂在各个年龄层次的人群中均会发生，尤其在老年人特别是老年女性中比较普遍。研究表明，有规律的体育运动，可以促进骨合成，提高骨密质和骨的强度，达到预防骨裂的目的。此外，体育锻炼对于骨质疏松病人也具有积极的治疗作用。

（9）控制体重，改善体型。对于 18 岁的年轻人来说，男性体重中大约有 15%~18% 的脂肪，女性则为 20%~25%。所以，人们通常依据脂肪含量与体重的比例来决定是否肥胖。其标准是：男性脂肪含量超过体重的 25%，女性超过 30%，应当说明他或她是肥胖者。研究发现，父母都是正常体重，则他们孩子肥胖的可能性只有 7%~8%；一旦父母是肥胖者，儿童的肥胖率就可能上升为 40%。肥胖还与饮食、运动、心理、社会、文化等环境因素有关。导致肥胖的主要原因是缺乏锻炼。过度肥胖会影响人的正常生理功能，尤其容易造成心脏负担加重，寿命缩短。

（10）推迟衰老，延年益寿。俗话说："身体锻炼好，八十不算老；身体锻炼差，四十长白发。"运动使体内各种功能在新陈代谢增强的基础上得以加强，从而推迟衰老。"用进废退"是生命界的普遍规律，也是人体健康、长寿的规律。"不用则废""不用则退"，家养的动物都不及野生的寿命长。野象能活 200 年，而饲养的大象只能活 80 年；牧羊犬能活 27 年，而家犬只能活 13 年。有一项持续 30 年的研究显示，不锻炼的人比经常锻炼的人早逝的可能性增加 31%。

（二）体育锻炼与心理调节作用

（1）大学生这一群体的文化背景、年龄特征、心理特征、社会角色特征决定了他们心理健康的自身特点。大学生具有较高的智力水平，富有活力，朝气蓬勃，他们在激烈的竞争和完善自我的奋斗中承受着巨大的压力。体育运动对缓解压力，消除精神紧张具有重要意义。

（2）完善情绪状态。情绪状态是衡量体育锻炼对心理健康影响的最主要的指标。人们生活在错综复杂的社会中，经常会产生忧愁、紧张、压抑等情绪反应，体育锻炼则可以转移个体不愉快的意识、情绪和行为，使人从烦恼和痛苦中摆脱出来。大学生常因名目繁多的考试、相互间的竞争以及对未来工作的担忧而产生持续的焦虑反应，经常参与体育锻炼可使自己的焦虑反应降低。

（3）提高智力功能。经常参加体育锻炼可以提高自己的智力功能，不仅使锻炼者的注意、记忆、反应、思维和想象等能力得到提高，还可以使其情绪稳定、性格开朗、疲劳感下降等，这些非智力成分对人的智力功能具有促进作用。

（4）确立良好的自我概念。自我概念是个体主观上对自己的身体、思想和情感等的整体评价，它是由许许多多的自我认识组成的，包括"我是什么人""我主张什么""我喜欢什么""我不喜欢什么"等。由于坚持体育锻炼可使体格强健、精力充沛，因而体育锻炼对于改善人的身体表象和身体自尊至关重要。身体表象和身体自尊与整体自我概念有关，无论男性还是女性，对身体表象的不满意都会使个体自尊变低，并产生不安全感和抑郁症状。有研究表明，肌肉力量与身体自尊、情绪稳定性、外向性格和自信心呈正相关，并且加强力量训练会使个体的自我概念显著增强。

（5）培养坚强的意志品质。意志品质指一个人的果断性、坚韧性、自制力以及勇敢顽强和主动独立等精神，它既是在克服困难的过程中表现出来的，又是在克服困难的过程中培养起来的。在体育锻炼中要不断克服客观困难（如气候条件的变化、动作的难度或意外的障碍等）和主观困难（如胆怯和畏惧心理、疲劳和运动损伤等），锻炼者越能努力克服主客观方面的困难，也就越能培养良好的意志品质。从锻炼中培养起来的坚强意志品质能够迁移到日常的学习、生活和工作中去。

（6）消除疲劳。疲劳是一种综合性症状，与人的生理和心理因素有关，当一个人的情绪消极，或任务超出个人能力时，生理上和心理上都会很快地产生疲劳。大学生持续紧张的学习压力极易造成身心疲劳和神经衰弱，保持良好的情绪状态和参加中等强度的体育锻炼，则可以使他们身心得到放松。

三、体育锻炼与社会适应

人既是一个生物的人，又是一个社会的人，每个人都在社会中扮演着各种各样的社会角色。每个人总是在社会中生活，生活就是与人相处。体育运动能增加人与人之间接触和交往的机会。通过与他人的交往，可以使个体忘却烦恼和痛苦，消除孤独感。通过参与学校、家庭、社会中的各种群众性体育活动，可以得到社会强化和群体认同，从而在安全、友谊、爱情、亲情、支持、理解、尊重等方面得到应有的满足。

（一）培养正确的社会价值观

尽管因时代、制度不同，社会价值所包含内容的价值取向不统一，但都离不开对和平、自由、平等、自尊、幸福、才智、成就、友谊等具体价值内容所持的态度和行为。体育锻炼因其宗旨方式、结果都对价值观所涵盖的内容具有积极的影响作用，所以，它可以培养、塑造人们适应当今社会的正确价值观。

（二）培养和谐的人际关系

在现实生活中，人们需要通过各种交往方式相互表达情感和传递信息。社会学的研究表明，影响人际关系的主要因素有沟通能力，对身体、语言的理解和使用能力以及自我抑制水平和迁移能力等。根据体育锻炼活动性质的动态性、追求目标的共同性以及表现方式的群聚性等特点，体育在把握好影响人际关系的因素，促成良好人际关系的形成等方面，都具有十分重要的价值。实践证明，体育运动的最佳方式是置个体于社会群体之中。这种由共同运动欲望和追求目标维系的交往方式，既有利于身体运动的非语言接触和语言激励间的互动，也完全符合现代交往的基本要求，并可成为改善人与人相互关系的纽带。

在人际交往方面，大多数的体育锻炼者都希望与志同道合的同伴一起合作，通过身体练习，一起交流健身经验；或进行一场体育友谊赛，通过同伴之间或对手之间进行的这种感情沟通，达到相互了解和增进友谊的目的。在国际交往中，体育竞赛活动可以促进各国、各地区间的友好往来，增进友谊，加深了解，加强团结，在某种意义上促进世界和平。20 世纪 70 年代初我国就曾利用体育交流的方式，展开全球性的“乒乓外交”，打开关闭近四分之一世纪之久的中美之间的大门，促进中美两国人民相互了解，加深了两国之间的互相信任，从而被众多媒体称之为小球（乒乓球）转动了大球（地球）。从某种意义上说，体育运动也为世界和平做出了贡献。

（三）培养自立和善于需求社会支持的能力

确定体育目标并为实现这一目标而努力的过程，有助于培养运动者积极的人生态度，使他们具有更强的独立性和自立能力。在生活中，任何人都会遇到困难，是否具有为解决困难而寻求社会支持的能力，是社会适应性强弱的表现。体育锻炼作为一种个体行为，要想使它达到规范化要求，在寻找社会支持的努力中，除了需要加强与同伴之间的合作，还必须提高主动获取体育与健康知识以及自我评价体育锻炼效果的能力。比如，在体育锻炼的实施过程中，我们不能事事依赖于课堂体育教育，而是要设法借助于报刊、书籍、电视或互联网等大众传媒，通过查阅与检索资料，或从多媒体虚拟技术中直接获取信息，同样能够从中受益。学会用科学的方法指导自己的体育实践，从而加强体育锻炼与社会生活之间的联系。

（四）培养良好的道德情操和规范行为

21 世纪，人类进入精神发展的新纪元。为了适应更富人文精神的大科学时代对人格教育的要求，体育锻炼不仅要重视知识获取与促进健康实效，还应关注人的个性发展与健康人格培养等非智力因素，并按照陶冶道德情操的要求，体验集体活动与个人活动的区别，强调、促进健康与品德修养之间的关系，使体育锻炼既影响人的生长发育，又影响个性遵守社会行为规范和加强道德修养。体育运动中有各种明确而详细的行为规范，如奥林匹克精神和原则、体育道德规范、比赛规则、竞赛规程等。这些规范是体育运动得以开展的必要条件，而规范的培养是学生进入社会前必不可少的社会化进程。这一过程可以视为对社会法规和伦理道德的模拟学习过程，有助于他们理解遵守社会规范的意义和重要性。

（五）培养适应社会的参与意识

体育锻炼具有强身健体、娱乐消遣的功能，并且形式多样，内容丰富多彩，又不受太多条件的限制，不仅是人类提高生活质量的需要，也完全符合现代社会的生活理念。于是，不分肤色、贫富、贵贱、种族、信仰、年龄和性别，几乎人人都乐于接受体育锻炼。这表明，体育锻炼以它鲜明的公众效益和自由运动原则，为每个人提供了平等参与的机会。

实践证明，经常积极参与社会体育活动，并使自己逐渐成为社会体育组织的一员，不仅为他人提供帮助，还要通过相互间的经验交流接受公众的指导，乃至从精神上得到必要的鼓励，唯有培养这样的参与意识，才能使体育锻炼产生积极的社会效益，使参与者利用各种社会交往方式，扩大自己的生活领域，并达到促进个体社会化的目的。

（六）培养适应不同社会角色的观念

不同的社会角色区分了社会行业和每个社会成员的职业，不同社会角色成员的组合，构成了五彩缤纷的社会。一个人要符合社会的要求，取得社会成员的资格，就必须学会接受适当的社会角色。而各种体育活动都要求参与者有一定的分工与协作，这就培养与提高了每位参与者适应社会需要的角色观念。运动场上有机会让学生体验不同的角色和“做什么、怎么做”的社会意义，为他们走向社会打下基础，从而体验到人的主观努力是可以改变社会地位的重要意义。

体育运动本身蕴含的协作因素、团队精神和群体性，可以促使锻炼者按协调配合与角色互补原则，妥善处理同伴与同伴之间、同伴与对手之间的关系；通过培养适应社会需要的角色观念，潜移默化地去承担社会中自己相应的权利、义务与责任。

（七）培养适应社会发展的生活方式

健康生活方式“一二三四”。

一个中心：以健康为中心。

两个基点：小事糊涂一点，对人大度一点。

三大快乐：助人为乐，知足常乐，自得其乐。

四块基石：合理膳食，适量运动，戒烟限酒，心理平衡。

当前，由高科技开创的文明与繁荣，使人们的生活水平有了极大的提高。此时，尽管空闲时间不断增多，但由于劳动性质改变、生活节奏加快与人际关系复杂等因素，导致现代文明病多有发生。基于这种现状，为了防止体力衰退，学会生存，提高生活质量，人们必须选择文明、和谐、健康、活泼的活动方式去善度余暇。人们在对各种活动方式进行认真比较之后，更寄希望于丰富多彩的体育锻炼，把它作为现代生活方式的一种重要内容和明智选择。

体育锻炼的动态性、趣味性、娱乐性、保健性与休闲性，不仅可以通过人的肢体活动，使高度疲劳的神经系统得以休息，而且还有调节身心平衡，丰富生活内容，提高健康水平的功能。

面对现代生活节奏的加快，为了缓解身体对社会的不适应性，人们通过体育锻炼掌握运动技能，并以这种快速、敏捷的活动方式，提高人体对快节奏生产、生活的应变与承受能力。为了消除精神对社会的不适应，人们通过户外运动拓宽生活领域，并以这种回归自然本原的活动方式，克服对快节奏生活的抵触、恐惧、烦怨和焦虑等心理障碍。正是由于体育锻炼的这种特性，才使它在现代化的生产劳动中，能够预防和消除许多精神和肉体的不适应症，建立起适应生存竞争和享受生活乐趣的新生活方式。

第三章 锻炼身体的科学性

第一节 锻炼身体的原则

锻炼身体的基本原则是锻炼身体的过程中必须遵循的基本要求和指导思想，是长期体育锻炼实践经验的总结和概括，是体育锻炼客观规律的反映。因此，贯彻基本原则，能够促进大学生提高体育锻炼的效果。锻炼身体的基本原则包含六个方面：全面锻炼身体原则；合理运动负荷原则；自觉积极性原则；从实际出发原则；循序渐进原则；持之以恒、终身锻炼原则。

一、全面锻炼身体原则

全面锻炼身体原则，是指在体育锻炼的过程中必须追求身心的全面协调发展，使身体形态、机能、各种身体素质和基本活动技能以及心理素质等都得到协调发展。人体是在大脑皮层调节控制下的统一整体，人体的各个部位、各器官系统的机能、各种身体素质和基本活动技能之间都是互相联系、互相制约的。全面锻炼身体就能相互促进，因此必须注重全面的身体锻炼。

做到全面锻炼身体主要有以下几种方法：

（1）选择体育活动的内容和方法时，根据自身的兴趣爱好、专业特点以及客观条件选择多样锻炼身体的内容，尽量做到全面发展。每个人应以全身肌肉参与运动的项目为主、其他项目为辅进行全面身体锻炼。

（2）在每次体育锻炼过程中，要尽量做到既能提高身体素质，又能发展身体各个部位和各种基本活动能力。努力掌握多种运动技能，既不要面面俱到，也不要单打一。

（3）注意全身的活动，不要局限于部位。

（4）在全面锻炼身体的同时加强专业实用性体育锻炼。例如，地质专业的学生可以进行登山、野外生存锻炼等。

二、合理的运动负荷原则

运动负荷是指身体锻炼所给予人体的生理负荷，决定运动负荷效果的主要因素是量和强度。量包括练习的数量、次数、组数、时间、距离和重量等。强度包括动作的速度、练习的密度、练习的间歇时间、负重的多少等。安排合理的运动负荷，必须将量和强度以及本身的健康状况综合起来加以研究。

运动负荷过低没有健身效果，运动负荷过度同样起不到健身效果，长期过度运动会加速体内消耗，还可能造成其他运动伤害，不利于身体健康。多大的运动负荷才恰到好处呢？运动科学证实：中低强度的有氧运动才是健身的最佳途径。可以通过脉搏测量调节控制运动负荷，普通人群每分钟心率=（220 - 年龄）×（60%~80%）为最佳有氧训练状态，或者用170减去年龄的差数作为合理运动心率。

做到合理的运动负荷主要有以下几种方法：

（1）要正确处理量和强度的关系。针对自身的健康状况以及体育活动的项目特点安排好量和强度；量和强度之间一般是成反比关系，运动强度大只能维持较短的运动时间；强度适当才能维持较长的运动时间。利用量和强度之间的关系把运动负荷控制在最佳有氧训练状态。

（2）要善于把握和控制运动负荷。运动负荷应由小到大，逐渐提高。刚开始从事体育锻炼或中断体育锻炼后恢复锻炼时，强度宜小，时间宜短，密度要适当，随身体的适应而逐渐加大负荷，最好不要超越最佳有氧训练状态。

（3）要休息与运动之间合理交替。身体机能能力的提高不仅取决于练习的时间长短和紧张程度，也取决于适宜的休息。适当的休息有利于下一次练习处于良好状态，预防练习引起不良的反应。休息的方式有积极性休息和消极性休息，通常把两种方式结合起来，一般以积极性休息为主。

三、自觉积极性原则

自觉积极性原则主要是指体育锻炼者，必须有明确的锻炼目的，相信“生命在于运动”的科学道理，自觉积极地参加体育锻炼。体育锻炼是一个自我锻炼、自我完善，克服自身的惰性，战胜各种困难的过程。正如《体育之研究》指出的：“欲图体育之有效，非动其主观，促其对于体育之自觉不可。”

做到自觉积极性主要有以下几种方法：

（1）学习体育知识增强自觉积极性，积极地参加体育锻炼。体育锻炼是人类生活的一个组成部分，通过学习明确体育锻炼目的，把体育锻炼当作学习、生活和工作的自觉需要，激发体育锻炼的主动性和自觉性，从而调动自身体育锻炼的积极性。

（2）明确目的，培养兴趣。“一事之见于行也，必先动其善为此事之情。”可见体育锻炼的目的明确才能有利于激发和发展自身对体育锻炼的兴趣。兴趣是认识某种事物，从事某种活动的倾向，兴趣得到满足，就会体验到自身内心的愉快，就会自然自觉地参与体育锻炼。

四、从实际出发原则

从实际出发原则是指体育锻炼的目的，内容的选择，运动负荷的安排，都要以自身的年龄、性别、生活习惯、体质状况、体育基础、从事学习的专业，以及体育锻炼的场地器材和当地的季节气候相结合，寻求符合自身体育锻炼的基本途径，以达到促进健康增强体质为目的。

做到从实际出发主要有以下几种方法：

（1）学习有关的体育知识，深入研究以上的有关内容，明确目的，选择安排体育锻炼的内容、时间、运动负荷等。

（2）研究认识自身的健康状况，遵循人体的生理规律和生理特征，以及人体适应环境的基本规律，从不同的主客观条件实际出发，逐渐走上健康健身之路。

五、循序渐进原则

循序渐进原则是指体育锻炼的内容、方法和运动负荷等的安排选择都要按照人类认识事物的规律、动作技能形成规律，以及人体生理机能变化规律的科学顺序，由易到难，逐步提高。

做到循序渐进主要有以下几种方法：

(1) 根据自身的健康状况制定合理的运动负荷，做到量力而行。运动负荷必须由小到大，逐渐提高。开始从事体育锻炼或中断体育锻炼后恢复体育锻炼者要注重适应的过程，不要急于求成，不要参加紧张激烈的比赛。

(2) 要注意提高自身已适应的运动负荷，使体能保持在一定水平或不断增强的过程。在体育锻炼过程中要加强自我监督，及时调节，预防损伤。

(3) 开始锻炼时，要有一个准备过程，特别是在冬季，运动之前一定要身体“预热”，做些准备活动，然后逐渐加大运动负荷。体育锻炼结束之前应该做一些放松整理活动。

(4) 体育锻炼不仅要身体健康，而且也要心理健康。通过体育锻炼促进心理健康，达到心理满足。

六、持之以恒，终身锻炼原则

体育锻炼贵在坚持，养成终身锻炼的良好习惯，只要坚持每天的体育活动，就可以保持良好的身体状态。体育锻炼是对机体给予刺激，每一次的刺激都产生一定的痕迹。连续不断的刺激作用，则产生良好的痕迹积累，这种积累就会使机体的结构和机能产生新的适应，体质就会不断增强或保持在一定的水平。如果“三天打鱼，两天晒网”间断地进行体育锻炼，效果就大打折扣。因此，体育锻炼既不能在短时间内取得显著效果，也不能寄希望于一劳永逸之功。

做到持之以恒，终身锻炼主要有以下几点要求：

(1) 强化体育意识，结合自身学习生活习惯，安排体育锻炼的时间，把体育锻炼列为日常生活工作的一部分，逐步养成锻炼身体的习惯，使自已成为终身体育锻炼者。

(2) 树立目标，目的明确，制定一个切实可行的锻炼计划，自觉地执行。不断地修正使之行之有效。

(3) 把经常性体育锻炼作为培养毅力，锻炼意志，陶冶情操的手段和过程，在学习工作之余，加入体育锻炼的行列。

第二节　锻炼计划的制定

一、运动项目的选择

体育锻炼的内容，包括各项运动的基本练习和身体素质练习等。体育锻炼的内容丰富多彩，不能原封不动地生搬硬套，要根据自身的生活、学习以及周围环境条件灵活地选用。体育锻炼主要有以下内容：

（1）田径，走、跑、跳、投作为基本技术。一般包括快速跑、耐久跑、接力跑、障碍跑、跨栏跑、跳远、三级跳、掷垒球、推铅球等。以上这些项目是人体的基本活动，是行之有效的锻炼身体的手段。

（2）体操，包括队列、基本体操、技巧、支撑跳跃、单杠、双杠和高低杠等。

（3）球类，包括篮球、排球、足球、手球、羽毛球、乒乓球、垒球、棒球、网球等。

（4）游泳，技术动作主要有蛙泳、自由泳、仰泳、蝶泳等。

（5）舞蹈和韵律操，包括舞蹈和韵律操的基本练习、组合练习、成套韵律操、集体舞，以及表现主题的集体活动等。

（6）民族传统体育，中国武术有太极拳、南拳、长拳、刀、枪、剑、棒、五禽戏、八段锦、气功等，日本武术有空手道，韩国的跆拳道，还有品式、竞技、特技、跆拳道舞等。

（7）其他，轮滑、野外生存、拓展训练、登山、攀岩、跳绳等。

提高身体素质的练习，一般有灵敏、速度、协调、柔韧、平衡、耐力、力量等身体素质练习。

在选择运动项目时，必须做到以下五个方面：

（1）根据自身的性别、年龄、健康状况、体育锻炼基础、学习兴趣爱好以及专业特点。

（2）选择体育锻炼的内容要考虑技术动作的难易、比重、顺序和运动负荷，符合生理机能的适应提高，身体素质发展和运动技能形成的规律，符合体育锻炼的内在联系，由易到难，循序渐进。

（3）强调所选择内容对自身能增进健康、增强体质的实效，能全面发展身体基本活动能力和身体素质的效果；应身体上下肢协调发展，左右均衡发展。

（4）体育锻炼要注重体育、保健基础等知识的学习，利用科学知识指导体育锻炼，做到理论与实践相结合。

（5）要根据自然地理、气候条件、周围环境条件以及经济条件，从实际出发选择体育锻炼的内容。

二、科学锻炼计划的制定

体育锻炼只有持之以恒，才能取得理想的健身效果。因此，锻炼者在体育锻炼前应根据自身条件、健身目的，制定出一个长期稳定而又切合实际的锻炼计划。在制定长期体育锻炼计划时，至少应考虑锻炼者的健身目的、年龄和季节等多方面的因素。

（一）根据健身目的科学安排体育锻炼

在进行体育锻炼前，每个人都有较明确的健身目的，这是人们科学安排体育锻炼的重要依据。如果是为了一般增强体质，提高健康水平，那么体育锻炼的内容和时间就比较灵活一些，可以跑步、打球、练习武术等，时间可长可短。如果是为了提高肌肉力量，发展肌肉，就应该以力量练习为主，每周训练 3 次，其余时间用于身体机能的全面发展。

增加肌肉力量首先要制定科学的目标，制定目标时不要太高，要留有余地，目标过高，肌肉力量增长过快，不仅对肌肉本身不利，反而会破坏机体的协调发展。如果以减肥为主要目的进行体育锻炼，就应该以有氧运动为主，运动的时间相对较长，以使体内的多余脂肪充分消耗。通过体育锻炼减肥，每月减体重2kg比较合适。如果女性为了保持优美的身材和体形，就应该多做一些健美操运动。

（二）根据季节科学安排体育锻炼

不同季节的气候条件对安排体育锻炼也有影响，锻炼者应考虑季节气候的变化规律安排体育锻炼，并应注意季节交替时体育锻炼内容的衔接。

1. 春季锻炼

一年之计在于春，春季科学地进行体育锻炼可以为一年的体育锻炼和身体健康打下良好的基础。经过寒冷的冬季，身体各器官包括肌肉的功能都处于较低水平，肌肉、韧带也较为僵硬，所以开春进行体育锻炼，主要是以加强体内的新陈代谢为主，逐渐提高各器官的机能水平。体育锻炼的内容应以有氧代谢为主，运动强度应逐渐增加，运动形式多为长跑、自行车、跳绳、爬山、球类等。在春季进行体育锻炼时，要做好准备活动，充分伸展僵硬的韧带，以减少运动损伤。同时，要注意多穿衣服，防止感冒。

2. 夏季锻炼

夏季天气炎热，给体育活动带来很大不便，但如果这个季节停止锻炼又破坏了体育锻炼的连续性。所以，夏季既要坚持体育锻炼，又要掌握锻炼的空间和时间。夏季最理想的运动是游泳，这项运动不仅可以提高身体机能，同时又可防暑降温，但并不是所有人都有条件或适合进行游泳运动。夏季供人们可选择的体育锻炼项目还有慢跑、散步、太极拳、羽毛球等，在进行这些项目的运动时，最好是在清晨和傍晚进行，运动后要注意水分的补充，以防身体脱水和中暑。

3. 秋季锻炼

秋高气爽，是体育锻炼的大好季节。体育运动中许多重大的国际比赛都安排在秋季进行，说明秋季适合多种体育活动的开展，如篮、排、足三大球，长跑、武术、自行车等。一些冬季锻炼项目，如冬泳、冷水浴等，也应该从夏末秋初就开始准备，以便使身体有一定的适应过程。秋季进行体育锻炼时，由于天气变化无常，早晚气温较低，锻炼时要注意及时增减衣服。另外，秋天的天气干燥，锻炼前后要补充水分，以保持黏膜的正常分泌和呼吸道的湿润。

4. 冬季锻炼

冬季参加体育锻炼，不仅可以保持身体的健康水平，更重要的是可以提高身体的抗寒能力，预防各种疾病的发生，所谓的“冬练三九”就是这个道理。冬季体育锻炼的内容非常丰富，一般人可进行长跑、足球、拔河等，少年儿童可选择跳绳、踢毽子、跳橡皮筋；老年人可选择慢跑、太极拳、广播体操；北方还可练习滑雪、滑冰。冬季锻炼时身体生理机能惰性较大，肌肉组织容易受伤，所以要做好准备活动。运动最好采用口鼻呼吸方式，吸气时，口不要开得太大，防止冷空气直接刺激口腔黏膜。

（三）根据年龄科学安排运动量

体育锻炼时，运动量是影响锻炼效果的重要因素。运动量过小，锻炼效果不明显；运动量过大，会对身体机能产生不利影响。并且，根据不同年龄的人身体状况不同，体育锻炼的运动量也不同。

青年人的身体机能较为稳定，进行体育锻炼主要是为了保持身体机能，预防疾病。在体育锻炼的开始阶段，活动量可逐渐增加，当身体机能达到一定水平后，就应保持原运动量。从青少年就开始进行体育锻炼者，到成年阶段，活动量也不要继续增加，因为在成人阶段，想较大幅度地提高整体机能是不现实的。

三、体育锻炼的方法

体育锻炼的方法是根据人体机能发展规律，运用自然条件和各种体育手段，完成不同的动作练习，从而发展和提高身体机能的途径和方式。体育锻炼方法是贯彻体育锻炼原则，实现体育锻炼的途径。

（一）体育锻炼的一般方法

体育锻炼的一般方法有如下几种：

（1）重复锻炼法。它指按动作结构顺序以及相对固定条件多次反复进行某项身体练习。重复练习法的特点是练习的条件固定和反复进行练习，有利于掌握和巩固动作技术，锻炼身体，发展体能，培养意志品质。运用重复锻炼法要制定好重复次数和间歇的时间，避免负荷过大，过早出现疲劳或不正常的生理反应。

（2）变换锻炼法。它指在体育锻炼的过程中，变换锻炼的环境、内容、条件、节奏等，以提高锻炼效果的一种方法。变换练习法有两种形式，一种是连续变换，另一种是间歇变换。运用连续和间歇变换法时，应选择安排好变换的条件和间歇后的运动负荷。

（3）循环锻炼法。它指选定若干个练习手段，按照一定的顺序、次数、节奏及要求进行循环练习的方法。循环锻炼法的特点是利用多种练习手段，练习过程连续循环，练习时花样翻新，交替进行可激发兴趣，减轻疲劳，提高密度，运动负荷较大，有显著的健身效果。

（4）间歇锻炼法。它指进行重复锻炼时两次之间有合理的休息，是提高体育锻炼效果的一种常用方法。间歇时间的长短主要取决运动负荷的大小，一般运动负荷大，间歇的时间长；运动负荷小，间歇的时间短。后一次锻炼应在前次锻炼未恢复到安静水平时进行，如果间歇时间过长，锻炼效果明显下降。

（5）比赛锻炼法。它指在参与比赛条件下进行体育锻炼的方法。比赛锻炼法的特点是：有一定的情节和思想性，能引人入胜，具有竞争性和娱乐性，能使参加者积极主动地进行练习，按照规则的要求，竞争激烈、运动负荷较大，能充分发挥个人与集体的才智和创造力。运用比赛锻炼法时特别要注意避免过度兴奋和过度疲劳以及不利于健康的因素，预防运动损伤。

（6）放松锻炼法。它指在体育锻炼即将结束前，安排一些简单放松的身体练习或心理练习，促进机体较快地恢复到安静状态的方法。放松锻炼法可不拘形式，目的在于促进人体生理、心理上的放松、舒畅，消除疲劳，振奋精神。

（二）提高身体素质的方法

通常人们把人体在肌肉活动中所表现出来的力量、速度、耐力、灵敏和柔韧等机能能力统称为身体素质。身体素质是衡量一个人体质水平的重要标志，是掌握运动技能和提高运动成绩的基础。

1. 发展力量素质的方法

力量素质是指肌肉紧张或收缩时对抗阻力的能力。力量素质根据肌肉收缩形式一般可分为静力性力量和动力性力量。

（1）静力性力量是指肌肉作等长收缩时所产生的力量。人体维持或固定一定的位置或姿势，不产生明显的位移运动。例如：手倒立、直角支撑、燕式平衡等。

（2）动力性力量是肌肉在等长收缩时所产生的力量，产生明显的位移，使人体或器械产生加速运动。例如：跑、跳、投等。

发展力量素质的方法主要有以下三种：

（1）发展绝对力量。发展绝对力量素质的方法主要是克服阻力，阻力大、重复次数少的力量练习有利于力量的增长。以锻炼者某一种动作最大力量的90%左右作为阻力，连续完成此动作3次，重复3~5次，每组之间休息1~3min，每周练习三次，效果最好。

（2）发展速度力量。发展速度力量要用中等的负荷强度，快速完成动作。负荷一般是最大力量的60%左右。每组5~10次，做4~6组，每组间歇2~5min效果较好。

（3）发展力量耐力。一般采用最大的50%左右的重量，每组练习20~30次，做5~8组，每组间歇1~2min，每次练习要到出现疲劳感觉为止。这种力量练习方法，肌肉力量和肌肉体积都不会增长，只会消耗能量，减少脂肪，增强肌肉的力量耐力。

2. 发展速度素质的方法

速度素质是指人体进行快速运动的能力或用最短时间完成某种运动的能力。按其在运动中的表现可分为反应速度、动作速度和周期性运动的位移速度三种形式。

（1）反应速度是指人体对各种刺激反应的快慢，如短跑运动员从听到枪响到启动的时间。反应速度的快慢取决于兴奋通过反射弧所需要的时间即反应时的长短。反应时间与反应速度成反比，反应时间短，则反应速度快；反应时间长，则反应速度慢。

（2）动作速度是指完成某一动作时间长短，如投掷运动员器械出手的速度，跳跃运动员的踏跳速度等。动作速度主要受肌肉组织的兴奋性、肌纤维的结构类型以及动作的熟练程度等因素影响。

（3）位移速度是指周期性运动中人体通过一定距离的最短时间，如跑速、游速、滑速等。

位移速度受多种因素的影响，其中主要是神经过程的灵活性，有关的组织结构以及训练水平。发展速度素质的方法很多，例如通过各种信号训练反应速度，减轻器械重量可以提高投掷出手速度，改变作业条件，牵引跑、下坡跑等可以发展位移速度。以最快的动作，最短的时间反复进行练习，都可以提高速度。在发展速度素质的同时，要注意加强其他素质的训练，促进全面发展。

3. 发展耐力素质的方法

耐力素质是指人体长时间进行肌肉活动的能力，也可以看作是对抗疲劳的能力，是人体各器官系统机能和心理素质的综合体现，是衡量人体机能水平、体质强弱的重要标志。从生理学角度来看，耐力素质可分为有氧耐力和无氧耐力。有氧耐力是指人体长时间进行有氧工作的能力。氧气供应充足是实现有氧工作的先决条件，也是制约有氧工作的关键因素，而运动中氧的供应受多种因素制约。坚持长跑或游泳锻炼是提高有氧耐力的最好方法，一般通过脉搏的测定控制，以170减年龄的差作为有氧耐力训练的最高限度，这样能达到较好效果。

4. 发展灵敏和柔韧素质的方法

灵敏素质是指人体迅速改变体位、转换动作和随机应变的能力，是多种运动技能和身体素质在运动中的综合表现，是一种较为复杂的素质。通过各种信号刺激改变动作的训练，可以提高大脑皮层神经灵活性，并通过各种手段（如利用声、光等信号刺激）提高各感觉器官的机能和加强其他身体素质的训练，熟练掌握多方面的运动技能，以促进灵敏素质的发展。

柔韧素质是指用力做动作时扩大动作幅度的能力。关节运动幅度的增大，对于提高动作质量十分重要。往往柔韧性愈好，动作就愈舒展、优美和协调，并且有预防运动损伤作用。可以通过拉长肌肉和结缔组织的训练以及肌肉放松能力的训练，提高柔韧素质。

第三节　常见生理反应与处理

由于运动使人体生理活动过程的有序性受到了暂时的破坏，从而常常出现某种生理反应，简称“生理运动反应”，下面介绍几种常见的生理运动反应及处理方法。

一、肌肉酸痛

运动医学上一般将运动引起的肌肉酸痛分为两种：一种是运动后疼痛立即出现，但其消失得也快，这种叫作急性肌肉酸痛；另一种是在运动后几小时或一夜之后才出现，并伴有疲倦乏力，甚至会出现肌肉痉挛、僵硬等症状。这种肌肉疼痛消失得比较缓慢，常常3~4天甚至6~7天之后才能完全恢复，这种症状则称为延迟性肌肉酸痛或运动后疲劳。

（一）原因和症状

急性肌肉酸痛一般用乳酸堆积来解释。人体在剧烈活动时，骨骼肌急需大量的能量，当肌肉组织所需的能量达不到要求而致肌肉处于暂时缺氧状态时，糖会在缺氧的情况下分解产生大量的乳酸，这些乳酸堆积在肌肉中刺激神经末梢，便反射性地引起肌肉酸痛感。同时乳酸是一种高渗溶液的酸性物质，堆积在肌肉中会吸收大量的水分，从而引起肌肉肿胀，这也是形成肌肉酸痛的重要原因。不过在运动过后堆积在肌肉中的乳酸一部分被氧化，另一部分随血液扩散，所以肌肉酸痛感也随之消失。

延迟性肌肉酸痛或称慢性肌肉酸痛产生的原因比较复杂，主要包括肌肉酸伤与肌肉痉挛。

近代生理学的研究表明，运动后的肌肉酸痛原因是，运动时肌肉运动量大，引起局部肌纤维及结缔组织的细微损伤，以及部分毛细纤维的痉挛所致。不少生理变化的研究表明，证实了酸痛时这种局部细微损伤及痉挛的存在。由于这种肌纤维细微损伤及痉挛是局部的，故而就整块肌肉而言，仍能完成运动功能，但是存在酸痛感。酸痛后，经过肌肉内部细微损伤的修复，肌肉组织变得较以前更强壮，以后同样负荷将不易再发生损伤。

（二）处置

当已经出现肌肉延迟性酸痛后，采取以下措施有利于酸痛的减弱或缓解。

（1）热敷，可对酸痛的肌肉进行热敷，有助于操作组织的修复及痉挛的缓解。

（2）伸展练习，可以对肌肉进行局部的静力牵张练习，保持伸展状态 2min，然后休息 1min，重复进行，每天做几次这样的练习，有助于缓解痉挛。注意做时不可用力过猛，以免牵拉肌纤维损伤。

(3) 按摩，按摩有使肌肉放松，促进血液循环的作用，有助于损伤修复及痉挛缓解。

(4) 口服维生素 C，维生素 C 有促进结缔组织中胶原合成的作用，有助于受伤组织的修复，从而减轻或缓解酸痛。

(5) 针灸、电疗等手段对缓解酸痛也有一定的作用。

(三) 预防

预防肌肉酸痛可以采取以下措施：

(1) 根据不同的体质、不同的状况，科学地安排锻炼负荷，负荷不要过大，也不宜增加过猛。

(2) 锻炼时，尽量避免长时间锻炼身体的某一部分，以免局部肌肉负荷过重。

(3) 准备活动中，注意对即将练习的活动负荷重的肌肉活动的更充分一些，对损伤有预防作用。

(4) 整理活动除进行一般性的放松练习外，还应重视进行肌肉的伸展牵拉练习，这种伸展性练习有助于预防局部肌纤维痉挛，从而避免酸痛的发生。

二、运动中腹痛

(一) 原因和症状

运动中腹痛多数是在中长跑时发生，主要是因为准备活动不充分，开始时运动过于剧烈，或者跑得过快，内脏器官尚没有达到竞赛状态，致使脏腑功能失调，引起腹痛。主要是因为运动前吃得过饱，饮水过多，以及腹部受凉，引起胃肠痉挛；有些是因为运动时间过长，或过于剧烈，使下腔静脉压力上升，引起血液回流受阻，或者因肝脾淤血，膈肌运动异常，致使两肋部腹痛。

(二) 处置

如果没有器质性病变迹象，一般可采用减速慢跑，加深呼吸，按摩疼痛部位或弯腰跑一段等方法处理。如疼痛仍不减轻或消失，甚至加重，此时就应该停止运动，并口服十滴水或揉按内关、足三里、大肠俞等穴位。若仍不见效，应送医院进行进一步检查。

(三) 预防

饭后一小时才可以进行锻炼，锻炼前应做好预备活动，运动量循序渐进，并注意呼吸节奏，夏季运动要注意补充盐分。对于各种慢性病症引起的腹痛，应就医检查。病愈之前，应在医生或体育教师的指导下进行锻炼。

三、运动性贫血

(一) 原因和症状

贫血是指全身循环血液中红细胞总量减少至正常值以下。因运动引起的血红蛋白减少称为运动性贫血。男性的血红蛋白总量低于 12.5g/dl，成年女子的血红蛋白低于 11g/dl，可以认为有贫血。在通常情况下，贫血的女性发病率高于男性。由于贫血常引起多种不良的生理反应，危及健康，所以这部分学生常常恐惧体育锻炼，尤其害怕中长跑。贫血发病的主要原因如下。

由于运动时，肌肉对蛋白质和铁的需要增加，一旦需求量得不到满足，即会引起运动性贫血。

由于运动时，脾脏释放的溶血卵磷脂使红细胞的脆性增加，加上运动时血流加速，易引起血红细胞破裂，致使红细胞的新生与死亡之间的平衡受到破坏，从而导致运动性贫血。

运动性贫血发病缓慢，其症状表现为头晕、恶心、呕吐、气喘、体力下降，以及运动后心悸，心率加快，脸色苍白。

（二）处置

如果运动中出现头晕、恶心、呕吐等现象，应适当减小运动量，必要时暂停运动，并补充富含蛋白质或铁的食物，口服硫酸亚铁。

（三）预防

遵循循序渐进和个别对待原则，合理膳食，如运动时经常有头晕现象时，应及时就诊医治，以便正常参加体育锻炼。

四、运动性昏厥

在运动中，由于脑部突然供血不足而发生的一时性知觉丧失现象，叫运动性昏厥。

（一）原因和症状

运动性昏厥是由于剧烈运动或长时间运动，使大量血液积聚在下肢，回心血量减少所致。同时也和剧烈运动后引起的低血糖有关。运动性昏厥的症状主要表现为全身无力、头昏耳鸣、眼前发黑、面色苍白、失去知觉、突然昏倒、手足发凉、脉搏慢而弱、血压降低、呼吸缓慢等。

（二）处置

应立即使患者平卧，足略高于头部，并进行由小腿向大腿心脏方向推摩或拍击，同时由手指点压人中、合谷等穴位，必要时给氨气闻嗅。如有呕吐，应将患者头偏向一侧；如停止呼吸，应立即进行人工呼吸；轻度休克者，应由同伴搀扶慢慢走一段时间，帮助进行人工呼吸，即可消失症状。

（三）预防

平时要坚持体育锻炼，以增强体质；久蹲后不要突然起立，不要带病参加剧烈运动；急跑后不要立即停下来；不要在饥饿情况下参加剧烈运动。只要遵循上述要求，运动性昏厥是可以避免的。

五、肌肉痉挛

肌肉痉挛俗称抽筋，是肌肉不自主的强直收缩，变得僵硬。运动中最容易发生痉挛的肌肉是小腿腓肠肌。

（一）原因和症状

在体育锻炼时，肌肉受到寒冷的强烈刺激时，即可发生肌肉痉挛，常在游泳或户外锻炼时发生；有的因为准备活动不足，或者肌肉猛力收缩，或收缩与放松不协调时，均可发生肌肉痉挛；也有的是因为情绪过于紧张所致。肌肉痉挛时，肌肉会突然变得坚硬、疼痛难忍，而且一时不易缓解。

（二）处置

对痉挛部位的肌肉做牵拉，例如腓肠肌痉挛时，即伸直膝关节，配合按摩，揉捏及点压委中、涌泉穴等，以促进痉挛缓解和消失。

（三）预防

运动前要做好准备活动，对容易发生痉挛的部位，事先应当进行适当的按摩；夏季进行长时间的运动时，要注意补充盐分，冬季锻炼时，要注意保暖；游泳下水前，应先用冷水淋浴，游泳时，不要在水中停留的时间太长；疲劳和饥饿时，不要进行剧烈的运动。

六、极点和第二次呼吸

（一）极点

在剧烈运动时，特别是在中长跑时，能量消耗大，下肢回流血量减少，氧债不断积累，并达到一定的程度，就会出现呼吸急促、胸闷难忍、下肢沉重、动作不协调，甚至有恶心现象，这在运动生理学上称为“极点”。

（二）第二次呼吸

“极点”出现后，应适当地减慢运动速度，并注意加深呼吸，坚持下去，上述生理反应将逐渐缓解与消失。机能随后便可得到重新改善，供氧增加，运动能力又将得到提高，动作变得协调有力。这种现象，标志着“极点”已经有所克服，生理过程出现新的平衡，运动生理学上称之为“第二次呼吸”。“第二次呼吸”出现以后，循环机能将稳定在较高的水平上。“极点”与“第二次呼吸”是长跑运动中常见的生理现象，无须疑虑和恐惧，只要坚持经常锻炼和处理得当，“极点”现象是可以延缓和减轻的。

七、运动中暑

（一）原因和症状

在较高的温度下，长时间进行体育锻炼，易发生中暑。尤其在温度高、通风不良的条件下，头部缺乏保护，被烈日直接照射，容易发病。

中暑早期的主要症状为头晕、头痛、呕吐现象，逐步发展为体温升高、皮肤干燥，严重者可以出现精神失常、虚脱、抽搐、心律失常、血压下降，甚至昏迷危及生命。

（二）处置

首先将患者扶到阴凉通风处休息，同时采取降温消暑手段，如解开衣领，喝些清凉的饮料，并补充生理盐水或葡萄糖等。严重患者，经临时处理后，应迅速送医院进行治疗。

（三）预防

在高温炎热的季节进行锻炼时，应适当减少运动量和运动的时间，避免在烈日下长时间进行锻炼。夏天在室外锻炼时，应戴白色的凉帽，穿宽松的衣服；在室内锻炼时，应保持良好的通风并备有低糖的饮料。

第四章　体育卫生保健

第一节　合理膳食与健康

一、膳食均衡

均衡膳食是指膳食中所含有的营养素数量充足、种类齐全、比例适当，并且膳食中的各种营养素与机体消耗的需要两者之间保持动态平衡。平衡膳食有如下七个基本指标。

（1）膳食摄入量充足、品种多样。

（2）能量食物来源构成合理。谷类食物提供能量：60%~70%；薯类食物提供能量：5%~10%；豆类食物提供能量：5%；动物性食物提供能量：20%~25%。

（3）能量营养素摄入量比值合理。糖类、蛋白质、脂肪其三者摄入量的比值建议为6.5∶1∶0.7。

（4）能量结构合理。三种产热营养素所提供的能量比例建议为：糖类提供能量为60%~70%；脂肪提供能量为20%~25%；蛋白质提供能量为10%~15%。

（5）蛋白质食物来源组成合理。植物性蛋白质约占70%，动物性蛋白质约占25%，豆类蛋白质约占5%，其中动物性及豆类称之为优质蛋白质，二者之和应在30%以上。

（6）脂肪食物来源组成合理。植物性脂肪约占60%，动物性脂肪约占40%，其中饱和脂肪酸（存在于动物脂肪中）所产的能量，应占总能量的10%以下。

（7）各种营养素的摄入量均达到供给量标准。每日各种营养素的摄入量，在一个周期内（5~7天）能平均达到标准供给量上下误差不超过10%即可。

合理营养是健康的物质基础，而平衡膳食是合理营养的唯一途径。

二、合理膳食的健康影响

合理营养虽然不能取代训练或遗传，但合理营养是健康的基础。只有合理营养与科学训练相结合，才有利于运动技能水平的提高；相反，营养不当不但降低运动技能水平，还会影响运动后的恢复与健康水平。此外，不同项目的运动员在不同的训练期，体内的物质代谢过程也显著不同。因此，膳食营养的质量和数量以及分配，应适合于不同训练时的生理、生化变化。营养食品一般含有丰富的糖、脂肪、蛋白质、维生素、无机盐（又称矿物质）、膳食纤维和水七种营养素。

三、饮食“金字塔”

饮食“金字塔”是把营养丰富的食品，有系统地归类，令人一目了然，如图4-1所示。

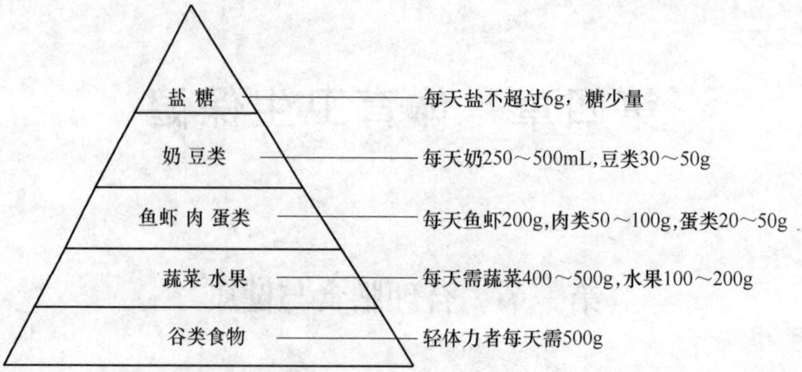

图 4-1　饮食"金字塔"

中国营养学会根据我国国民的实际情况拟建了一个居民膳食食物宝塔，共分五层：第一层即宝塔底是各种谷类食物。轻体力劳动者每天 500g；第二层是蔬菜和水果。一般正常人每天吃 400~500g 蔬菜、100~200g 水果；第三层是鱼、肉、蛋等动物性食物。一般是鱼 200g，肉 50~100g，蛋 20~50g；第四层是奶和豆类。一般人每天喝奶 250~500mL，豆类 30~50g；第五层是盐和糖。每天盐的摄取量不超过 6g，糖每天摄取也不要太多。

四、大学生合理膳食

大学生处于生长发育的最后阶段，营养供给十分重要，近年一些高校膳食调查发现大学生的膳食结构不合理，一些营养素如维生素 A、维生素 B_2 明显不足，优质蛋白质比例偏低，部分女生热能达不到应有水平，部分学生脂肪摄入过高，高年级学生不重视早餐甚至有不吃早餐的习惯，这些都大大影响了学生的健康状况和全面发展。要提高学生素质，需要一方面向大学生宣传普及营养学知识，另一方面大力改进膳食管理，并向学生宣传早餐的重要性，提供可迅速加以利用的糖。大学生的膳食安排基本与成人相同，早、午、晚三餐的能量分配为 3 : 4 : 3，具体应做到以下几个方面：

（1）养成良好的生活习惯。重视早餐，保证充足的睡眠，饮水充足，不要带病用脑。

（2）科学的营养饮食。合理的膳食构成。在热能供给充分的前提下，注意保证蛋白质的摄入量和提高利用率；主副食搭配，充分发挥蛋白质的互补作用。注意保证富含 Ca、Fe 及维生素 A、维生素 B_2、维生素 C 摄入。应设法摄食鲜牛羊奶（富 Ca、Pro、维生素 A、维生素 B_2），并经常摄入黄绿红色蔬菜，以保证各种维生素及无机盐供给。定期更换食谱，力争膳食多样化，粗细搭配，干稀适度。

第二节　科 学 减 肥

一、体脂的功能

脂肪是人体重要的组成部分，它分为类脂和中性脂肪。类脂包括磷脂和胆固醇，中性脂肪又称甘油三酯，广泛存在于皮下、腹腔、脏器周围及肌肉间隙中。脂肪约占人体体重的 13%，女性高于男性。脂肪的产热量占人体需要总能量的 16%~20%。脂肪是人类身体结构的重要组成部分。一个体重65kg的男性，其身体的脂肪含量约为9kg，占身体总量的13.8%。脂肪是贮备人体能量的形式，包括皮下脂肪、内脏周围的脂肪层等。那么，正常人体的脂肪比重是多少呢？从外科手术中移出的体脂，即手术中必要时弃去的部分，经乙醚抽提出来的脂肪，在37℃时，其比重为0.9000g/mL。不同性别和身体各部位所测得的脂肪比重，其变异甚微。可以认为用比重法测出的体脂比重而求出全身脂肪的比例是个比较可靠的参考数据。但应注意温度的改变常常会改变脂肪的体积，平均每改变1℃，脂肪的比重改变为0.00074g/mL（在15℃~37℃范围之内）。

体脂率是指人体内脂肪重量在人体总体重中所占的比例，又称体脂百分数，它反映了人体内脂肪含量的多少。正常成年人的体脂率分别是男性15%~18%和女性25%~28%。体脂率应保持在正常范围。若体脂率过高，体重超过正常值的20%以上就可视为肥胖，肥胖则表明运动不足、营养过剩或有某种内分泌系统的疾病，而且常会引发高血压、高血脂症、动脉硬化、冠心病、糖尿病、胆囊炎等病症；若体脂率过低，低于体脂含量的安全下限，即男性5%，女性13%~15%，则可能引起功能失调。

脂肪的生理功能如下：

（1）供给维持生命必需的热能，保持体温和贮存热能。

（2）构成身体细胞的重要成分之一。脂肪中的磷脂、固醇是形成新组织和修补旧组织、调节代谢、合成激素所不可缺少的物质。

（3）脂肪是脂溶性维生素A、D、E、K等的溶剂。

（4）给人体提供必需脂肪酸。

（5）多数芳香物质都是脂溶性的，脂肪有利于提高食品的香气和味道，以增进食欲。

（6）可延长食物在消化道内停留时间，利于各种营养素的消化吸收。

脂肪的食物来源有如下几个方面：

（1）植物油为花生油、菜籽油、豆油、葵花籽油、红花油、亚麻油、紫苏油、鱼油。

（2）动物的肉、内脏，各类坚果如核桃仁、杏仁、花生仁、葵花籽仁等，各种豆类如黄豆、红小豆、黑豆等，部分粮食如玉米、高粱、大米、小米等。

二、肥胖的危害与预防

肥胖是指一定程度的超重与脂肪层过厚，是体内脂肪，尤其是甘油三酯积聚过多而导致的一种状态。由于食物摄入过多或机体代谢的改变而导致体内脂肪积聚过多造成体重过度增长并引起人体病理、生理改变。

评定标准：肥胖度 =（实际体重 - 标准体重）- 标准体重 × 100%。

不良饮食习惯和不良生活方式是导致肥胖的主要成因。

（一）肥胖成因

肥胖主要由以下六种原因造成。

（1）遗传因素。父母体重正常，小孩肥胖的概率为7%；父母中有一人肥胖，则子女有40%肥胖的概率；如果父母双方皆肥胖，子女肥胖的概率升至70%~80%。但真正因为“基因遗传”的例子并不多见，遗传了父母“错误的饮食习惯”而导致肥胖的例子，则屡见不鲜。

（2）心理因素。为了解除心情上的烦恼、情绪上的不稳定，不少人是用“吃”来发泄。很多人都有着“能吃就是福”的观念。现今社会，食物种类繁多，各式各样的美食常在诱惑你，再加上“大吃一顿”几乎成了一种普遍的娱乐，这显然成为造成肥胖的重要原因。

(3) 饮食习惯。饮食的习惯也是造成肥胖的一个成因。偏食多食，造成热量摄取过多，而热量没有消耗的结果就造成了肥胖。

(4) 代谢异常。内分泌不正常，如甲状腺机能低下或下视丘的饱食中枢受到破坏，都有可能造成肥胖。

(5) 与运动有关的因素。运动有助消耗脂肪。在日常生活中，随着交通工具的发达，工作的机械化，家务量的减轻等，使得人体消耗热量的机会更少，锻炼不足而形成肥胖。

(6) 热量改变。个人活动习惯的变化、年龄的增长，都会影响热量需求，此时若没有在饮食及运动上跟着调整，就可能带来肥胖的问题。

(二) 肥胖危害

肥胖对女性而言，一些常见的妇科疾病与肥胖关系密切，如多囊卵巢综合征，主要表现为月经紊乱或闭经、多毛、痤疮及雄激素水平增高，此病在育龄期妇女中发病率很高；子宫肌瘤、子宫内膜癌以及乳腺肿瘤等，也与肥胖症有着直接或间接的联系。由此可见，肥胖已不只是影响美观的问题，它还给女性的生理甚至心理带来很大的危害。

国内外最新研究表明，肥胖男性前列腺癌发病率是其他人的2倍多，男性远离肥胖有可能降低前列腺癌的发病风险；男性肥胖者患牙周病的风险约比常人高出一半，牙周病对健康的影响，并不只是口腔，美国一项研究还表明，牙周病病人更易患心脏病、糖尿病等多种疾病；肥胖通常还是心脏病、糖尿病的危险因素。

(三) 肥胖预防

肥胖的防治是一个长期而持久的过程，甚至是一个终身要坚持的事。肥胖的并发症不少，预防与调护也各有不同。预防和控制肥胖具体有以下几点：

(1) 预防肥胖，从幼年开始。肥胖症的预防应该从幼年开始，预防措施主要是适当控制进食量，限制高脂肪和高糖类饮食，积极参加运动锻炼和家务劳动。在容易发生肥胖的几个时期如儿童期、青春发育期、妇女产后及绝经期、病后恢复期及中老年期都要注意采取措施，以预防肥胖症的发生。对于有肥胖家族史的人，更应从幼年时期就采取有效措施预防肥胖症的发生。另外，对待孩子不要过分溺爱，不要给孩子滥用各种补品，也不要让孩子养成不良的饮食习惯，例如吃零食和吃甜食过多，要督促孩子进行必要的室外活动和体育锻炼。

(2) 要提高认识，重视减肥。一定要充分认识到肥胖对人体健康乃至个人寿命所造成的严重危害。了解婴幼儿、青春期、妊娠期、更年期、中老年期等各个时期容易发胖的知识及预防办法。千方百计，并且要长期坚持以使减肥成功。减肥行动一定要持之以恒，并且要强调以饮食治疗、行为治疗和运动疗法为主的综合治疗。减肥的目的在于通过饮食和运动治疗使体内能量代谢呈现负平衡，以消除体内多余的脂肪，减轻体重，也减轻心、肾、肝等人体重要器官的负担，从而有效防治肥胖并发症对人体的危害。

(3) 要心情舒畅，生活有规律。良好的情绪、愉快幸福的生活能使人体各个系统的功能得到正常发挥，对预防肥胖症起一定的积极作用；相反，如果一个人情绪抑郁，终日垂头丧气，闷闷不乐，会使人代谢缓慢，容易造成脂肪堆积而发生肥胖症。另外，为预防肥胖，养成良好的生活习惯非常重要，例如每餐定时定量，吃六分饱为宜，绝不贪吃；每天清晨准时起床，并参加运动锻炼；按时睡眠，但绝不贪睡。这些都对防治肥胖大有益处。

（4）要饮食清淡，坚持运动。要想使身体苗条，身材健美，采用清淡合理的饮食非常重要。采用低脂清淡的饮食比严格控制饮食减肥效果好，并且要注意饮水，一个健康人每天饮水最低限量是 8~10 杯。温白开水、矿泉水、茶水都是减肥者的理想饮料。也有专家认为饮水不足是引起肥胖的原因之一。喝水充足能加速体内水分的排泄，消除水分的滞留，从而有利于减肥。预防肥胖要坚持运动，俗话说："生命在于运动"，运动能提高人的耐力，消耗掉人体内多余的能量，避免转化为脂肪而发生肥胖。运动可采用步行、骑自行车、游泳、慢跑、打网球、打羽毛球、打乒乓球、爬山、做体操、跳舞等运动方式，以消耗掉体内多余的能量，既增强体质，使形体健美，又能有效预防肥胖症的发生。

（5）进行科学的治疗。医学上对于肥胖的治疗目标是：治愈轻度肥胖，控制中度肥胖，减少重度肥胖及并发症。因此，减肥的目标不要太高，要循序渐进。要选择无副作用的减肥方法，如针灸减肥、推拿减肥、中药辨证减肥。要有信心和恒心，才能达到最终的目标。要对高脂血症、高血压、冠心病、脑血管硬化、糖尿病、胆石症、骨关节疾病、痛风等进行早期预防和治疗。

三、减肥问题

临床上将肥胖基本分为两大类：一类是单纯性（代谢性）肥胖，另一类是继发性肥胖。前者主要由于食物摄取生理机制紊乱、体内新陈代谢失调、多食少动引起脂肪蓄积；后者常继发于与物质代谢有关的神经系统和内分泌疾病，如间脑性、垂体性、肾上腺皮质机能亢进性疾病等。单纯性肥胖最为常见。通过调整、控制饮食，结合运动调节和改善体内新陈代谢紊乱，可收到明显的减肥效果。继发性肥胖通过运动调节和改善体内的新陈代谢来提高整体机能水平，也能达到较好的减肥效果，但减肥效果必须建立在行之有效的病因治疗的基础上。

有的人运动中因强度和时间掌握不当，虽然运动增加了能量消耗，但脂肪的动用却并不明显（因强度过大的运动主要是利用糖的无氧酵解）。还有人一时心血来潮，急于求成，穿着不透气的厚衣服高强度地运动，使身体大量排汗，通过流失水分降低体重，以为就是减肥了，但过两天体重又恢复到原来水平，这种减肥方式往往使身体受到其他方面的损害，所以也不可能持久。即使有人能凭毅力坚持用这样的方法降体重，所导致的后果只能使身体受到的损害更严重，甚至引起新的机能紊乱。另外还有人运动一段时间后，身体各方面都感觉良好，但体重并没有明显下降，甚至因运动而使食欲和吸收能力增强，体重还增加了，这样使运动减肥的信心受到打击，使运动减肥不可能坚持。实际上，运动一段时间后体重没减反而增加有几方面的原因。

（1）可能是因运动使肌纤维增粗，肌肉质量增加，这主要是蛋白质成分增加。由于肌肉比重比脂肪重，所以减少了脂肪而体重没有明显下降，但身体的质量提高了，机能增强了，多余的脂肪减少使形体更健美了。对于这种情况应从减肥的实质效果去认识，就不会产生误解而终止运动减肥了。

（2）因运动使新陈代谢改善，可能会使食欲增加而致体重增加，这种情况与身体对运动的适应有关。如果运动量过小，不足以产生增加消耗的作用，但食欲增加，就易增加体重。可以通过增加运动时间，适当控制饮食，改善膳食结构避免这种情况，如减少糖类食物、脂肪类食物摄取，增加蔬菜类、蛋白质类食物的含量，补充维生素等。运动必须与改善膳食相结合才能取得明显的减肥效果。经过一段时间的饮食适应作用（包括改变饮食结构和控制摄入总量）和代谢机能调整后，就能使内环境趋于稳态，身体多余的脂肪自然就会减少。而运动的作用就在于能从生理机制上调整机体的内分泌机能，使新陈代谢恢复到正常水平。

(3) 运动不能持久坚持，决心大行动少。运动几天后一看效果不明显，或出现一些不适的反应，或因为其他原因耽误了几天运动等，而使运动减肥半途而废，出现反弹现象。这种情况还是因为对运动减肥的信心和心理准备不足。对这类人一定要强调运动减肥是一项需要毅力和信心的事，因为肥胖是日积月累形成的，要消除它也得使身体逐渐适应，需要一个过程，企图几天就达到减肥的效果是不现实的。如果认为自己不具备坚持运动的可能性（包括客观的环境条件及主观的信心和毅力），就不必急着用运动减肥。

四、减肥计划

（一）减肥准备

(1) 制定减肥目标（理想或标准的体重）。写到纸上，贴在每天能看到的地方。

(2) 写减肥日记。制作卡片或图表，标出计划中体重下降的数字和完成情况。

(3) 要有恒心与毅力。在适度节食过程中，不要“试一试”而要“坚持”。在美味佳肴面前要节制食欲，适可而止。

（二）减肥注意事项

(1) 多喝水。每天要喝七八杯白开水，水对于身体的功能是最基本的，且无热量，可以成为节食的最适合的饮料。

(2) 一日三餐必须注意三点。一是必须吃早饭。不吃早饭的人，容易发胖。因为经过一夜睡眠，身体有10多个小时一直在消耗能量却没有进食，人体需要含丰富碳水化合物的早餐来重新补充、储藏能量，不吃早餐使人在午饭时出现强烈的空腹感和饥饿感，不知不觉吃下过多的食物，多余的能量就会在体内转化为脂肪（早餐可为一杯豆浆和一个蛋或喝些粥，不吃油炸食物）。二是中午需吃饱。中午不吃饱，晚上必然饿，“晚吃少”就难以做到了。在膳食中应减少肥肉，增加鱼和家禽。三是晚上一定要做到尽量少吃。晚餐不要吃肉食、甜食、油炸食品，喝一些清淡的面汤、米汤就可以，不喝咸汤。许多减肥成功者不约而同的秘密——晚上九点以后坚决不进食，也不喝水，这是他们保持曲线美的关键。

(3) 常吃蔬果。要适量吃些含纤维多的水果、蔬菜和全麦面包。苹果可以调理肠胃、止泻、通便、消食化积，可以治疗高血压，降低血中胆固醇。苹果是低热量食物，以苹果充饥能使人体摄入的热量减少。

(4) 平衡膳食。每天按计划均衡安排自己的饮食，同时要注意定时，不可滥吃。要延长吃饭的时间，吃每顿饭的时间不少于20min。

(5) 热量负平衡。请记住减肥的原则——热量的摄取量必须少于消耗量。

(6) 饭后运动。坚持每天进行有氧运动至少40min。很多人肥胖的部位主要在屁股和腹部，这样的人要么长期从事案牍工作，要么不爱活动。长时间坐在书桌前、电脑前，多余的热量消耗不掉，就转化成脂肪沉积在腹部和臀部了。

(7) 建立良好的生活方式。请记住你是在学习一种“生活的方式”，纠正以往的不良饮食和生活习惯。

五、减肥方法

首先应明确，运动减肥的主要作用是通过运动改善机体新陈代谢紊乱的状况，调节神经与内分泌系统的机能水平，使身体内环境达到较好的机能协调和稳态，提高机体的整体适应能力，改善膳食，从根本上堵塞产生脂肪堆积的渠道，清除多余脂肪，疏通身体利用的道路，这样才能真正增强体质，防治肥胖症。

(一) 运动类型

减肥者的体育运动种类选择必须强调有氧运动。在有氧运动范围内进行身体的全面锻炼，通常包括全身性的有氧耐力运动、低强度的肌肉力量练习、舒缓柔和的柔韧性练习等。

(1) 中、低强度有氧耐力运动。此类运动为有氧供能，是减肥最为适宜的运动形式，一般指步行、跑步、骑自行车、游泳、划船等大肌群参加的长时间运动。慢速长跑是消耗热量最多、减肥见效最快的项目。以长跑为例，可具体制定为速度 100~130m/min，持续时间 0.5~1h，距离为 5~7km，每日 1 次；也可以 80~100m/min 的速度，一日内分次完成数百米至 2000m 的步行。其他周期性有氧耐力运动可参考定量。功率自行车运动可采用 300~600kg/m，50~70r/min 的强度，持续 20min~1h 的练习，每日 1~2 次。

(2) 低强度肌肉力量练习。这种形式的运动是通过锻炼身体某一部分的肌肉，消耗局部脂肪，增强肌力，矫治肥胖。主要进行四肢大肌群、躯干及腹肌的局部运动。此外，还有以这些动作为基础编排的各种减肥操，如减少肩部及胸部脂肪的哑铃操，各种形体锻炼的韵律操、健美操、健美舞、武术等。

(3) 各种球类运动。此类运动为综合性的全身肌肉运动，对于发展全身协调性、灵活性，增加运动兴趣等非常有益，亦可收到较好的减肥效果。依个人情况可分别选用乒乓球、羽毛球、排球、篮球等运动。

(二) 运动强度

减肥运动种类选择要以有氧代谢供能为主，而有氧代谢供能为主的运动应控制在中等以下强度。可根据个体的肥胖程度，有无并发症，个人的体力及呼吸、循环机能状态等选择中等强度或低强度运动。运动中以冬天出微汗，感觉没有明显的喘息为度，比如可以一边运动一边与人轻声交谈不觉喘气，可以独自轻声哼歌等。当然这主要指身体其他器官没有明显疾病的减肥运动者。对于身体运动强度的评定指标是最大摄氧量和心率。

大强度运动的最大摄氧量可达 100%，其相应心率为每分钟 160~180 次以上。

中等强度运动的运动强度为 50%~60%的个体最大摄氧量，其相应心率为每分钟120~150 次。

低强度运动的运动强度为 40%以下的个体最大摄氧量，其相应心率为每分钟 120 次以下。

(三) 运动频率

每次中等强度的有氧耐力运动应持续 0.5~1h 以上，其中达到适宜心率的时间必须在

30~40min 以上，持续 40min 以上效果会更好。

在计算运动持续时间时，还有两点必须注意：一是运动持续时间的增加必须循序渐进；二是在进行间歇性运动时，运动持续时间的计算应扣除间歇休息时间。

减肥运动应每日有规律地进行。减肥运动的最低有效频率为每周 3~4 次。

（四）注意事项

减肥运动不能急于求成，要有持之以恒、长期坚持的决心，运动强度不要太大，但时间要尽可能的长，持续 1h 以上最好。运动应与饮食控制相结合。运动量由小到大，循序渐进，身体适应了运动以后要逐渐加量，主要是延长运动时间。如果因某些原因不能坚持运动，停止减肥运动要防止身体出现一时性反弹现象，应通过一段时间（约 3 周左右）的逐渐减量（如减少每天运动的时间，或减少每周运动的次数等），同时还要与严格控制饮食相配合。

第三节　体育锻炼与常见运动损伤及处理

一、运动损伤的原因

（一）思想

参加体育锻炼的人对预防运动损伤的意义认识不足，思想上无防伤观念，存在一些错误片面的认识，如“运动损伤难免”“运动损伤不过是些小伤小病，关系不大”，甚至将预防运动损伤的科学态度与勇敢、顽强、拼搏的体育精神对立起来。少数男性青少年生活经验不多，思想麻痹，缺少防伤观念，运动中好胜心强，好奇心大，心血来潮，忘乎所以，常盲目、冒失地从事力所不能及的运动动作，导致运动损伤。一些女学生在体育运动中，胆小、害羞、畏难，做动作时恐惧、忧郁、紧张，也会造成动作失败而受伤。

（二）训练不足

大量体育实践证明，运动员运动训练不足是引起运动损伤的一个很重要的直接原因。运动训练一般包括身体素质训练、专项技术训练、战略战术训练、心理素质及意志品质培养、自我保护能力训练。例如，短跑运动员如果腰部及下肢肌肉力量不足，在疾跑练习中就很容易发生肌肉拉伤。又如，体操运动员很易发生肩、踝部损伤，主要是由这些部位的肌肉力量不足所致。专项技术水平不高也容易导致运动损伤，初学技术动作时要领掌握不好，动作错误就会引起运动损伤。初学篮球、排球、羽毛球运动的人常见手指关节、掌指关节韧带、肘关节、肩关节等韧带扭伤。还有长跑运动中由于体力分配不当，而引起的过度紧张与损伤，短道速滑、摩托车运动中“超越”时机、地点选择不当而致伤等。

综上所述，任何一种训练，从生理学角度讲，都是一种条件反射联系的建立过程，要积极预防损伤，平日做好身体的全面训练。

（三）安排不科学

运动实践证明，运动量安排不合理，不但不能提高运动成绩，反而会引发运动损伤。

局部运动负荷安排不合理。长期局部负荷过大，以至超出了人体组织所承受的能力。在这种情况下训练，人体组织结构或过度摩擦、挤压，或过度牵扯、拉张，引起微细损伤积累，导致慢性损伤。例如，肌肉劳损、髌骨劳损、疲劳性骨膜炎等。

连续的大量运动负荷训练。一段时期连续做大量运动负荷的训练缺乏节奏，引起疲劳的积累，表现为过度疲劳，致使运动员身体机能下降、运动能力降低、动作不灵活、协调能力差、全身乏力、厌练。在这种情况下，很容易发生运动损伤。

一次运动量过大。持续长时间剧烈运动，运动员消耗过大，血糖降低，出现急性重度疲劳。此时，可以引起大脑皮层抑制过程破坏，运动员的运动能力、精确度、神经系统协调动员能力均显著下降，警觉性、注意力减退，防御反应迟钝，这些都是引起运动损伤的条件，往往会发生严重的急性运动损伤。

违反体育卫生原则。没有做准备活动或准备活动不充分；带伤参加训练或比赛；长期的寒冷潮湿刺激；教学、训练和比赛活动组织安排不当；场地设备、气象条件不良。

二、损伤预防与急救

（一）预防意义

参加体育锻炼的目的为增强体质，增进健康水平，促进德、智、体全面发展，如果在体育锻炼中，忽视运动损伤的预防工作，没有积极采取有效的预防措施，就可能发生各种伤害事故。因此，积极预防运动损伤对全面健身活动、体育教学和运动训练都有重要的意义。

运动损伤的预防应做到：

（1）从思想上高度重视。

（2）合理安排运动负荷。

（3）认真做好准备活动。

（4）加强习伤部位的练习。

（5）加强医务监督工作。

（二）损伤急救

1. 出血急救

健康成人全身血液血量在4000~5000mL左右，平均血液分配量为75mL/kg。若急性大量出血达全身血液总量20%左右，人即会出现乏力、头晕、口渴、面色苍白、心跳加快等全身贫血症状。若出血量达全身血量的30%，即会出现休克，甚至危及生命。因此，对有出血的伤员，尤其是大动脉出血，必须立刻急救，尽快给予止血。

（1）出血类型。血液从损伤的血管外流称为出血。按出血的部位不同，可分为外出血和内出血两类。外出血指血液从皮肤创口处向体外流出，是运动损伤中较为常见的一种。内出血指血液从损伤的血管内流出后向皮下组织、肌肉、体腔（包括颅腔、胸腔、腹腔和关节腔）及胃肠和呼吸血管内注入。内出血较外出血性质严重，因其初期不易被察觉而容易被忽视。

按受伤血管不同，又可分为动脉出血、静脉出血和毛细血管出血三类，但一般所见的出血多为混合型出血。

1）动脉出血。血色鲜红，血液自伤口的近心端呈喷射状流出，出血速度快，出血量多，危险性大，常因失血过多而出现急性贫血，以至血压下降，呼吸、心跳中枢的麻痹，从而引起心跳、呼吸停止。

2）静脉出血。血色暗红，血液自伤口的远心端缓慢地向外流出，危险性小于动脉出血。

3）毛细血管出血。血色介于动脉血和静脉血之间，血液在创面上呈点状渗出并逐渐融合成片，最后渗满整个伤口，常常能自行凝固，一般没有危险性。

（2）止血方法。成人体内总血量约为本人体重的1/10，若骤然出血达总量的1/3时，就有生命危险，所以及时止血非常重要，下面介绍几种止血方法。

1）冷敷法。冷敷可使血管收缩、减少局部充血，降低组织温度，抑制神经的感觉，因而有止血、止痛、防肿的作用，常用于急性闭合性软组织损伤。冷敷一般用冷水或冰袋敷于损伤局部，常与加压包扎和抬高伤肢同时应用。

2）抬高伤肢法。抬高受伤肢体使肢体高于心脏15°~20°左右，使出血部位压力降低，此法适用于四肢小静脉或毛细血管出血的止血。常在绷带加压包扎后使用，在其他情况下仅为一种辅助方法。

3）加压包扎法。有创口的可先用消毒的敷料盖好，之后以绷带加压包扎，此法适用于小静脉和毛细血管出血的止血。

4）加垫屈肢止血法。前臂、手和小腿、足出血时，如果没有骨折和关节损伤，可将棉垫或绷带卷放在肘或膝关节窝上，屈曲小腿或前臂，再用绷带作“8”字形缠好。

5）手指直接压止血法。用指腹直接压迫出血动脉近心端。为了避免感染，宜用消毒敷料、清洁的手帕或清洁纸片盖在伤口处，再进行指压止血。

6）间接指压法。用手指把身体浅部的动脉压在相应的骨面上，阻断血液的来源，可暂时止住该动脉供血部位的出血，此法适用于动脉出血。

（3）急救包扎方法。一般的创伤以局部治疗为主，应用夹板、牵引、绷带包扎、固定体位等方法限制创伤处活动，以减轻疼痛，避免继发出血或加重损伤。通常将肢体抬高15°~30°，以利于静脉血及淋巴回流，减轻肿胀。包扎一般用绷带和三角巾。包扎时病员体位要舒适，不能过紧或过松，松紧适度既不会影响血液循环，又不失去包扎的作用。卷绷带包扎一般从伤处的远心端到近心端，尽可能使四肢肢端外露，以便观察末梢血液循环的情况，包扎结束时，绷带末端用粘膏固定。

2. 骨折急救

骨折急救的目的在于用简单而有效的方法抢救生命，保护患肢，使伤者能安全而迅速地送往医院。

（1）骨折原因。引起外伤性骨折的暴力，按其作用的性质和方式不同，可分为直接、传达、牵拉和积累性暴力四种。

1）直接暴力。骨折发生于暴力直接作用的部位，如跌倒时膝盖直接撞击于地面引起髌骨骨折。

2）传达暴力。在接触暴力较远的部位发生骨折，如跌倒时用手撑地，由跌倒时的冲力所引起的地面反作用力沿上肢向上传导，可引起舟骨或桡骨远端、尺骨与桡骨干、肱骨骨折等。这是最常见的骨折机制。

3）牵拉暴力。肌肉猛烈收缩或韧带突然紧张而引起附着部位的撕脱骨折，如股四头肌猛烈收缩引起髌骨或胫骨粗隆的撕脱骨折。

4）积累性暴力。多次或长期积累性暴力作用引起骨折，亦称疲劳性骨折，如反复跑跳或长途行军引起第二跖骨骨折等。

（2）骨折症状与体征。发生骨折当时，疼痛较轻，随后疼痛加重，活动时受伤肢体则更疼，持续剧痛可引发休克。

1）肿胀和皮下淤血。骨折时骨及周围的血管破裂，发生局部出血和肿胀。若软组织较薄，骨折的部位表浅，血肿渗入皮下，形成青紫的皮下瘀斑，亦可因血液沿肌肉间隙向下流注，在远离骨折处出现瘀斑。

2）功能障碍。因疼痛、肌肉痉挛、骨杠杆作用和周围软组织损伤等，肢体不能站立、行走或活动。

3）畸形。完全骨折时，常因暴力作用和肌肉痉挛，使骨折断端移位，出现伤肢缩短、侧突成角或旋转畸形。

4）异常活动或骨摩擦音。四肢长骨完全骨折时，骨折处出现类似关节的异常活动，移动肢体时因断端互相摩擦而出现摩擦音，这是完全骨折的特有征象，检查时应小心谨慎，以免加重损伤和造成伤员的痛苦。

5）压痛和震痛。骨折处有敏锐的压痛，有时轻叩击远离骨折的部位，在骨折处出现疼痛。

6）X线拍片。骨折裂痕、断裂或粉碎，X线拍片是最具有权威性的确诊方法。

（3）骨折的急救原则。骨折是一种严重的运动损伤，急救时必须贯彻如下原则：

1）防治休克。严重骨折、多发性骨折或同时合并其他损伤，伤员均易发生休克。急救时应注意预防休克，若有休克必须先处理休克，再处理骨折。

2）就地固定。骨折后及时固定可避免断端移动，防止加重损伤；固定后伤肢较为稳定与安静，可减少疼痛，便于伤员转运。因此未经固定，不可随意移动伤员，尤其是大腿、小腿和脊柱骨折的伤员。

3）先止血再包扎伤口。伤员有伤口出血时，应先止血，清洗创面再包扎伤口固定。

（4）骨折急救注意事项。夹板的长短、宽窄要适宜，使骨折处上下两个关节都固定。若无夹板时，可用树枝、竹片等代用。夹板要用绷带或软布包垫，夹板的两端，骨突部和空隙处要用棉花或软布填妥，防止引起压迫性损伤。肢体明显畸形而影响固定时，可将伤肢沿纵轴稍加牵引后再固定。缚扎夹板的绷带或宽布应缚在骨折处的上下段。固定要牢固，松紧度适中，过松则失去固定作用，过紧会压迫神经血管。因此，肢体骨折固定时应露出指（趾）端，若发现指（趾）端苍白、发麻、发凉、疼痛或青紫，应立即松解夹板，重新固定；上肢骨折固定后，用悬臂带把患臂挂于胸前，下肢骨折固定后，可把患腿与健康腿捆缚在一起。经固定后尽快将伤员送到医院，争取及早整复治疗。

（三）关节脱位急救

凡相连两骨之间失去正常的连接关系，称为关节脱位。

1. 关节脱位原因

根据关节脱位的原因，分为外伤性脱位和病理性脱位。在体育运动中发生的关节脱位，多为外伤性脱位。根据脱位的程度，分为完全性关节脱位和关节半脱位。根据脱位的时间，分为新鲜关节脱位、陈旧性关节脱位和少见的习惯性关节脱位。根据关节腔是否与外界相通分为开放性关节脱位和闭合性关节脱位。关节脱位，由于暴力作用往往可伴有关节囊及关节周围软组织损伤，严重还可伤及神经、血管或伴有骨折。

直接暴力打击引起关节脱位者较为少见，多为间接暴力引起关节脱位。如跌倒时，只要是肩关节处于上臂外展位，用手或肘部着地，都有可能发生肩关节前脱位。因为这种姿势使肱骨头移向肩胛盂的前下方，一旦外力过大时，就使肱骨头至肩胛盂脱出。此外，上臂在外展位突然过度背伸或过度外旋，都可能发生肩关节前脱位。体育运动中，最常见的是肘关节后脱位和肩关节前脱位。任何外力只要使肘关节过伸或外展致使肘关节内侧副韧带断裂，都能引起肘关节脱位。如常见的在跌倒时，肘关节过伸，尺骨鹰嘴又猛烈冲击肱骨鹰嘴窝，使肱骨下端前移尺骨鹰嘴后移，引起典型的肘关节后脱位。

2. 关节脱位症状

脱位的征象可分为局部和全身症状两方面，以下只讲局部征象。

(1) 疼痛与压痛。关节脱位开始疼痛较轻，随后因韧带、肌肉和关节囊的损伤、肿胀和周围神经受牵连而疼痛加重，压痛明显。

(2) 肿胀。由于关节周围软组织内血管撕裂出血和软组织损伤之后出现炎症反应，关节脱位不久出现明显的肿胀。

(3) 关节功能丧失。由于关节正常结构的破坏，失去了枢纽作用；关节周围软组织的严重损伤、疼痛和肌肉痉挛等，使受伤关节失去了正常活动功能。

(4) 畸形。由于关节结构的破坏，肢体轴线发生改变。因此，受伤肢体与健侧相比，局部外形异常，与健侧不对称，是一种特殊的姿势，即肢体展收、旋转、缩短等畸形，如肩关节脱位时的方肩。

(5) 放射线（X 光）。X 光检查可进一步了解受伤关节局部的变化，如脱位的方向、程度是否有合并骨折等。

3. 急救措施

关节脱位的复位，时间越早越容易复位，效果越好。关节复位的原则是使脱位的关节端，按原来脱位的途径退回原处，严禁动作粗暴和反复复位，以免加重损伤，造成骨折和血管神经损伤。复位成功的标志是被动活动恢复正常，骨性标志复原，X 线检查显示已复位。复位后将关节固定在稳定的位置上，固定期间要加强功能锻炼。不具备整复条件时应立即用夹板和绷带在脱位所形成的姿势下固定伤肢，保持病员安静，尽快送医院。

第四节　科学锻炼与常见疾病的防治

一、颈椎病防治

颈椎病因颈椎间盘变性、颈椎骨质增生所引起的，以颈肩痛，放射到头枕部或上肢，甚至出现双下肢痉挛，行走困难，以至于四肢瘫痪成为主要表现综合征。

（一）成因

颈椎病的发生多数是由于头部长时间保持在一种姿势而使颈部周围的肌肉长期处于紧张状态，引起这些肌肉的负荷超过其生理承受力。日积月累，颈部肌肉逐步出现痉挛、挛缩等病变，从而出现以上症状。颈椎病的表现不仅局限于头颈部，可谓牵动全身，其危害不容忽视，可造成亚健康、早衰、情绪不稳等，严重影响患者的生活质量。颈椎病隐袭发作，在疾病的早、中期容易被忽视，晚期有致瘫的危险，是引起血压不稳、心脑血管病和慢性五官科疾病的重要原因，也是引起头痛、眩晕、耳鸣、视物模糊、记忆力差以及反应迟钝等症状的主要因素。颈椎病经常引起心慌、胸闷、气短、心律失常和心房颤动等。90%以上的颈椎病患者有更年期综合征、自主神经功能紊乱、慢性胃痛、胃肠功能紊乱等各种症状。

（二）临床症状

颈椎病的症状表现为：头、颈、肩、背、手臂酸痛，颈部僵硬，活动受限。如果有上述的几种症状，都可以诊断为颈椎病。

（三）运动康复

1. 目的

通过头部的运动，使颈部肌肉得到有效的放松锻炼，促进颈部肌肉血液循环；改善局部积累性损伤，促进损伤部位功能恢复；保证颈椎的动力系统维持正常状态，预防颈椎病的发生。

2. 类型方法

预防颈椎病的动作宜采用运动幅度大、用力缓和、动作速度较慢的周期性动力性的运动，如广播体操等。以下介绍几种动作，每天可以按顺序做。

（1）头颈左右转动。做时伴随深呼吸。吸气时头部尽量向左缓慢转动，呼气时还原；接着吸气时头部尽量向右缓慢转动，呼气时还原。

（2）前屈后伸运动。做时伴随深呼吸。吸气时头部缓慢向前屈，下颌接近胸壁；呼气时，头部缓慢后仰至最大限度。

（3）侧屈运动。吸气时头部尽量向左屈，呼气时头还原；接着吸气时头部尽量向右屈，呼气时头还原。

（4）环转运动。头部绕着四周慢慢地旋转，转动范围尽量大。

（5）伸展运动。吸气时头尽量伸向左前方，呼气时头还原；接着吸气时头尽量使颈伸向右前方，呼气时还原。

（6）穴位按摩。以上运动配合穴位按摩效果更好。预防颈椎病的主要穴位有：风府、风池、大椎等。风府穴位于颅骨底部的凹陷处，头部与脊柱结合部中点；风池穴位于风府穴与耳根连线的中点；大椎穴位于第七颈椎与第一胸椎间。

3. 强度时间

运动的强度宜小，不要用力过猛，动作的速度也要缓慢。以上每个动作可重复做4~6次。整套动作约5~10min。每天何时进行锻炼无绝对要求，最好在低头工作以后进行运动。每天至少做1遍，或在看书写字、看电视或听报告时，每小时做1遍。

4. 注意事项

（1）要规律地完成这些动作。切不可将头、颈部做无规律地乱转乱晃，以免造成不适和损伤颈椎。

（2）做操时，用力要柔和而缓慢，呼吸与动作协调，切不可用力过猛，动作幅度尽量达到最大限度。

（3）运动前后配合用两手按摩揉压颈部和肩部肌肉、穴位。

（4）睡觉时尽量仰卧位，不垫枕头，或枕头垫于颈、肩部，使头后仰。

二、慢性腰腿痛防治

（一）成因

慢性腰腿痛是一种多发病，主要由腰椎间盘突出症、腰臀部筋膜炎、腰臀部软组织损伤或长期伏案工作而造成的腰部劳损等疾病所引起，选用合适的体育疗法，可收获一定的效果。

（二）运动康复

1. 目的

因病理情况复杂多样，体育疗法对慢性腰腿痛所起的作用也是多方面的。如对腰椎间盘突出症，体育疗法可使突出的椎间盘组织回位，改变神经与周围组织的关系，从而解除对神经根的压迫；对腰臀部筋膜炎，因局部有渗出、粘连、挛缩、变性、萎缩等病理改变，体育疗法可促进炎症吸收，松解组织粘连，牵伸挛缩组织；各种腰腿痛，都可引起腰臀部僵硬、肌肉萎缩、功能障碍，体育疗法可以改善腰髋部活动度，增强肌肉力量，从而使病变造成的腰臀部力量平衡失调得到改善或纠正。

2. 方法

根据病情编制一套活动腰、髋关节，发展腰臀部肌力或矫正姿势的医疗体操。活动腰、髋关节可做躯干前屈、后伸、旋转等动作，幅度由小到大。发展腰臀部肌力的伸肌力量，可做后伸腰、伸髋动作并维持该姿势。每次维持时间可由 10～20s 逐渐延长至 30s，除注意一般要领外，要着重腰部的锻炼，每次练习至微微发热为好。

3. 注意事项

（1）腰腿痛急性发作阶段，除适应于用按摩、牵引外，医疗体操要慎用或暂不应用。

（2）用体育疗法治疗后一般有酸胀感觉，1～2 天即恢复是正常反应，如活动后疼痛持续加重，则应调整活动方式、方向和强度，或对病情做进一步检查。

三、高血压防治

高血压指非因其他内脏器官疾病而引起的慢性血压升高。据调查，体力劳动者发病率较低，因此重视体力活动，特别是适当进行体育锻炼，适当采用体育疗法，对防治高血压具有一定作用。

（一）成因

一般认为高血压是因大脑皮层和皮层下支配血管运动的神经中枢对血管张力的调节功能发生障碍，以及各种神经体液因素的异常反应所引起的。

（二）临床症状

由于血压的波动性，应至少两次在非同日静息状态下测得血压升高时方可诊断高血压，而血压值应以连续测量三次的平均值计，须注意情绪激动、体力活动时会引起一时性的血压升高。对突然发生明显高血压（尤其是青年人），高血压时伴有心悸、多汗、乏力或其他一些高血压病不常见的症状，上下肢血压明显不一致、腹部腰部有血管杂音的病人应考虑继发性高血压的可能性，需做进一步的检查以鉴别。最新的诊断标准是收缩压≥19kPa（140mmHg）或舒张压≥12kPa（90mmHg），在尽量减轻或排除各种干扰因素，非同日3次静息血压（静坐5~15min）测量≥140/90mmHg（18.7/12.0kPa）则可诊断为高血压。

（三）运动康复

1. 目的

在进行体育活动时，可提高皮层和皮层下中枢的调节作用，使周围血管紧张度减低，从而促使血压下降。情绪激动、寒冷等因素可使血压上升，而高血压患者对这些因素特别敏感，血压的上升高而持久。进行体育活动时，通过主观意识的锻炼可以控制和调整身体的异常反应，保持血压相对平稳。运动还可使精神和躯体肌肉得到放松，从而反射性地缓解小动脉的痉挛，使血压得以进一步降低。此外，医疗体育还可以改善情绪，提高全身脏器功能，有助于减轻症状，巩固疗效。

2. 方法

高血压病体育疗法主要有下列五类：

（1）气功和太极拳。气功强调排除杂念，力求入静，呼吸自然，意守丹田或涌泉。常用放松功、强壮功或动功，每天至少1次，每次30min左右。

（2）医疗体操。要求和呼吸相配合，动作要柔和而有节奏，姿势要放松舒展，切忌憋气、鼓劲或紧张用力。做弯腰动作时，头不要低于心脏水平。

（3）生物回授法。可用放松仪将锻炼中交感神经兴奋性下降时的肾上腺活动或皮肤电阻的改变转换成音响讯号，使锻炼者亲自感知，产生良性反应，从而诱导交感神经兴奋性进一步下降，达到主动控制血压和降低血压的目的，与其他体育疗法协同治疗，能提高降压效果。

（4）步行和慢跑。从轻松步行开始，速度掌握在每分钟120步以内。如血压已有下降，心功能良好时，可加快步行或慢跑的步速或走跑交替，每次30min左右，每天1次。运动后，50岁以上者的心率不宜超过每分钟125次。

（5）其他。在头颈部有关穴位（如风池、太阳、耳穴的降压沟等处）做中等强度按摩，坚持放松性游泳或不费力地登山等，均有利于血压下降。

3. 注意事项

（1）体育疗法适用于第1、2期高血压病，因肾脏或内分泌疾病等引起的继发性高血压病因未除，或急进型高血压，或第3期高血压尚处于失代偿期者，均禁忌采用体疗。

（2）合并应用降压药物治疗者，不宜过早减量或停药。

四、慢性支气管炎、肺气肿防治

支气管炎是最常见的呼吸道疾病，80%由感冒引起，不及时治疗能变为慢性，并可引起肺气肿。80%肺气肿病系慢性支气管炎发展而来。肺气肿又可诱发肺心病，病人稍动即心跳气短，明显影响生活和工作能力，严重者危及生命。肺气肿的治疗迄今尚无特殊有效的方法。医疗体育则具有增强体质，扶正固本，发展心肺代偿功能等作用，是肺气肿病的重要治疗手段。

慢性支气管炎、肺气肿的体疗作用，首先是纠正不合理的呼吸方式。肺气肿时横膈被压低且活动受限，胸廓亦处于相对的吸气状态，为了弥补呼吸量的不足，病人常在吸气时动用辅助呼吸肌，甚至错误地在吸气时收缩呼气肌——腹肌。结果是呼吸变得浅而快，特别费力，气体的交换又不充分，因而进一步加重了气短症状。医疗体育要求病人学会放松紧张的呼吸肌，进行平静不用力的腹式呼吸，着重改善呼气过程。这种呼吸方法可以有效地改善肺通气量。其次，医疗体育可提高心肺功能。慢性支气管炎患者的细支气管已因慢性炎症而肿胀，又因痰液分泌增多使通道变狭窄，呼气时更容易因胸腔内压力增高对支气管产生压迫而发生堵塞。肺气肿特别是肺心病时，心功能有不同程度的减退。体疗可促进气管内痰液排出，减轻支气管炎症，改善肺的通气，提高心肺功能。另外，体疗还可以增强身体的抗病能力，改善物质代谢，提高对体力活动的适应性，缓解气短、气急等症状。

(一) 运动康复

慢性支气管炎、肺气肿可通过运动康复的方法进行防治，具体有以下几种方法：

(1) 平静腹式呼吸。可采用诱导呼吸法，坐于比较舒适的体位，放松紧张的呼吸肌，一手按上腹。从呼气开始，呼气时腹部下陷，再用手轻轻按压上腹部以增高腹压，帮助横膈上抬。吸气时，上腹部对抗该手所施加的压力。为了顺利地呼出气体，要将嘴唇收缩成吹笛状，使气体经过缩窄的口形慢慢吹出，这样呼气可以使气道内压力提高约 5cm 水银柱，避免细支气管过早闭塞。吸气时经鼻以减少对气管的刺激。呼气要比吸气长 1~2 倍，但不要憋气，憋气增加肺内压力，对肺气肿治疗不利。

(2) 助力呼吸。呼气时用双手压胸，或双臂抱胸，或用宽布带束紧下胸部，均可增加胸廓和横膈的活动范围。

(3) 全身活动。在练好腹式呼吸的基础上，可进行全身活动。例如利用呼气时弯腰、抱膝、下蹲等动作，进一步改善横膈活动，提高肺通气功能，或用步行、慢跑步、走跑交替等提高心脏功能。

(4) 预防感冒的方法。可做脸部的自我按摩，常用擦鼻、“浴面拉耳”和按摩迎香、合谷、风池等穴位，也可用冷水洗脸，提高耐寒能力。多参加体育锻炼，以增加身体抵抗力。

(二) 注意事项

(1) 有急性感染和心肺功能失调时，不宜进行体疗。

(2) 腹式呼吸练习开始时不要过深、过慢，一次练习也不宜持续过久，一般每练 3~5 次即稍做休息，否则可引起头晕、头胀、胸闷等不适症状。已熟练掌握后，则要求随时进行腹式呼吸。

(3) 肺心病患者运动量的增加，应依心脏功能情况而定。

(4) 第四，要戒烟。

五、神经衰弱防治

神经衰弱是常见的神经官能症，多因长期存在的精神因素或连续紧张的脑力工作，导致大脑皮层神经中枢的兴奋和抑制功能失调而发病。患者易于兴奋和疲劳，常有各种躯体不适感和睡眠障碍。

（一）目的

神经衰弱病人除服用必要的药物和适当减轻脑力劳动的紧张度外，进行适当的医疗体育锻炼，能收获较为满意的效果。医疗体育可调节大脑皮层的功能活动，使其逐步恢复正常，减轻各种自觉症状，改善患者的一般健康情况，增强体质，使患者振作精神，消除疑虑，增强恢复健康的信心。

（二）方法

运动方法的选择要依病人不同症状而定。整日精神不振的病人可采用比较生动活泼的体疗方法，如游戏性或竞赛性的全身活动或球类运动，但运动量应中等，不要引起强烈的精神兴奋或过度疲劳。体力较好的青壮年病人，则可进行慢跑、爬山、划船、游泳等活动。此外还可做头和躯干部按摩，手法要偏重，如做叩击和穴位的强刺激等。容易激动的病人，则宜采用温和平静的体疗方法，包括气功、太极拳、按摩等。气功可用强壮功，体力较差者练坐式，体力较强者练站桩。太极拳可先练简化太极拳，以后再练较复杂的套路。练拳时，思想要高度集中，着重意念锻炼。医疗体操则以全身性活动为主，活动量要偏小，其间可穿插呼吸或休息。头部按摩用推、摩手法，宜平稳，时间宜较长。以上两类病人每日锻炼的时间是：中等体力者可介于0.5~1h，体力较强者可增至2h，都可分配在早晨及上下午进行，而体力太弱者，只宜做更短时间的活动，并分多次进行。神经衰弱者普遍有失眠现象，可采用下列方法治疗。

白天进行适度的运动，达到有轻度的疲劳感觉，运动的强度和兴奋不宜过大，以免加重兴奋和抑制的平衡失调状态。

用气功诱导入睡，主要用放松功。

睡前作简单的医疗体操、打太极拳或散步10~20min，临睡前还可作中等强度的自我按摩，如按风池、风府，揉神门，擦涌泉等。

（三）注意事项

神经衰弱病人进行锻炼时要尽量情绪饱满，尽量选择空气清新和景色宜人的室外场地。锻炼后如大量出汗，兴奋激动，失眠加重，心跳加快长时间不恢复，表明运动量过大，要及时调整。此外，还要合理安排生活与作息，要将适当的体育锻炼、充分的安静休息同睡眠结合好，并要消除引起发病的因素，以巩固疗效。

下篇

实 践 篇

第五章 田 径

第一节 田径运动概述

一、田径运动概述

（一）田径运动的定义

田径运动是由田赛、径赛、公路赛、竞走和越野赛组成的运动项目。它包括走、跑、跳、投等基本活动方式，因此很容易被人们接受和掌握。它以发展和表现人们的体能为主，同时以众多的单个项目以及不同的运动技术体现独特的体育技艺，人们根据多年的传统习惯把它们统称为“田径运动”。

（二）田径运动的特点

田径运动是以个人活动为主的运动项目。在统一的规则限定下，以时间、远度、高度来衡量运动效果，各个单项都具有相对独立的特点，既可以组织综合性的田径运动会，也可以举行一个单项的比赛。人们可以通过参与田径运动中的任何一个运动项目，达到锻炼身体、增强体质、提高健康水平的目的。

根据人们参与田径运动的情况，可以分为竞技田径运动和大众化田径运动两个方面。竞技田径运动是以追求达到人类体能、技能极限为目的，探求人类究竟能够跑多快、跳多高、投多远。大众化田径运动则以体育锻炼、健康身体为目的，因地制宜选择合适的走、跑、跳、投项目进行锻炼。

二、田径运动的类型

田径运动包括的项目很多，分类的方法也有好几种。按照判断比赛胜负的方法，通常把以时间单位作为判断竞赛胜负的项目称为径赛项目，包括走、跑、跨栏跑、障碍跑；把以远度、高度作为判断竞赛胜负的项目称为田赛项目，包括跳跃、投掷类项目；把多种径赛项目和田赛项目按照一定的顺序进行组合比赛，按照统一的标准进行评分，以得分多少判断竞赛胜负的项目称为全能类项目，包括七项全能、十项全能等。另外，按照项目的运动技术特点通常分为跑类项目、跳跃类项目、投掷类项目、竞走类项目等。

三、田径运动的发展

（一）田径运动的起源与发展

迄今为止，发现记载田径运动最早的史料物品是珍藏在埃及金字塔神庙中的一件公元前 2650 年赛跑动作的石浮雕塑像。据文字记载，每一届古代奥运会都有田径项目的竞赛内容。1896 年第一届现代奥运会上，田径运动以 12 个竞赛项目成为第一大比赛项目，确立了其在奥运会的重要位置。

随着田径运动的广泛开展和普及，越来越多的人开始从事田径运动的锻炼。现代奥运会不断增加田径比赛的竞赛项目，1928 年第九届奥运会女子田径运动项目正式成为奥运会比赛项目，至此，女性享有和男性同样的锻炼和比赛权利。到 2008 年北京奥运会，列入奥运会比赛的田径项目已经达到 46 项，其中男子比赛项目 24 项，女子比赛项目 22 项（还有 30 余项没有列入），田径运动已经成为各项体育运动中项目最多的一项。奥运会使田径运动得到了迅猛的发展。

现代田径运动发展的历史可分为四个阶段。

1. 形成阶段

19 世纪末至 20 世纪初是现代田径运动的形成阶段。1896 年，第一届现代奥林匹克运动会是现代田径运动开始发展的新起点。从第一届奥运会到第六届奥运会，田径比赛项目从 12 项增加到 32 项，经历了 20 年的时间。1912 年成立了“国际业余田径联合会”。1914 年国际田联首次公布的世界纪录中，有 53 项男子赛跑、跨栏和接力跑纪录，30 项竞走纪录和 12 项田赛纪录，共计 95 项（当时没有女子项目）。1924 年国际上成立了女子田径联合会，并得到了国际田联的承认，1928 年第九届奥运会上女子田径运动正式成为奥运会比赛项目。由此可见，这一时期是尽量让更多的人参与到田径项目比赛中，使田径运动成为人们强身健体的主要体育活动。

2. 专项技术发展阶段

20 世纪 30 年代至 50 年代是田径运动专项技术发展阶段。1927 年，美国人发明了起跑器。1928 年，摄影装置安放在跑道终点处。1932 年田径比赛首次使用电动计时。1936 年开始使用 L 型栏架等，此后不断发明的新型田径器材使科学发明与田径运动紧紧连在一起，促进了田径运动技术的变化和发展。这一时期人们开始意识到合理的技术动作更容易使运动员获得更好的运动成绩，注意力开始放在运动技术改进方面，生物力学的一些研究进入了田径运动技术研究领域，使田径运动技术有了很大的变化。

3. 理论和方法发展阶段

20 世纪 50 年代以后，田径各项技术已经基本达到比较成熟的阶段，技术总体结构基本定型，很少有新型技术动作出现。在技术水平基本相同的条件下，体能、自身技术的合理性和比赛中水平的发挥能力成为比赛获胜的关键因素，这时候人们的研究方向转向了有关提高人体机能能力的方向。以苏联和民主德国为代表的体育强国在田径训练理论、训练方法和训练手段方面进行了大量研究，总结出了运动员机体在训练比赛过程中能量代谢的规律，提出了超量恢复及应激刺激等训练理论，使运动员的各种机能水平得到了迅速提高，以突出的体能在比赛中将世界田径运动水平提高到一个新的阶段，各项世界纪录频繁被刷新。经过试验和研究，田径运动在众多的体育运动项目中首先总结和提出了一系列训练理论和方法，为其他运动项目借鉴和采用大负荷训练提供了理论基础。

4. 综合研究发展阶段

20世纪80年代以后，由于系统论、信息论、控制论在整个社会科技界的广泛应用，使人们看待事物的方式发生了变化。在这种理论思想的指导下，人们开始对田径运动从选材、训练、恢复、营养、场地、器械等诸多方面进行综合研究。运用解剖学、生理学、医学、心理学、生物力学、生物化学等多种学科理论对田径运动的训练进行全面的分析研究，使田径运动的竞技水平得到了很大的提高。许多以前被认为是“不可逾越”的世界纪录被打破。到90年代末，原有的世界纪录几乎全部被刷新，人类的极限被大大推至令人难以置信的高度，吸引了更多人关注和从事田径运动，这些都进一步推动了田径运动的普及和开展。

（二）田径运动是所有体育运动的基础

田径运动包括了人体走、跑、跳、投等基本活动方式，这几种基本活动方式也是人类最基本的劳动、生活方式，人类通过这些活动方式进行锻炼并发掘自身的潜能。因此，田径运动是提高人体机能的有效锻炼手段。

现代体育运动有几百种之多，虽然各项运动项目的活动方式各有不同，但是从基本能力的需要来看，大多数体育项目都包括一种或数种田径运动的活动方式，只是在走、跑、跳、投的基本活动形式上增加了运动的复杂性，加大了动作的难度，增添了一些运动器械，使运动更加有趣。这些运动中大部分项目运动水平的高低都取决于田径运动素质，只有田径运动素质得到了提高，才能使这些运动项目技术水平得到提高。如足球运动的奔跑能力，篮球运动的奔跑和弹跳能力，以及其他项目的爆发力和持久运动的能力，总之各项运动所需要的身体素质都离不开田径运动。因此，各项运动都把田径运动作为身体训练的基本手段。

目前，人们都认为一个国家田径运动水平的高低决定了其他运动项目水平的高低，田径运动水平代表着一个国家的人民体质、运动素质水平。

第二节 短距离跑

短距离跑主要是指400m及400m以下需要使用起跑器的径赛项目。经常练习短跑，能提高人体神经系统兴奋和抑制的调节能力，以及神经系统传导过程的灵活性；能导致有氧系统酶活性的增加，改善肌肉物质代谢的功能，提高人体的最大摄氧能力和人体运动器官及内脏器官在缺氧条件下的工作能力。还能发展速度、力量、灵敏、柔韧等身体素质，提高快速奔跑能力以及培养练习者的竞争意识和坚毅、顽强的意志品质等。

短跑技术包括起跑、起跑后的加速跑、途中跑和终点跑以及弯道跑技术。

一、起跑

起跑包括起跑前准备姿势和启动动作。它的任务是获得向前的冲力，使身体迅速摆脱静止状态，为起跑后的加速跑创造有利条件。短距离起跑必须使用起跑器进行蹲踞式起跑。

（一）起跑器安装

起跑器的安装方法有拉长式、接近式、普通式三种，如图 5-1 所示。

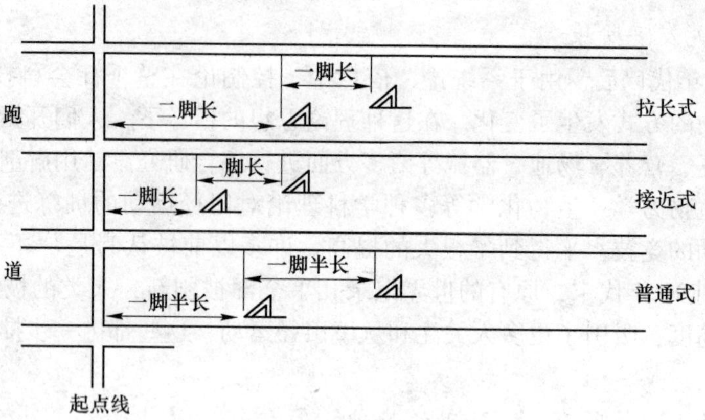

图 5-1 起跑器安装

（1）普通式。前起跑器安装在起跑线后一脚半处，后起跑器距前起跑器一脚半，前起跑器抵足板与地面夹角为 45°左右，后起跑器夹角为 60°～80°，两个起跑器的间隔距离约为 15cm。

（2）拉长式。前起跑器在起跑线后约两脚长处，后起跑器距前起跑器为一脚长，前后抵足板的角度与距离和普通式相同。

（3）接近式。前起跑器安装在起跑线后一脚长处，后起跑器距前起跑器为一脚长，前后抵足板的角度与距离和普通式相同。

三种起跑器的安装方法各有特点，要根据自己的身高、体形、运动水平和习惯来选用和调整。弯道跑时，起跑器应安装到跑道右侧，且起跑器纵轴延长线与跑道前方 15～20m 处的跑道内侧分道线相切。无论采用哪种方法，都应注意在预备时，身体感到舒服；在起跑时，有利于肌肉发挥最大收缩力；起跑后，身体能保持较大的前倾。

（二）起跑技术

起跑全过程包括各就位、预备和鸣枪三个环节，如图 5-2 所示。

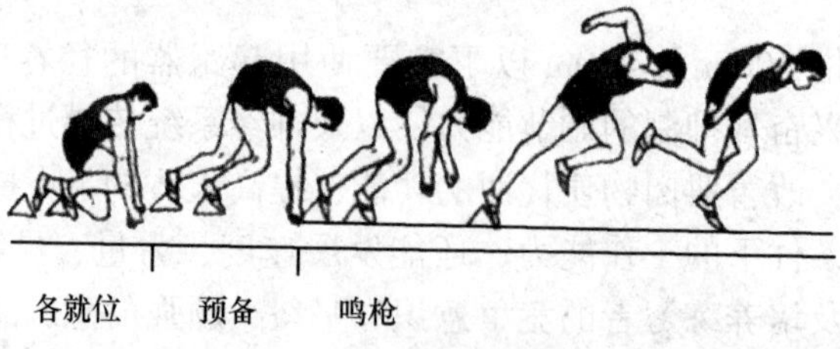

图 5-2 起跑技术

（1）各就位。手撑线后稍肩宽，有力之脚置在前。后膝跪地颈放松，双肩过线待预备。

（2）预备。两脚紧贴起跑器，臀部从容往上抬。两臂前脚负体重，屏气静待枪声响。

（3）鸣枪。两臂前后有力摆，两腿前上快速蹬。躯干前倾不抬头，后腿前摆不高抬。

二、起跑后加速跑

起跑后加速跑是指从前脚蹬离起跑器到进入途中跑姿势前 30m 这一段距离的跑，用 13~15 步跑完。其任务是在较短的距离内，尽快地发挥较高的速度，迅速地转入途中跑。

三、途中跑

途中跑是短跑全程中距离最长，速度最快的一段。其任务是保持已获得的最高跑速来跑完全程。途中跑时主要运动环节是脚掌的弹性和趾屈肌做功，不是后蹬力而是惯性力起推动人体前进的主导作用。根据跑的动作结构，途中跑可分为后蹬与前摆、腾空、着地缓冲三个阶段。三个阶段的动作要领可归纳为：提腿送髋蹬伸要充分，摆臂有力重心要平稳。扒地积极蹬摆配合好，快跑放松后蹬不松劲。

四、弯道跑技术

弯道跑时，为了克服惯性离心力的作用，身体应向圆心倾斜。其动作要领可归纳为躯干内倾向圆心、臂腿摆动向内倾。右腿右臂摆幅大，左外右内着地点，如图 5-3 所示。

五、终点跑

终点跑是全程跑的最后一段。动作要领可归纳为：上体前倾角度要保证，两臂摆动加快要有力。上体急速前倾胸撞线，大步缓冲渐减速，如图 5-4 所示。

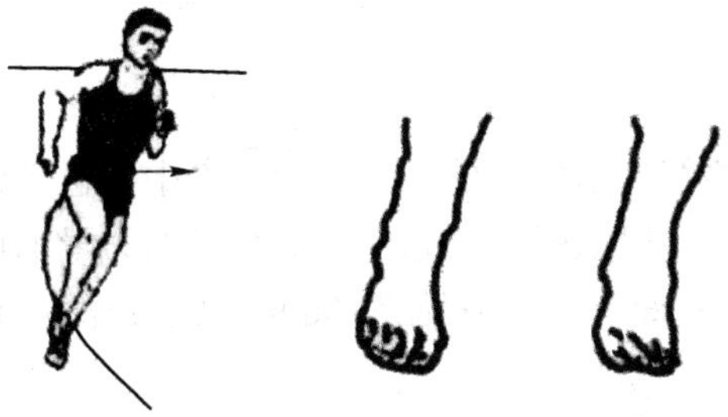

图 5-3　弯道跑技术

图 5-4　终点撞线技术

第三节　中　长　跑

中长跑是田径运动中发展耐久力的主要项目，也是锻炼、提高、改善心血管系统功能的一项有价值的锻炼项目。中长跑是中距离跑、长距离跑和超长距离跑的合称。在正式比赛项目中，男女 800m、1500m 属中长距离跑，女子 3000m、5000m、10000m，男子 50000m、10000m，属于长距离跑；马拉松跑（42. 195km）为超长距离跑。

经常参加中长跑锻炼，能提高呼吸系统和循环系统的机能，发展耐力素质，培养坚毅、顽强的意志品质和克服困难的精神。由于中长距离跑是人体在有氧情况下进行的，运动中消耗的能量较大，因此，中长距离跑是提高人体抗疲劳能力的重要手段，同时也是防止体内脂肪过多的有效手段。现代医学观察和研究证明中长跑还具有预防和治疗某些慢性疾病、增强体质、提高健康水平和延年益寿的作用。

各种距离的中长跑，在动作结构上基本是相同的。但由于距离长短和速度快慢不同，在跑的技术上也有些区别。

一、起跑

中长跑一般采用站立式起跑方法，根据规则要求中长跑的起跑过程包括“各就位”“鸣枪”两个阶段。听到“各就位”口令后，先做一两次深呼吸，然后走或慢跑到起跑线后，两脚前后开立，两腿弯曲，上体前倾，两臂在体前自然下垂或前后放置，眼看前下方3~5m处，身体保持稳定姿势，集中注意力听枪声或“跑”的口令。听到枪声或“跑”的口令时，两腿用力蹬地，使身体快速向前冲出，在短时间内获得较快的跑速，并抢占有利位置。

二、途中跑

中长跑的强度小于短跑，后蹬用力比短跑小，后蹬时髋、膝、踝、趾关节蹬直的速度快而充分，保证身体迅速向前移动。中长跑着地要求柔和有弹性，两脚要落在一条直线上。

中长跑的摆动腿和脚落地时有三种方法：一是用前脚掌着地，使身体重心处于较高的部位，从而能较快地转入后蹬，这是一种高速跑的方法；二是用全脚掌着地，这种方法较省力，对较长的距离比较合适；三是用脚跟先着地并迅速脚掌着地的方法，适用于公路跑。

三、终点冲刺跑

终点冲刺跑是指中长跑临近终点最后一段距离跑，这时已处于十分疲劳之中，也是胜利在望、取得优秀成绩的关键时刻。这时候运动员应以顽强的意志，动员全身的力量加快摆臂、加强后蹬向终点冲去。800m可在150~200m处开始冲刺跑，1500m以上距离可在300~400m处开始冲刺跑。

四、中长跑呼吸

中长跑的呼吸要自然，要有一定的深度。不仅用鼻子呼吸，而且也可半张口进行呼吸，但呼吸节奏要与跑的节奏相配合，切不可进行短促而表浅的呼吸。有节奏地进行呼吸有利于改善气体交换和血液循环条件，提高跑的能力。一般可按跑的节奏两步一呼、两步一吸，也可一步一呼、一步一吸，三步一呼、三步一吸，主要是根据自己的习惯而定。

由于跑步过程中氧气的供应往往落后于肌肉活动的需要，会出现胸部发闷、呼吸节奏被破坏、呼吸困难、四肢无力和难以再跑下去的情况，这就是常说的“极点”现象（参见第三章第三节“六、极点和第二次呼吸”）。“极点”出现后可以用调整跑速、加深呼吸、增加呼吸的次数等方法加以解决。要求练习者要有坚强的意志，坚持跑下去，不久

“极点”现象就会克服，困难局面就会变为顺利的局面，胜利地跑到终点。

五、中长跑训练

中长跑的目的是提高耐力素质，其练习的方法较多，而且各种方法都有其各自的特点。最主要有以下几种。

（一）匀速法

匀速法比较简单，出现在20世纪初，基本上依赖运动员自己的天赋，运动员以自我练习为主，量和强度都很小，其特点是训练的距离和时间远远超过比赛的距离和时间，且速度为匀速，训练地点一般在野外。

（二）法特莱克法

法特莱克法是瑞典中长跑教练员古斯塔·赫迈尔创造发明的，“法特莱克”瑞典语的意思是“速度游戏”，其训练方法主要是利用自然环境如田野、树林、沙地等进行走、慢跑、快跑的练习，运动员可以根据自己的感觉决定加速、减速和放松的时间和距离。这种训练的特点是利用自然环境的条件及游戏使运动员的心理比较放松。训练的距离一般为10~20km。加速的距离一般为600~2000m。

（三）间歇法

间歇训练法是对多次练习的间歇时间做出严格的规定，使机体处于不完全恢复状态下，即脉搏恢复到每分钟120次左右开始下一次的练习的训练方法。

（1）等距离，等间歇时间训练法。例如，400m×5次，每次间歇3min。

（2）递增距离，等间歇时间训练法。例如，200m＋400m＋800m＋1000m，每次间歇3min。

（3）等距离，递减间歇时间训练法。例如，400m+间歇3min+400m+间歇2min+400m+间歇1min+400m。

（4）递减距离，等间歇时间训练法。例如，2000m+1600m+1000m+800m+400m，每次间歇时间5min。

（5）等距离，等间歇时间多组训练法。例如，（400m×4次）×3组，每个400m间歇2min，跑完4个为一组，组间歇时间为10min，共跑3组。

（6）不等距离，等间歇时间多组训练法。例如，（600m+间歇1min+200m）×4组，组间歇时间为5min，共跑4组。

（四）重复法

重复法训练中多次重复几个固定的段落，段落可以短、等于或者稍长于比赛段落，休息间歇时间较长，心率恢复到100~110次/min时继续训练。重复训练法是指为了提高中长跑运动员耐受乳酸的能力，选用略短于专项的距离进行多次极限强度训练的方法。如800m运动员，选跑600m；1500m运动员，选跑1200m；5000m运动员，选跑3000~4000m。训练中要求跑速等于或高于专项目标成绩的平均速度。由于训练强度大，因此每次课的重复次数以2~4次为宜，重复跑之间的恢复时间应确保运动员得到充分的休息和恢复，一般在10~15min之间。重复训练法对强化专项能力，提高专项成绩有着非常重要和直接的作用。

（五）变速法

变速训练法采用快速与慢速交替进行跑，也就是我们常说的变速跑。如（100m 快+100m 慢或 200m 快+100m 慢或 400m 快+100m 慢）×5～15 次；另一种是长段落、短间歇、重复次数少，如（1000m 快+200m 慢或 2000m 快+400m 慢）×2～6 次。具体根据受训者的实际水平进行调整。变速训练法对改善运动员不同代谢方式的转换能力及培养意志品质是非常有益的。

六、中长跑比赛的注意事项

中长跑比赛应有如下注意事项：

（1）比赛前应做一些准备活动，这是十分重要的。不要担心准备活动会消耗体力，准备活动时不需要太快，但一定要让你的身体热起来。

（2）起跑以后跟着大部队跑，尽量跑在稍前的位置，但是不要领跑，也不要为了节省体力落在后面，到后来会很难追上。最好找个跑得比你稍快的同伴一起跑，并且尽自己全力紧跟着他。

（3）跑的时候节奏很重要，不要一会儿快一会儿慢。控制呼吸，使呼吸均匀，尽量在整个跑步过程中一直保持同一速度跑。良好的节奏会使你在长跑时感到更轻松。最重要的是跑的过程中不能走。

（4）到最后 100m 或几十米时，可以冲刺。如果没有力气冲刺，则保持原速坚持到终点。

（5）跑完以后千万不要立刻停下休息，特别是不能马上躺下或坐下。跑步后，人体全身上下都得到活动，应使身体各部位慢慢放松下来，跑完后可以慢走几百米，全身彻底放松后，再做一些力所能及的腰、腹、腿、臂的活动。

（6）比赛时要穿轻便的跑步鞋，不要穿篮球鞋或足球鞋，而且最好不要穿新鞋，因为新鞋和脚有一个磨合的过程，直接穿新鞋比赛容易把脚磨烂。

第四节 接 力 跑

接力跑是由短跑和传、接棒技术组成的集体配合的径赛项目，它是田径场上唯一的集体比赛项目。目前，正式比赛中常见的有男、女 4×100m 接力和 4×400m 接力。接力跑的主要技术包括起跑技术和传接棒技术，其余技术基本和短跑技术相同。

一、起跑技术

一般情况下，第一棒运动员采用蹲踞式在弯道起跑。用右手的中指、无名指和小指握住接力棒的末端，将拇指和食指分开支撑地面，接力棒不得接触地面，接棒运动员采用站立式或半蹲踞式起跑。第二棒接棒者站在跑道外侧，把左脚放在前面，右手撑地，身体重心稍向右偏，头转向左后方，目视跑来的同队队员和起跑标志。第三棒接棒者站在跑道内侧，把右脚放在前面，左手撑地，身体重心稍向左偏，头转向右后方，目视跑来的同队队员和起动标志。当传棒人跑至标志线时，接棒者迅速起跑。

二、传接棒技术

（一）下压式

接棒人听到信号后，四指并拢，虎口张开，掌心向上，自然向后伸出，并使上臂靠近身体，传棒人将棒的前端由上向前下方将棒送入接棒人手中，待接棒人握紧后再松手。其优点是每次接棒都能握住棒的前端，有利于速度的发挥；缺点是接棒人后伸的手臂较紧张。

（二）上挑式

接棒人听到信号后，将接棒手自然向后伸出与臀部平齐，四指并拢与拇指分开，掌心向后虎口向下。传棒人将棒由下向前上方送入接棒人手中，接棒人紧握后再松手，如图 5-5 所示。其优点是接棒人后伸的手较自然、易握棒；缺点是接棒时只能握在棒的中间，再传给第三、四棒时，就容易掉棒。

(a) (b)

图 5-5 接力跑传接棒
（a）上挑式；（b）下压式

（三）混合式

混合式传接棒技术综合利用了上挑式与下压式的优点。第一棒队员用右手持棒起跑，并沿跑道内侧跑，用上挑法将棒传在第二棒左手中；第二棒左手持棒沿跑道外侧跑，用下压式传在第三棒的右手中；第三棒右手持棒沿跑道内侧跑，用上挑式将棒传给第四棒左手中；第四棒接棒后跑过终点。

三、接力区和规则

接力跑要求运动员必须手持接力棒跑完全程，如发生掉棒，必须由掉棒运动员捡起，允许掉棒运动员离开自己的分道捡棒，但不得因此缩短比赛距离或影响其他道上运动员比赛。

4×100m 接力区规则规定为 20m，运动员要在这 20m 区域内完成接力棒的传递。是否在接力区内完成传接棒不是以人的位置为准，而是以完成传接棒时接力棒所在的位置为准。4×100m 接力时接棒队员可以在 20m 接力区前 10m 内（预跑区）的适当地点起跑，但传接棒必须在接力区内完成。

4×400m 接力的第一次交接棒应在各自分道内完成，第二棒及以后各棒运动员必须在公共接力区内完成。

第五节 跨 栏 跑

跨栏跑起源于英国。由牧羊人跨越羊圈栅栏的游戏演变而来。跨栏跑最早使用的栏架是掩埋在地面上的木支架或栅栏，1900 年出现可移动的倒 T 字形栏架。跨栏跑是在快速跑动中，在一定距离内，连续跨过固定高度、固定数量和固定距离的栏架，具有跑跨结合的特点。

大型比赛，跨栏跑项目分为：男子110m栏（栏高1.067m，栏间距9.14m）、400m栏（栏高0.914m，栏间距35m），女子100m栏（栏高0.84m，栏间距8.50m）、400米栏（栏高0.762m，栏间距35m）。跨栏跑技术分为起跑至第一栏技术、跨栏技术、栏间跑技术和终点跑技术，如图5-6所示。

图5-6 跨栏跑技术

一、跨栏跑技术

(一) 起跑至第一栏的技术

男子110m栏，女子100m栏：男子110m栏，从起跑至第一个栏的距离为13.72m；女子100m栏，从起跑至第一个栏的距离为13m，一般采用8步跑至起跨点，也根据个人的不同情况采用跑7~9步。

男、女400m栏：从起跑至第一个栏的距离为45m，男子跑21步或22步，女子跑22步或23步。起跑技术与短跑技术大体相同，主要区别是起跑器的安装时根据到第一栏前加速跑的步数，决定是将摆动腿还是起跨腿放在前起跑器上，预备姿势重心稍高些。

(二) 跨栏技术

跨栏技术是指从起跨脚踏上起跨点，到摆动腿的脚下栏着地为止的腾空越过栏架的技术，是跨栏跑的最基本的部分，包括起跨攻栏、腾空过栏、下栏着地三个阶段。

(1) 起跨攻栏。起跨攻栏是指从起跨腿的脚在起跨点着地缓冲到后蹬结束离地时为止的整个支撑时期的动作。起跨的任务主要是为迅速过栏创造更大的腾起初速度和适宜的腾起角度。起跨蹬地的速度、力量、方向、角度决定过栏的速度，所以正确的起跨是跨栏技术的关键。

(2) 腾空过栏。腾空过栏是指从身体转入无支撑阶段起到摆动腿过栏后着地的这段时间的动作。合理的过栏技术是，起跨前保持已获得的水平速度，起跨与下栏保持较高的身体姿势，过栏时两腿剪铰速度快，下栏动作迅速，上下动作配合协调、平衡、连贯。

（3）下栏着地。下栏着地是指从身体重心达到腾空最高点开始到摆动腿支撑着地这一时段的动作。其任务是尽量减少水平速度的损失，使身体平稳、快速地转入栏间跑。技术动作是：摆动腿积极下压，起跨腿提拉迅速，两腿动作协调、积极、连贯；着地点距身体重心要近，落地角度大；下栏支撑重心高，支撑时间短，上身保持适当前倾，两臂配合，两腿动作积极有力。

（三）栏间跑技术

男子 110m 栏，女子 100m 栏：男子 110m 栏，栏高 1.067m，栏间距 9.14m，女子 100m 栏，栏高 0.84m，栏间距 8.50m，除跨栏步的距离外，栏间跑的实际距离有 5.50~5.70m，用 3 步跑过，其步长比例为：小、大、中。也有用 4 步跑过的，但攻栏腿就会左右腿倒。

男、女 400m 栏：男子 400m 栏，栏高 0.914m，栏间距 35m，一般跑 15~17 步，女子 400m 栏，栏高 0.762m，栏间距 35m，一般跑 17 步或 19 步。栏间跑要步数固定，步长稳定，节奏明显。上栏前 3~4 步，可适当缩小步频，为过栏做好准备。过栏后要放松大步跑，后蹬充分。

（四）终点跑技术

终点跑是指全程跨越第 10 个栏架后至终点一段距离的跑。男、女 400m 栏，从最后一个栏到终点为 40m。终点跑的技巧是加强后蹬和摆臂，加快步频，以最快的速度冲向终点，离终点线最后一步时，上体急速前倾，准确、及时地用胸部撞线或接触终点线垂直面。

二、跨栏跑训练

（一）摆动腿

（1）先原地后行进间做摆动腿屈膝向上方高抬，膝部超过平面后，小腿迅速向前摆出，同时大腿迅速下压，使前脚掌在身体重心投影前落地，即落地“鞭打”动作。

（2）先原地后上步练习摆动腿踏上高物或肋木。

（3）走三步或五步做一次攻摆动作。

（4）慢跑或高抬腿跑中做攻摆动作。

（二）起跨腿

（1）手扶肋木或单杠做提拉练习。双手扶住肋木，身体前倾与地面成 60°~70°角，把起跨腿向后引伸，膝和踝充分伸直，脚尖距地大于 20cm，大腿外展抬腿，大小腿夹紧，脚尖勾起。大腿摆至正前方与地面基本平行，大小腿继续夹紧，身体重心前移并提升，支撑脚伸直。随着提拉腿向前移着地，由脚掌过渡到脚尖。随着身体重心前移而提升，整个动作过程肩、髋、身要正对前方。反复练习，提拉下压要积极主动。

（2）栏侧站立做起跨腿提拉练习。

（3）跑动 3~5 步做起跨腿提拉练习。

（三）剪绞动作

（1）原地做剪绞动作练习，如图 5-7（a）所示。

（2）垫步跑中做剪绞动作。以三步过栏为例，在跑道上划好标志线或摆标志物，采用三步一动作方法。第一、二步是一般小步幅跑，第三步是剪绞步动作。当摆动脚开始压下时起跨腿用大腿带动小腿，经体侧迅速向胸前提拉，在空中形成与两腿以髋关节为轴的交叉。要求整个过程身体要正，重心向上，如图 5-7（b）所示。

（3）栏侧做剪绞动作练习。

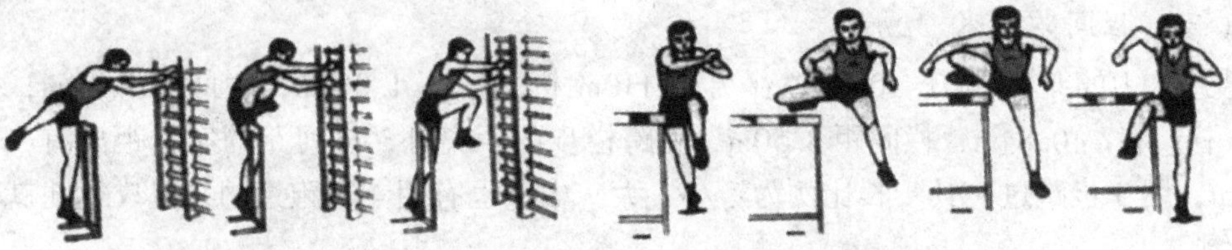

(a) (b)

图 5-7 跨栏辅助练习

（a）原地做剪绞动作练习；（b）垫步跑中做剪绞动作

（四）创建正确的栏间跑步数节奏

在训练的过程中必须根据队员的特点区别对待，对于步幅大，爆发力好的队员采用三步；步幅较小而协调性好，灵敏性高的队员采用四步，步幅小，频率快的队员则采用五步，必须因人而异，不能千篇一律。

（1）间隔跑：稍短于正常步长的距离，用海绵块间隔跑大于 40m，采用站立式跑或行进间跑皆可。

（2）徒手不带标志的跨栏节奏跑（以三步过栏为例）：模仿跨栏节奏在跑大于 8 步后，三小步一大步连续跑几次。可原地高抬腿中进行，可跑进中进行，也可采用计时方法。

（3）徒手带标志的跨栏节奏跑：在栏点上改放海绵块，并缩短栏间距离。起跑上第一栏后，跑三小步一大步。

第六节 跳 远

跳远是通过起动，然后经过一段距离的助跑，准确地踏上起跳板进行起跳、腾空，并在空中做出一定的技术动作，然后安全地落在沙坑里，比谁跳得远的一项田径运动项目。参加跳远运动的练习和比赛，可以提高人的速度、力量、灵活、协调等素质，达到增强体质的目的。跳远的技术包括助跑、起跳、腾空和落地几个技术环节，如图 5-8 所示。

一、助跑

助跑是指从起动开始，经过一段距离的跑动，最后踏上跳远起跳板的这一技术阶段。助跑是产生跳远所需水平速度的主要阶段，它在跳远技术中占有重要的位置。优秀运动员一般采用的助跑距离，男子为 35~45m，跑 18~24 步；女子为 30~40m，跑 16~22 步。助跑距离与步数，应根据运动员发挥速度的快慢能力和训练水平高低而定。助跑的方法有两种：一是从静止状态开始起动，采用站立式起跑的方法逐渐加速；二是行进间踏上第一标

图 5-8　跳远技术

志的跑法。

（一）距离与步点标志

在跳远助跑道上，以起跳板为起点，向助跑反方向按自己所确定的助跑开始姿势、加速方式和步数反复跑几次后，找出和确定步数相符的脚步的相对集中点即为初定的助跑起跑点。然后由此点开始，按自己的助跑方式向起跳板方向助跑并起跳，经反复练习、调整，最后确定，用皮尺丈量此距离并记录下来，以便以后使用。为了能准确踏板起跳，助跑通常设两个标志，第一个标志设在助跑的起点上，第二个标志设在起跳板后的 6~8 步起跳脚着地处。

（二）技术与节奏

跳远助跑技术要求跑得轻松自然，摆动随臂动作放松、幅度大，重心移动平稳。跑出 5~6 步后，上体抬起，保持正直，逐渐加大步长和加快频率，发挥出助跑速度。助跑最后几步应逐渐加快频率，提高助跑速度，为起跳做好充分准备。

（三）技术重点

（1）无论何种助跑方式，都必须做到加速快，上板准，重心移动轨迹平稳直线性好。

（2）助跑的步幅、步频要相对稳定，最后几步助跑节奏要积极。

（3）助跑速度逐渐增加，到达踏上起跳板时，应力争达到较高的助跑速度。

二、起跳

起跳是跳远技术中最重要的技术环节，它要求在高速助跑情况下通过准确、快速、有力的起跳，获得必要的腾起初速度和适宜的腾起角度，以改变人体运动方向，从水平运动变为抛射运动，如图 5-9 所示。

图 5-9　起跳技术

（一）动作

起跳动作过程可分为踏板、蹬伸和摆动三个部分。

（1）踏板。踏板动作是起跳环节的第一步，也是助跑和起跳的一个转折点，目的是把助跑的水平速度转化为向上和向前的速度，获得足够的腾空时间和水平速度。踏板时要求在助跑的最后一步起跳腿积极下压，准确地踏在起跳板上，着地时脚跟先着地，然后迅速转化为全脚掌支撑，脚跟着地时起跳腿与地面成75°左右夹角。

（2）蹬伸。当起跳脚变为全脚掌支撑身体重心达到支撑点上方时开始进行蹬伸动作，此时两眼正视前方，上体保持正直，提肩、拔腰，同时下肢快速蹬伸，踝、膝、髋三个关节，身体向前上方腾起，腾起角度为18°~24°。

（3）摆动。摆动动作是指摆动腿和两臂的摆动动作。摆动腿和两臂摆动对提高起跳速度、加大动作幅度和加大蹬伸力量都有重大作用。当起跳脚踏上起跳板时，摆动腿大小腿折叠屈膝前摆。在起跳蹬伸时摆动腿快而有力地向上摆动，两臂配合下肢动作，屈肘做有力摆动，摆动结束前一瞬间，摆动大腿与地面基本平行；起跳腿同侧臂向上摆动，肘关节几乎与肩同高；另一侧臂向后摆动，接近最大限度；这时摆动动作突然制动，以增强起跳效果。

（二）技术重点

（1）最后一步摆动腿蹬地送髋要积极，起跳腿迈步放脚要迅速准确。

（2）起跳时蹬摆配合要协调，摆动动作要积极快速，幅度要大。

（3）起跳时抬头挺胸，上体正直，髋、膝、踝三个关节要充分蹬直、伸展。

三、腾空

腾空动作是为了维护身体的平衡从而推迟落地时间，并为落地创造有利的条件。腾空初期的姿势一般称“腾空步”。腾空后空中动作有三种，即蹲踞式、挺身式和走步式，如图5-10所示。

图5-10 腾空动作

（一）蹲踞式

起跳成腾空步后，上体仍保持正直，摆动腿的大腿继续高抬，两臂向前挥摆，起跳腿开始向前上方提举，逐渐与摆动腿并拢形成空中蹲踞式的姿势，然后收腹举腿并前伸小腿，同时两臂前伸后经由体侧向后摆动，顺势落地。蹲踞式的空中动作自然顺势，适合于初学者或其他项目运动员。

（二）挺身式

起跳腾空后，摆动腿的膝关节放松伸展，小腿自然地向前、向下、向后方成弧形摆动，两臂放松下垂，微向后侧伸展，起跳腿和摆动腿靠拢，挺胸展髋，形成空中挺身展体姿势，充分拉长身体躯干前群肌肉，然后两腿快速收腹举腿并前伸小腿，同时两臂前伸后经由体侧向后摆动，顺势落地。挺身式双臂的摆动可以分为双臂高摆、双臂向后反摆和单臂绕环摆动三种。初学者可以依次体会和学习，然后确定适合于自己的摆动姿势。

（三）走步式

起跳腾空后，以髋关节为轴，摆动腿大腿带动小腿，由前向后下方摆动。同时起跳腿屈膝前摆，向上抬起大腿，前伸小腿，完成空中两腿交换步的动作，两臂协调地配合大腿做大幅度绕环摆动，然后顺势收起留在体后的摆动腿，两腿靠拢，收腹举腿，并前伸小腿落地。在空中完成一次交换步就落地的走步式为“两步半”走步式，完成两次交换步再落地的为“三步半”的走步式。走步式的技术动作自然协调，与助跑起跳结合紧密。男子优秀跳远运动员采用这种技术的比较多。但是，起跳能力不够、协调性差的人不宜选择这种技术，易造成起跳不充分。

（四）技术重点

（1）无论何种腾空技术动作，都必须能够保持身体在空中的平衡。在落地前能够做到高抬大腿，前伸小腿，充分做好落地前的准备动作。

（2）腾空阶段必须保持抬头挺胸姿态，才能正确完成空中技术动作。

（3）挺身式动作必须挺胸展髋，使髋部前移，不能挺腹。

（4）走步式交换步的动作要在身体重心下方，两大腿进行剪绞交换。

四、落地

落地阶段指腾空后落入沙坑的着地动作阶段。虽然这一动作比较简单，但是动作不正确容易造成损伤或影响跳远成绩。

完成腾空动作后，两腿尽量屈膝前摆高抬，使脚尖自然勾起，并前伸小腿，两臂向后摆动。脚跟触及沙面后，迅速屈膝缓冲，臀部顺势前移，两臂由后向前摆动，自然协调地平稳落在沙坑里，双足着地以后，应及时屈膝缓冲，髋部迅速向前移动，双臂快速前摆，使身体，特别是将臀部迅速移过落地点。落地时，可以采用上体前倾、侧倒、坐落三种方法。但是，无论采用何种姿势都应该顺势缓冲，身体重心前移，保证安全。

（一）上体前倾式

两脚触击沙面后，两腿顺势屈膝缓冲，上体尽量前移，以蹲踞姿势稳定地落在沙坑里。上体前倾式适合于初学者。

（二）侧倒式

两脚触击沙面后，一条腿保持稍紧张状态支撑沙地，另一条腿屈膝缓冲，上体顺势向屈膝缓冲腿的一侧侧倒，以侧卧形式安全平稳地落在沙坑里。

（三）坐落式

两脚触击沙面后，上体微向后仰，两腿继续前伸平滑，屈膝收腹，用臀部坐落在沙坑里。

第七节　跳　　高

跳高运动最初起源于英国，是从体操项目中派生出来的。19 世纪 60 年代在欧美开始普及，男、女跳高分别于 1896 年、1928 年被列为奥运会比赛项目。跳高的过杆技术有跨越式、剪式、滚式、俯卧式、背越式等，如图 5-11 所示。由于技术类型不同，运动员在完成助跑、起跳、过杆、落地的各动作方法上各有差异。现绝大多数运动员都采用背越式。跳高横杆可用玻璃纤维、金属或其他适宜材料制成，长为 3.98~4.02m，最大重量为 2kg。比赛时，运动员必须用单脚起跳，可以在规定的任一起跳高度上试跳，但第一高度只有 3 次试跳机会。

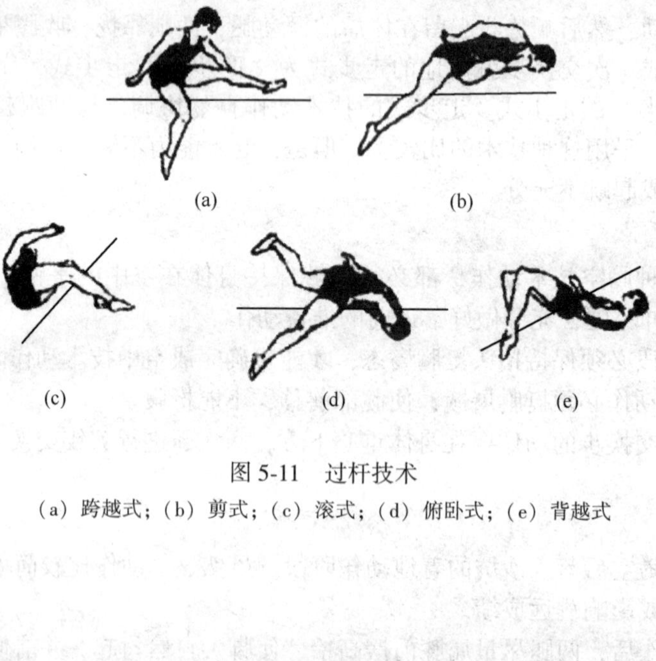

图 5-11　过杆技术

(a) 跨越式；(b) 剪式；(c) 滚式；(d) 俯卧式；(e) 背越式

一、背越式

(一) 特点

背越式跳高助跑的主要特点是弧线助跑，助跑线一般为“J”。其优点有以下几点：

(1) 助跑的预备段是一条直线或曲率很小的曲线，因此全程便于加速和发挥速度。

(2) 向弧线过渡时比较平缓自然，可以避免停顿或减速。

(3) 弧线曲率由大变小，使身体逐步加大内倾。

(4) 最后一步与横杆约成 20°~30°角，以保证人体在腾空后，有一个适宜的相对于横杆的垂直位移距离。

(二) 助跑

助跑的任务是获得必要的水平速度，并为提高起跳效果和顺利地越过横杆创造条件。背越式跳高一般采用 8~12 步助跑，分直线助跑段与弧线助跑段，如图 5-12 所示。

(1) 直线助跑技术。近似于短路途中跑技术，跑进时身体重心高而平稳上体适当前倾，后蹬充分有力，前摆积极抬腿，两臂协调配合大幅度摆动。

(2) 弧线助跑技术。身体逐步内倾，加大外侧腿臂的摆动幅度，保持头、躯干成一直线向内倾。助跑的整个过程应有明显的加速性和较强的节奏感，尤其是最后几步逐渐加快，到最后一步最快。

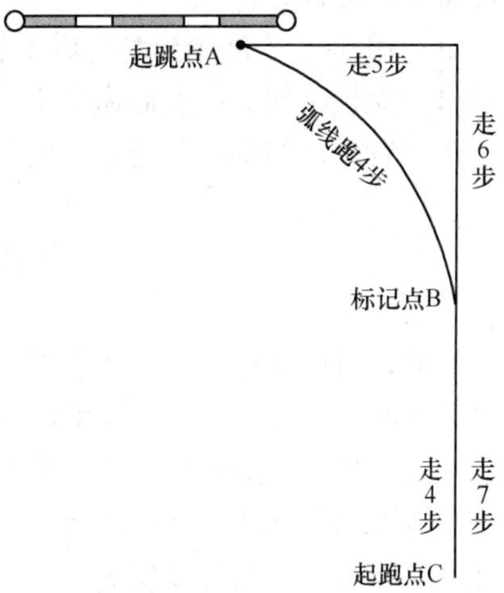

图 5-12　背越式跳高助跑

（三）起跳

起跳的目的在于使助跑获得的水平速度，迅速转变为垂直向上运动，以使身体充分向上腾起，并为过杆做好准备。起跳动作可分为起跳腿的着地、缓冲和蹬伸三个阶段及摆动腿与双臂的配合。最后一步助跑时，支撑腿以全脚掌着地，步幅稍大，重心下降，同时摆动腿积极擦地面前迈，向前上方推送髋关节，上体稍后仰，保持内倾；起跳腿踏上起跳点时，摆动腿顺势上摆，同时摆臂向上；起跳腿迅速蹬伸髋、膝、踝关节，起跳腿的异侧臂上伸，躯干充分伸展，整个身体几乎与地面垂直。

（四）过杆与落地

过杆就是充分利用起跳获得的腾空时间改变身体姿势，缩短身体重心与横杆之间的距离，并利用身体的屈伸、旋转越过横杆。过杆时，立即屈髋收腹，下颚迅速引向前胸，同时双腿补偿地高举两小腿积极向上甩起。应注意，落地前的收腹举腿，以背先着地，或团身以肩先着地，然后再做一个后滚翻。为了控制腾越方向，头部不能后仰，要注意在落垫过程的“视力监督”，眼睛始终注视着横杆方向，如图 5-13 所示。

图 5-13　背越式跳高过杆

二、背越式跳高训练

（一）助跑训练

（1）沿着圆圈跑的练习（直径 15m 左右）。体会圆圈跑时身体感觉，控制跑时身体内倾斜。

（2）由直线进入圆圈跑的练习。体会身体由正直逐渐转入向内倾斜。

（3）沿圆圈做三步或五步的起跳练习。体会后两步加快节奏，做好起跳动作，积极向上跳。

（4）在海绵垫前或对着一定高度的横杆做三步或五步助跑起跳练习。事先在垫前选好起跳点，用明显的标志画上弧线，在弧线上练习。用 3~5 步助跑起跳坐上海绵垫，过渡到 3~5 步助跑起跳背部着垫躺在海绵垫上。

（二）过杆训练

（1）原地倒肩挺髋练习。在齐腰高的海绵垫旁，成起跳结束姿势。随着身体转向背对海绵垫，同时仰头、倒肩、展体、挺髋，最后用肩背落在海绵垫上成过杆时背弓姿势。

（2）背对着搭放垫子的跳马站立，然后提脚跟、挺髋并向后倒肩做背越式过杆动作，接着顺垫子向后落下。

（3）用 3~5 步助跑起跳背卧上较高的海绵垫，成杆上背弓姿势，两小腿在垫子上方。

（4）原地跳起，挺髋后做向上向后甩腿收腹练习。

（5）背对海绵垫做跳起过皮筋练习，或借助踏板做 3~5 步助跑过杆练习。

第八节 推 铅 球

推铅球项目的雏形是作为锻炼身体的手段出现的。相传大约在 14 世纪 40 年代，欧洲战场上出现了大炮，士兵们为了在作战时能迅速、敏捷地搬运和装填炮弹，平时常用与炮弹重量相仿的石头做推举和投掷游戏，以发展臂力，以后逐渐发展成为推铅球运动项目。因此，推铅球不仅是一个竞技项目，同时也是一种锻炼身体、增强体质的手段。推铅球练习可以发展人们的肌肉爆发力和动作速度，提高中枢神经系统的调节机能，并能培养坚毅、顽强的意志品质。

推铅球技术由最初的原地推球，发展为上步推球、侧向滑步推球、半背向滑步推球，直至现在采用的背向滑步或旋转推铅球技术。现代推铅球技术已朝着滑步（旋转）与最后用力紧密衔接，充分利用预先速度，加长最后用力的工作距离，动员更多的肌群参与最后用力，从而达到最大限度地提高铅球出手初速度和取得最适宜出手角度的方向发展。

目前，优秀运动员普遍采用背向滑步推铅球技术，该技术包括预备姿势、滑步、最后用力、缓冲四个技术阶段，如图 5-14 所示。

图 5-14 背向滑步推铅球技术

一、预备

（一）握持球

以右手为例，五指自然分开，把铅球放在食指、中指和无名指的指根上，球体大部分重量放在食指和中指之间，拇指和小指夹在球的两侧，手腕背屈。手指和手腕力量较强的人，可将球适当地移向手指上方；相反，手指力量较弱的人，可将球放在更靠近指根处。握好球后，把铅球放在肩上锁骨窝处，贴近颈部，右臂屈肘，掌心向前，持球臂的大臂与身体夹角约为 45°或更大一些，如图 5-15 所示。.

（二）滑步前预备

（1）高姿势。持球后背对投掷方向，站在圈内靠近后沿处，两脚前后站立，相距20~30cm左右，右脚尖靠近投掷圈内沿（脚也可稍向内转），左腿在后并自然弯曲，以前脚掌或脚尖着地，上体正直放松，左臂自然上举，体重落在伸直的右腿上，头部与躯干保持正直，如图5-16所示。

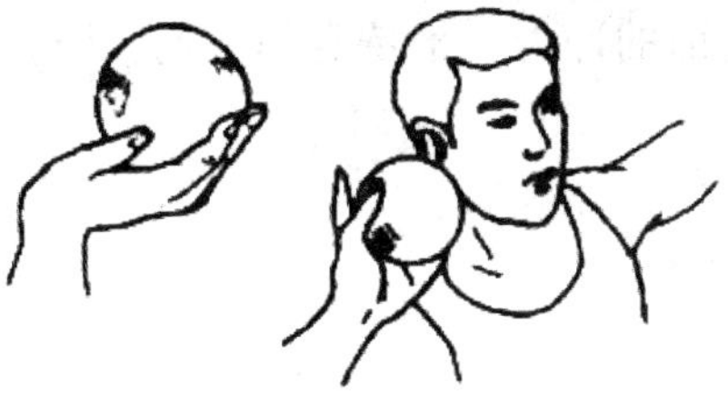

图5-15　握持球技术

图5-16　高姿势

（2）低姿势。持球后背对投掷方向，站在圈内靠近后沿处，两脚前后站立，相距50~60cm根据身高和下蹲的程度而定，左脚在后，以前脚掌或脚尖着地，右脚尖贴近圆圈指向投掷相反方向（脚也可稍向内转），左臂自然下垂，左肩稍向内扣。右腿弯曲的程度根据个人力量而定，上体前屈，头部与躯干保持正直，两眼视前下方1~2m处。低姿势与高姿势相比，较为简单，初学者更容易掌握。

二、滑步

滑步前先做一两次预摆（有的也不做预摆）。采用高姿势的投掷者，预摆时左腿自然弯曲，大腿用力平稳向上摆起，右腿伸直，上体前屈。左臂微屈前伸或下垂并稍向内，头与背保持一条直线；采用低姿势的运动员，左大腿用力平稳地向上摆起，右腿伸直即可。当左腿摆至与地面平行或接近平行时，使身体稳定，而后收左腿靠近右腿，与此同时，右腿逐渐屈膝。完成团身动作，如图5-17所示。

图5-17　团身

三、最后用力

最后用力指滑步结束时左脚落地到铅球出手之间的过程。滑步结束时，右脚比左脚先着地，右脚着地后，右腿积极转蹬，推动右髋向投掷方向转动，上体在转动中逐渐抬起。此时，左臂向胸前左上方摆动，使原来背对投掷方向转至左侧侧对投掷方向，左臂和左肩高于右肩，体重大部分在弯曲而压紧的右腿上。由于右腿不停地转蹬，加速右髋继续向投掷方向转动和上体逐渐前移，体重逐渐移至左腿。这时左膝微屈，当左臂向体侧摆动时，胸部和头部转向投掷方向。右腿蹬伸，进一步将右髋向投掷方向送出，随着右肩前送，左臂已摆至体侧制动，这一动作快结束时，两腿充分蹬伸，抬头（稍有后仰），右臂迅速而有力地将球推出。铅球快出手时，手腕稍向内转同时屈腕，快速而有力地推拨球，使铅球从手指离开。

最后用力时应注意正确的用力顺序，正确的用力顺序从外形看，首先是由右腿的转蹬开始，推动右髋向投掷方向转动，形成髋轴在前肩轴在后的交叉扭紧状态，随即上体边抬边转向投掷方向，身体重心向左腿移动并逐渐上升，两腿用力伸蹬，上体迅速转动，由下肢通过髋关节将力量传递到躯干，最后通过投掷臂和手作用到器械上。

四、缓冲

缓冲指铅球出手后，运动员为防止犯规而使身体重心稳定下来的过程。铅球出手后，应使两腿弯曲或做交换，以降低身体重心，缓冲向前的冲力，维持身体平衡，防止出圈犯规。

第六章　篮　　球

第一节　篮球运动概述

一、篮球运动的发展

篮球运动是1891年由美国马萨诸塞州斯普林菲尔德市基督教青年会训练学校体育教师詹姆斯·奈·史密斯博士借鉴其他球类运动项目设计发明的。起初，他将两只竹篮钉在健身房内看台的栏杆上，竹篮上沿离地面稍高于10ft，约3.05m，用足球作比赛工具，任何一方在获球后，利用传递、运拍将球向篮内投掷，投球入篮得一分，按得分多少决定比赛胜负。

1892年，奈·史密斯制定了《青年会篮球规则》，该规则共13条，比赛时间规定为上、下半时各15min；对场地大小也做了规定；上场人数由每队9人、7人，到1893年决定为5人。随着篮球运动在美国国内的推广，场地、器材也不断改进，逐渐形成近似现代的篮板、篮圈和篮网。

篮球运动是一项富有吸引力的运动项目，在美国国内发展很快，随后也相继传播到欧洲、亚洲、南美洲的一些国家。1904年，美国青年会男子篮球队在第3届奥运会上进行了表演赛。此后，篮球运动逐步在各大洲开展起来。1908年，美国制定了全国统一的篮球规则。1932年，在瑞士日内瓦成立了国际业余篮球联合会，并正式出版了第一本国际篮球规则。1936年，第11届奥运会将男子篮球列入正式比赛项目，篮球运动登上了国际竞技运动舞台，成为一项世界性的运动项目。

20世纪初，美国首都华盛顿和纽约市贫民区的黑人青少年在空地上随便搭建简单的篮球架进行篮球运动。其后两地的参与者共同努力，并组织华盛顿学生体育协会和黑人篮球联盟等团体，令街头篮球迅速流行。然后街头篮球传至欧洲，并发展出3对3的比赛形式。由于对设备的要求低和简单的比赛形式，该项运动得以在全世界迅速发展。

20世纪40年代末50年代初，世界男、女篮球锦标赛赛制先后建立，美国NBA职业篮球联赛开始。70年代中期，女子篮球运动列入1976年第21届奥运会竞赛项目，从此，篮球运动逐渐走向世界，开始出现世界性的大普及、大发展。竞技水平通过自身的实践、完善和现代科学技术的渗透影响，得到了很大的提高和发展。

20世纪80年代，随着篮球运动发展进程中高度与速度的增加，技术、战术的进一步创新发展，个人攻防能力的增强和对抗性加剧，促使比赛场地扩大（长28m、宽15m）和远投3分球的确立，现代篮球运动迅速向国际化、大众化、技艺化、产业化的道路迈进，显示出现代篮球竞技运动发展的新趋势。

20世纪90年代初，美国NBA职业篮球运动员组成的“梦之队”进入第25届奥运会，进一步增强了现代篮球运动的文化艺术、科技含量氛围以及职业化带来的商业化、产业化气息，在一定程度上促进了21世纪篮球运动发展的新观念、新理论、新技术、新战术的形成。

二、篮球运动的价值

篮球运动是在固定场地内，双方以投篮为中心的竞赛项目，并以投中得分获得乐趣，可见篮球运动具有浓厚的游戏性。篮球运动不受年龄、性别和技术的限制，因而开展十分广泛，成为丰富人们业余文化生活的重要内容。

篮球比赛是在攻防不断变化中进行的，运动员应具有良好的身体素质。在场上既要不断地快速奔跑，又能急起急停，所以，经常参加篮球运动，通过跑、跳、投的锻炼，对促进人体的协调性、灵活性和应变能力都会起到良好的作用。

篮球运动要求运动员对场上各种变化情况具有精细的感受能力。运动员在场上完成复杂的动作时，动作要十分准确，而这在很大程度上要靠人体运动分析器对肌肉感觉做精确分析才能实现。如篮球运动员能够在没有视觉参加的情况下完成运球动作，就是靠运动及触觉两种分析器的精确判断来实现的。

篮球运动员不仅肌肉会变得更加结实有力，而且内脏器官的机能也会得到明显提高。以心脏机能为例，正常成人安静时每分钟心跳72次左右，并且每次心跳只能输出50～60mL血液；而篮球运动员安静时，心脏每分钟跳50～60次，每次心跳输出血液可达80～100mL。安静时心跳次数减少，说明篮球运动员的心脏肌肉强壮有力；收缩一次输出的血液大大超过一般人，是机能良好的表现，说明篮球运动确实有助于改善人体的心肺机能。

第二节　篮球运动基本技术

篮球的基本技术是篮球运动的基础，是进行篮球运动所必需的专门技术动作的总称，它分为进攻技术和防守技术两部分；进攻技术主要包括移动、传接球、运球、投篮、持球突破等，防守技术主要包括防守对手、抢打断球、移动、抢篮板球等。近来也有不同的分类，认为篮球技术是以投篮为中心的，以基本手法和步法为基础的，由获得球、支配球和一对一技能为主组成的系列。

一、移动技术

在篮球运动中，移动是指队员为了改变位置、方向、速度和争取高度等所采用的各种脚步动作方法的总称。移动主要包括基本站立姿势、起动、跑（加速跑、直线跑、曲线跑、变向跑、变速跑、侧身跑、后退跑等）、跳（单腿跳、双脚跳、原地跳、助跑跳等）、急停（跑步急停、跨步急停等）、转身（前转身、后转身）、防守步法（平滑步、斜滑步、上下滑步、滑步结合交叉步、追防步等）。

（一）站立姿势

基本站立姿势是队员在球场上经常保持的一种既稳定又能突然起动的站立姿势。

动作要领：两脚前后开立，距离与肩同宽，膝稍屈，身体重心支撑点落在两脚前脚掌，上体前倾、抬头、收腹、含胸、两臂稍屈肘自然置于体侧，注意场上情况，以便及时向球场任意方向移动。

要点：自然站立，屈膝，身体前倾，沉肩含胸，两臂张开。

（二）起动

起动是在静止或行进间，利用突然快跑甩开对手的一种方法，它在比赛中运用得最多。起动可分为面向前方的起动，侧向前方的起动。

动作要领：向前起动是用后脚的前脚掌短促有力地蹬地，重心前移，上体前倾，迅速向前迈步。起动后的前两三步要短促而迅速。向侧起动是用异侧脚的前脚掌用力蹬地，同时上体迅速向起动方向侧转并前倾，重心跟随移动，迅速向跑动方向迈步，步法同向前起动。

要点：蹬地。

（三）跑

跑是队员在球场上改变位置和速度的重要方法，也是比赛中运用最多的一种移动动作，如图6-1所示。篮球场上的跑具有快速、多变的特点。篮球场上跑的种类很多，比赛中经常运用的跑有以下几种。

图6-1 跑

1. 变速跑

变速跑是队员跑动中利用速度的变换来争取主动权的一种方法。

动作要领：加速跑时，要利用两脚突然短促而有力地连续蹬地，加快跑的频率，同时上体稍向前倾与手臂相应摆动加以配合；减速跑时，利用前脚掌用力抵地来减缓快跑的前冲力，同时上体直起，保证身体重心的后移，从而降低跑速。

要点：加速时，脚蹬地，上体前倾；减速时，脚抵地，身体直起。

2. 变向跑

变向跑是队员在跑动中突然改变方向来摆脱防守或堵截进攻队员的一种方法。动作要领：变向跑时（以从右向左变方向为例），最后一步右脚着地，脚尖稍向内扣，用前脚掌内侧用力蹬地，屈膝，腰部随之左转，快速转移重心，左脚向左前方跨出的这一步要快，右脚迅速随着跨出，继续加速跑动前进。

要点：右脚蹬地、屈膝内扣，转移重心，左脚快迈，上体前倾，加速跑动。

3. 侧身跑

侧身跑是队员向前跑动中为了观察球场上的情况，侧转上体，进行攻守行动的一种方法。

动作要领：脚尖和膝盖对着跑动方向，头和腰部向球的方向扭转，侧肩，上体和两臂放松，随时观察场上的情况。

要点：脚尖正对前进方向，身体及头部侧向球方。

4. 后退跑

后退跑是队员在球场上背对前进方向的一种跑动方法，是为了观察场上攻守情况。

动作要领：两脚提踵，用脚前掌交替蹬地提膝向后跑动，上体放松直起，两臂屈肘相应摆动，保持身体平衡，两眼平视，注意场上情况。

要点：前脚蹬地，提踵，小腿后伸，两臂配合。

（四）跳

跳主要指向各个方向的助跑及原地起跳等，与通常的跳跃不同的是，篮球场上需具有随时随地能向各个方向（前、后、左、右、垂直）跳起及连续跳跃的能力，并且这些跳往往是在对手的干扰、对抗和破坏下完成的。篮球场上跳的种类很多，比赛中经常运用的跳有以下几种。

1. 双脚起跳多在原地运用

动作要领：起跳时，两脚开立，两膝快速下蹲，两臂相应后摆，上体前倾。然后，两脚用力蹬地，伸膝、提腰，两臂迅速向前上摆，使身体向上腾起。上体在空中要自然伸展，手摆，下肢放松。落地时，要前脚掌先着地，并屈膝缓冲身体下落的重力，保持身体平衡，以便衔接下一个动作。

2. 单腿起跳多在助跑情况下运用

动作要领：起跳时，起跳腿微屈前送，脚跟先着地，并迅速屈膝过渡到前脚掌用力蹬地，同时提腰摆臂。另一腿提膝积极上抬，借以帮助重心上移。当身体上升到最高点时，摆动腿放膝向下与起跳腿自然合并，使腾空动作协调。落地时，双脚要分开，并屈膝缓冲，以便迅速完成其他动作。

（五）急停

急停：是队员在跑动中突然制动速度的一种动作方法，是衔接其他技术动作和摆脱对手的有效方法。急停包括跨步急停和跳步急停。

1. 跨步急停

动作要领：队员在快速跑动中做急停时，先向前跨出一大步，全脚掌着地，迅速屈膝降低并后移重心；接着再跨出第二步，脚着地时，用前脚掌内侧蹬地，使身体停稳并保持身体平衡。

要点：第一步大，重心后坐；第二步快跟，蹬地停稳。

2. 跳步急停

动作要领：队员在跑动时用单脚起跳，两脚下落同时着地（略比肩宽），前脚掌用力蹬地，两膝迅速弯曲，重心下降，两臂屈肘张开，保持身体平衡。

要点：单腿起跳，双脚下落，蹬地，降重心。

（六）转身

转身是一脚做中枢脚下进行碾的旋转，另一脚随之转动（向前或向后）来改变身体原来的方向。转身可以摆脱防守队员，获得传、运、投的机会，也能在掩护和抢篮板时抢占有利位置。

动作要领：两膝弯曲，收腹，含胸，上体稍向前倾，转身时重心移向中枢脚，中枢脚以前脚掌为轴用力碾地，另一脚前脚掌内侧蹬地，同时以肩带动腰向前或向后转动身体。要点：转动过程中，身体重心要在一个水平面上，不能上下起伏。

转身分为前转身与后转身。

（1）一脚向中枢脚脚尖方向跨出的步法叫作“前转身”，背向防守队员持球时，可用前转身衔接下一个进攻动作，如图 6-2 所示。

图 6-2　转身

（2）一脚向中枢脚脚跟方向跨出的步法叫“后转身”，利用后转身摆脱防守队员时必须紧贴防守队员，以便转身后获得有利位置。转身时，要用中枢脚的前脚掌转动。

（七）防守步法

防守步法包括向各个方向的滑步，以及滑步与撤步、交叉步、追防步等的组合步法。移动中始终要面对对手，并与对手保持约一臂距离，时刻注意并判断对手的企图和行为，以灵活的脚步移动抢位在对手的移动路线上，如图 6-3 所示。尽量迫使对手减速、急停或变向。常见的防守步法有以下几种。

图 6-3　防守步法

1. 侧滑步

动作要领：向左侧滑步时，左脚向左侧方跨出一步，同时右脚前掌内侧用力蹬地贴着地面滑动，跟随左脚移动。

2. 后撤步

动作要领：当进攻者向防守者右侧方加速时，防守者迅速以左脚蹬地，并抬起右脚后撤一步，配合身体同时向右侧方半转身。

3. 交叉步

动作要领：向左侧交叉步时，右脚用力蹬地，迅速从左脚侧前方迈出，上体稍左转，右脚落地的同时左脚向左跨步，依次两脚交叉快跑。

二、传接球技术

传接球是篮球比赛中队员之间有目的地转移球的一种方法，是篮球运动中的重要技术之一。传接球是实现战术组织配合的纽带，能把每个队员连成一个整体，充分发挥集体力量，体现篮球运动的特点。巧妙准确的传球，能打乱对方防御部署，创造更多、更好的投篮机会；稳定牢靠合理的接球，能弥补传球的不足，从而协调连贯地完成传球、突破、投篮等动作。传球的主要方式有双手胸前传球、双手头上传球、单手肩上传球和反弹传球等；接球的主要方式有双手接球和单手接球等。

（一）双手胸前传球

动作要领：两腿下肢发力，身体前移，前臂迅速向传球方向伸直，手腕翻转抖腕，同时拇指用力下压，食指、中指用力弹拨将球传出，出球后手心、拇指向下，其余四指向前，如图 6-4 所示。

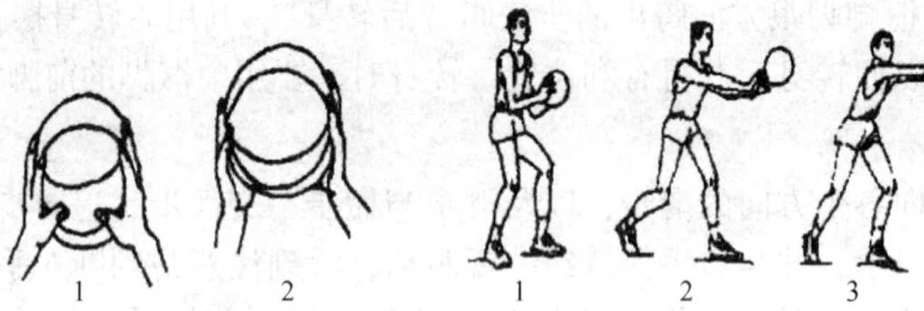

图 6-4 双手胸前传球

（二）双手头上传球

动作要领：双手举球于头上，时，拇指、食指、中指用力拨球，两肘和手心向前，出球时前臂前摆，在手腕前扣外翻的同将球传出，如图 6-5 所示。

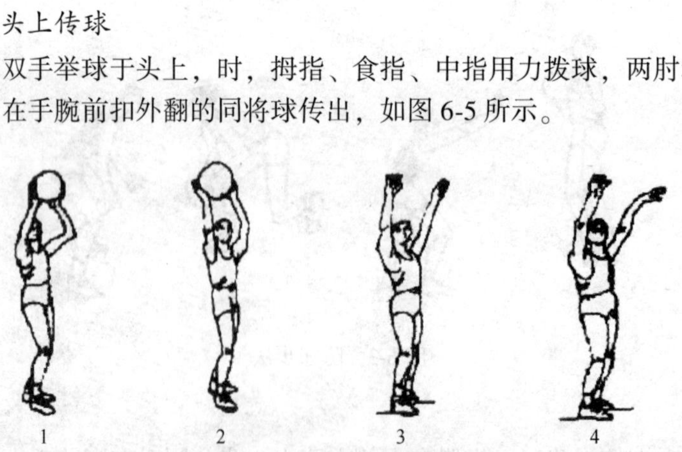

图 6-5 双手头上传球

（三）单手肩上传球

动作要领：右手传球时，持球手五指自然张开，左脚向传球方向迈出，同时引球于右肩上方。出球时，下肢发力转腰、转肩，前臂前摆，并迅速向前扣腕带动食指、中指和无名指用力将球传出，如图 6-6 所示。

图 6-6 单手肩上传球

（四）反弹传球

动作要领：双手持球于胸前，利用手腕、手指的抖动力量，使球通过地面反弹到同伴，反弹点在传球队员与接球队员的 2/3 处。球弹起的高度最好是在接球队员的腰部以下，如图 6-7 所示。

图 6-7 反弹传球

（五）双手接球

动作要领：眼睛要注视来球，手臂迎球伸出，手指自然分开，手心空出；当手指触球后，手臂屈肘后引，缓冲来球的力手指握球于胸前，如图 6-8 所示。

图 6-8 双手接球

（六）单手接球

动作要领：眼睛注视来球，单手迎球伸出，手掌成勺形；当指端触球时，手臂顺势将球向后下方引，另一手立即协助握球，保持身体平衡。

三、运球技术

运球就是在原地或行进中用单手连续按拍地面上的反弹球的动作方法。运球是控制球、支配球、组织战术配合和突破对手的重要手段。

运球的方式是多种多样的，如比较常见的有低运球、高运球、原地运球、行进间运球、急停急起运球、体前变向运球、运球后转身、背后运球、胯下运球等。

（一）原地运球

动作要领：两脚前后或前后开立，上体稍前倾，降低重心，重心落在前脚掌上，保持膝关节弯曲，抬头，五指自然分开，用手指和手根部按拍球和控制球，并随时用另一手的臂、肩、躯干和腿保护球。

（二）行进间运球

动作要领：向前运球时，两腿微屈，上体前倾，手指按在球的后上方，跑动步法和球弹起的高度、速度应协调一致，如图 6-9 所示。

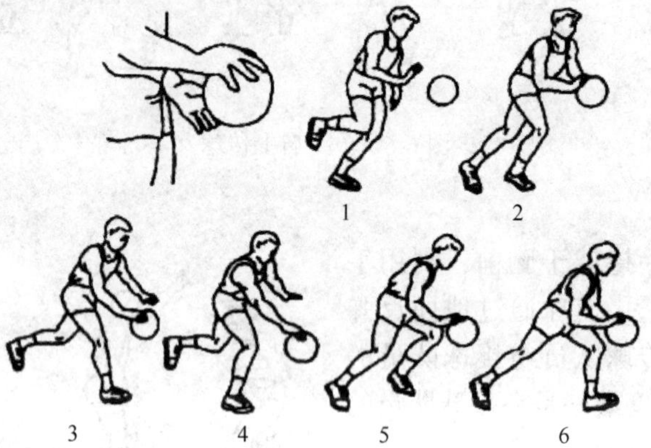

图 6-9 运球

（三）急停急起运球

动作要领：运球急停时，可采取两步急停，跨出第一步时，身体后仰，运球手按球的下方，降低球的反弹高度，同时身体重心下降，用腿和另一臂保护球；急起时，手按球的后下方，身体重心移至前脚掌，后脚迅速蹬地，加速向前运球超越对手，如图 6-10 所示。

图 6-10 急停急起运球

（四）体前变向运球

动作要领：以左手变右手为例。变方向前，一般右脚在前，左手拍球到左上方，使球从体前向右侧运行，然后突然改变运球方向。左脚蹬地，上体右转，以臂和上体保护球。球反弹后，右手立即运球，向前推进，如图 6-11 所示。

图 6-11 体前变向运球

（五）运球后转身

动作要领：运球接近对手时，以左脚的交叉步蹬跨加速，诱使对手偏离正常防守位置，突然以左脚为轴，配合右手控球做后转身动作，完成后转身后，立即换左手运球并加速，争取超越对手，如图 6-12 所示。

图 6-12 运球后转身

（六）背后运球

动作要领：以从对手右侧突破为例。先向对手左侧方向运球，当对手身体重心向左移动时，突然用右手拉拍球的外侧，将球从背后向自己左侧前方按拍。右脚在前时开始用手提拉球，左脚上步的同时，使球从身后反弹至左侧前方，右脚迅速向左前方跨步，侧肩贴近对手右侧，以臂、腿保护球，换左手运球，快速突破，如图 6-13 所示。

图 6-13 背后运球

（七）胯下运球

动作要领：以右手运球为例。面对对手左脚在前，右手拍球经胯下地面弹向身体左侧，同时右肩向左前方倾出，做超越对手状。此时若对手相应侧滑步堵位，左手即再拍球经胯下地面弹回身体右侧，同时左肩迅速向右前方倾出，迈右脚换左手运球快速超越对手，如图 6-14 所示。

图 6-14 胯下运球

四、投篮技术

投篮是在比赛中，队员运用各种专门、合理的动作将球投进球篮的方法。投篮是篮球运动中一项关键性技术，是唯一的得分手段。进攻队运用各种技术、战术的目的，都是为了创造更多更好的投篮机会并力求投中得分；防守队积极防御都是为了阻挠对方投篮得分。随着篮球运动的发展，运动员身高、身体素质及技术水平的提高，促使投篮技术不断发展：出手部位由低到高，出手速度由慢到快，投篮方式越来越多，命中率不断提高。

投篮的种类有很多种，从参与投篮的手来说，可分为单手投篮和双手投篮；从投篮时球离手的点与身体的位置关系来说，可分为头上投篮、肩上投篮、低手投篮和钩手投篮等；从投篮者所处的状态来说，可分为原地投篮、行进间投篮和跳起投篮等。

（一）双手胸前投篮

动作要领：双手持球基本同双手胸前传球。两肘自然下垂，将球置于胸前，目视瞄准点。两脚前后或左右开立，两膝微屈，重心落在两脚之间。投篮时，两脚蹬地，腰腹伸展，两臂向前上方伸出，两手腕同时外翻，拇指稍用力压球，食指、中指拨球，使球从拇指、食指、中指指端飞出。球出手后，脚跟提起，身体随投篮出手方向自然伸展，如图 6-15 所示。

要点：蹬伸踝、膝、髋，双手用力均匀，手腕外翻，手指拨球。

图 6-15 双手胸前投篮

（二）双手头上投篮

动作要领：双手持球于头上，肘关节自然弯曲，两脚前后开立，两膝微屈，重心落在两脚之间。投篮时，两臂随下肢的蹬伸向前上方伸出，两手腕同时外翻，拇指、食指稍用力下压，用指端拨球，使球通过拇指、食指、中指指端飞出。球出手后，脚跟提起，身体随投篮出手方向自然伸展。

要点：手腕外翻，双手用力均匀。

(三) 单手肩上投篮

动作要领：以右手投篮为例，右脚在前，左脚稍后，两膝微屈，重心落在两脚之间。右手五指自然张开，用指根及指根以上部位触球，掌心空出，翻腕托球的后下部，右臂屈肘稍向内收，置球于右肩前上方，上臂与肩关节约成水平，前臂与地面近似垂直，左手扶球的左侧，目视瞄准点。投篮时，下肢蹬地发力，右臂随腰腹伸展向前上方抬肘伸臂，用手腕前屈和手指拨球动作，使球从食指、中指指端柔和飞出。球离手时，手臂要随球跟送，脚跟提起，如图 6-16 所示。

要点：脚蹬地、腰腹伸展、抬肘伸臂、屈腕、手指拨球；身体协调连贯、指腕弹拨。

图 6-16　单手肩上投篮

(四) 行进间单手肩上投篮

动作要领：以右手投篮为例，右脚向前跨一大步时接球，接着上左脚蹬地起跳，右腿屈膝上抬，同时双手举球于右肩前上方。腾空后，上体稍后仰，当接近了高点时，向前上方抬肘伸臂，用手腕前屈和手指拨球力量将球投出，如图 6-17 所示。

要点：跨步一大二小向上跳，把握节奏；出手时，腕、指用力要柔和。

图 6-17　行进间单手肩上投篮

（五）行进间单手低手投篮

动作要领：以右手投篮为例，右脚向前跨出一大步的同时接球，左脚跨第二步时用力蹬地向前上方起跳，右腿屈膝自然上提。腾空到最高点，右手五指自然张开，掌心向上，托球的下部，右臂向前上方伸展，接近球篮时，用手腕上挑和手指的拨动，使球向前旋转进入球篮，如图 6-18 所示。

要点：腾空时身体向前上方充分伸展，举球后保持托球的稳定，腕、指上挑动作柔和协调。

1　2　3　4　5

图 6-18　行进间单手低手投篮

（六）行进间双手低手投篮

动作要领：跑动中跨右（左）脚的同时接球，接着左（右）脚跨第二步并用力蹬地起跳，身体尽量向球篮方向伸展。双手持球，掌心向上托球的下部，向球篮方向伸臂。起跳到最高点时，前臂外旋，用屈腕、拨指的力量，使球通过中指、无名指、小指指端，向前旋转飞向球篮。

要点：跨步节奏清楚，腾空身体向前上方伸展，出手用力柔和。

（七）行进间钩手投篮

动作要领：右手钩手投篮时，左臂屈肘保护球，左肩侧对球篮，使球旋转碰板入球篮；出球时，右腿上抬，膝部弯曲以保持身体平衡，如图 6-19 所示。

要点：伸直投篮手臂，提高出球点。

1　2　3

图 6-19　行进间钩手投篮

（八）原地跳起投篮

动作要领：以右手投篮为例，双手持球于胸前，两脚前后或左右自然开立，两膝微屈，重心落在两脚之间。投篮时，两脚用力蹬地向上起跳，提腰，同时双手举球至右肩前上方，当身体腾空接近最高点时，左手离球，右臂向前上方伸展，利用手腕前屈和手指拨球力量将球通过指端柔和投出。落地时屈膝缓冲，保持身体平衡，如图 6-20 所示。

要点：垂直向上起跳，保持身体平衡；起跳、举球、出手动作要协调，接近最高点出手。

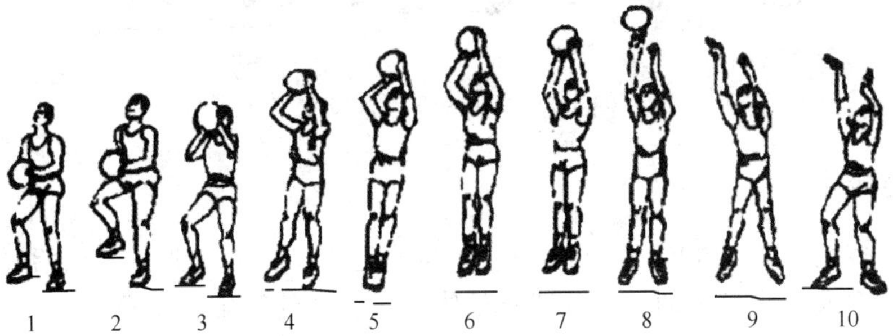

图 6-20　原地跳起投篮

（九）接球急停跳起投篮

动作要领：在快速移动中接球用跨步或跳步急停，两膝弯曲，重心下降。两脚突然快速有力蹬地起跳，同时持球上举，当腾空接近最高点时，投篮出手，动作同原地跳起单手肩上投篮，如图 6-21 所示。

要点：接球、急停时，要控制好身体重心；起跳突然，急停与起跳要紧密衔接。

图 6-21　接球急停跳起投篮

（十）运球急停跳起投篮

动作要领：在快速运球中，运用跳步或跨步急停，紧接迅速蹬地跳起的同时，双手抄球上举。当身体腾空接近最高点时，投篮出手，动作同原地跳投，如图 6-22 所示。

要点：运球、急停、抄球与起跳动作衔接要连贯协调，起跳突然，空中保持身体平衡。

图 6-22　运球急停跳起投篮

五、突破技术

突破是持球队员运用脚步动作和运球技术迅速超越对手的一项攻击性很强的技术。突破技术不仅是个人的战术行动，而且还是整体战术配合的基础。比赛中，掌握好突破时机，合理地运用突破技术，既能直接切入篮下得分，又能打乱对方的防守部署，创造更多的攻击机会，增加对手的犯规次数。如能把突破与中投、分球结合运用，进攻就更加机动灵活，效果更为显著。持球突破可分为侧（顺）步突破、交叉步突破、转身突破（后、前转身突破）等。

（一）侧步突破

动作要领：以左脚做中枢脚为例，两脚左右开列，两膝微屈，身体重心降低，持球与胸腹之间。突破时，右脚向右前方跨出一步，向右转体探肩，重心前移，右手运球，左脚前脚掌迅速蹬地，向右前方跨出，突破防守，如图 6-23 所示。

要点：蹬跨积极，转探肩保护球，第二只脚迅速蹬地积极。

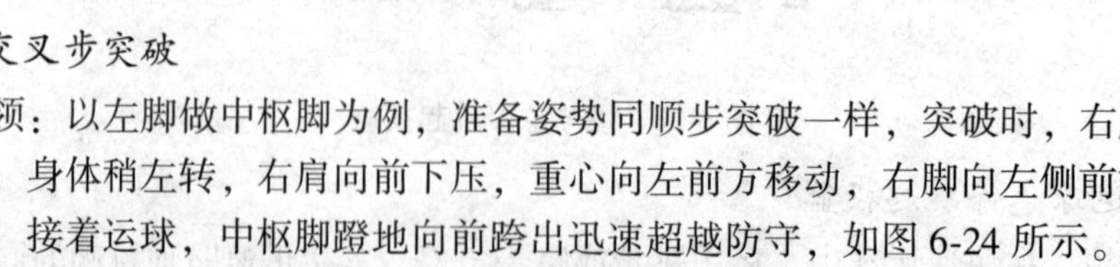

图 6-23　侧步突破

（二）交叉步突破

动作要领：以左脚做中枢脚为例，准备姿势同顺步突破一样，突破时，右脚前脚掌内侧迅速蹬地，身体稍左转，右肩向前下压，重心向左前方移动，右脚向左侧前方跨出，将球引于左侧，接着运球，中枢脚蹬地向前跨出迅速超越防守，如图 6-24 所示。

要点：蹬跨积极，转探肩保护球。

（三）后转身突破

动作要领：以左脚做中枢脚为例，背向球篮站立，两脚平行开立，两腿弯曲，重心降

图 6-24 交叉步突破

低，两手持球于腹前。突破时以左脚为轴转身，右脚向右侧后方跨步，上体右转，脚尖指向侧后方，右手向右脚前方放球，左脚前脚掌内侧迅速蹬地，向球篮方向跨出，运球突破防守，如图 6-25 所示。

要点：要控制重心平稳，右脚向右侧后方跨出时的脚尖方向要正确，左脚前脚掌内侧蹬地应有力。

图 6-25 后转身突破

（四）前转身突破

动作要领：以左脚做中枢脚为例，突破前的准备动作与后转身准备动作相同。突破时重心移至左脚上，右脚前脚掌内侧蹬地，左脚为轴，右脚随着前转身而向球篮方向跨出，左肩向球篮方向压，右手运球后左脚蹬地，向前跨出，突破对手，如图 6-26 所示。

要点：移重心，蹬地运球动作连贯。

图 6-26 前转身突破

第三节 篮球运动基本战术

篮球战术是篮球比赛中队员攻防的组织形式与方法的总称，是为篮球比赛中队员与队员之间有策略、有组织、有意识地协同运用技术进行攻守对抗的布阵行动。篮球战术水平由队员技能、战术形式和战术方法三要素组成。队员的个人技能是进行篮球比赛的基本条件，队员技能水平越高，战术配合的实现就越有保证。战术形式是战术策略的外部表现，一定的战术形式必然反映一定的战术内容，体现了不同战术形式的特点。战术方法是战术组成的核心，它包括人球移动路线、同伴之间的配合、行动的时机与变化等具体内容。

篮球战术分为进攻战术和防守战术两大类，在进攻战术体系中分为进攻战术基础配合和全队进攻战术配合两大部分，在防守战术体系中又分为防守战术基础配合和全队防守战术配合两大部分。

一、进攻战术基础配合

篮球进攻战术基础配合是指进攻时两三人之间有组织、有目的地协同行动，它包括传切配合、策应配合、突分配合、掩护配合和快攻配合。全队完整的进攻配合必须建立在基础配合之上。熟练地掌握两三人的传切、策应、突分、掩护等基础战术配合及其变化，是提高全队进攻战术配合质量的重要保证。

（一）传切配合

传切配合包括一传一切和空切配合。在配合过程中，切入队员的动作要突然，要利用速度和假动作摆脱防守，持球队员则要有攻击性，能够以投篮和突破动作吸引防守队员的注意力，以便能及时、准确地用不同的传球方式，从防守空隙中将球传给切入的同伴。具体举例如下。

如图 6-27（a）所示，④传球给⑤后利用速度和假动作摆脱△4的防守，切入篮下接⑤的回传球上篮。⑤接球前，用假动作摆脱防守，接球后做投篮或突破的动作吸引△5的防守，并及时将球传给切入的④上篮。

如图 6-27（b）所示，④传球给上提接球的⑤，⑤接球后以假动作吸引△5的防守，此时另一侧⑥做假动作摆脱△6，空切篮下接⑤传球上篮，⑤去冲抢篮板球。

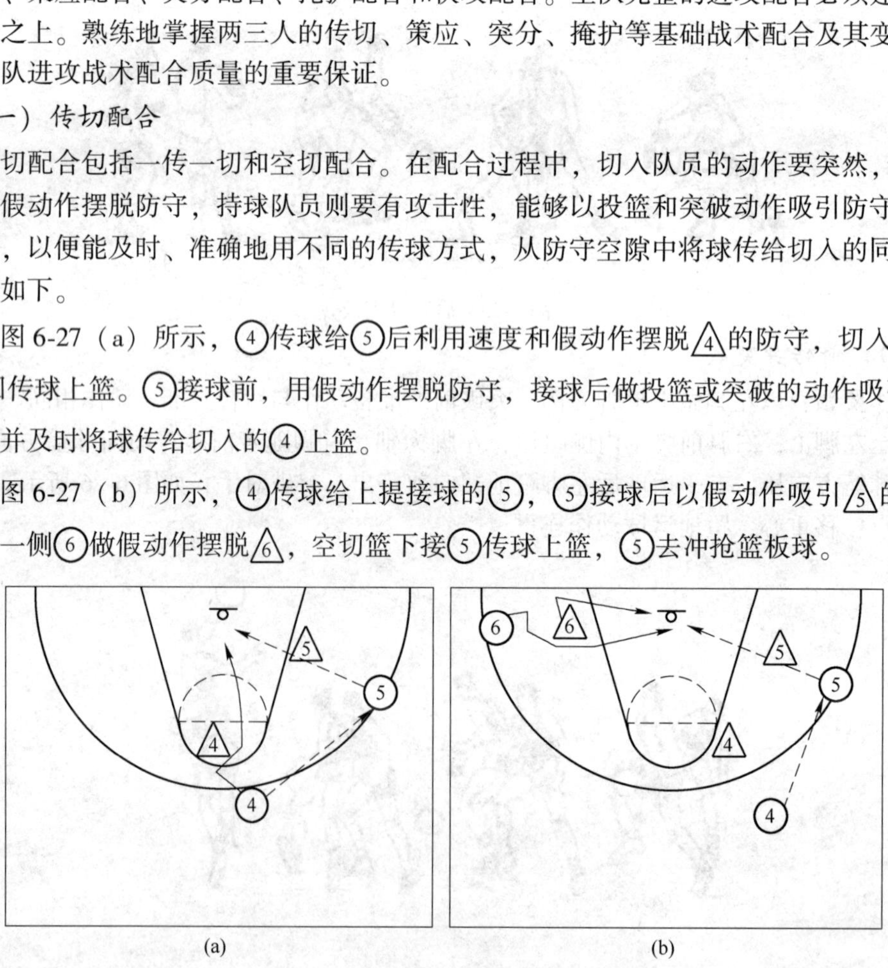

图 6-27 传切配合

（二）策应配合

策应配合是内线队员背对或侧对球篮接球，并作为进攻的枢纽，与同伴的切入、急停跳投等技术相结合，以摆脱防守传给外线同伴投篮的一种配合形式。

如图 6-28（a）所示，④传球给插上策应的⑤，④用假动作摆脱△4的防守插入篮下要球，⑤可视情况将球回传④或自己运球进攻篮下，或转身跳投。

如图 6-28（b）所示，④传球给插上策应的⑤后切入篮下要球或抢篮板球，⑤接球后准备进攻△5，△6此时去补防④，⑤将球传给出现更好机会的⑥进攻投篮。

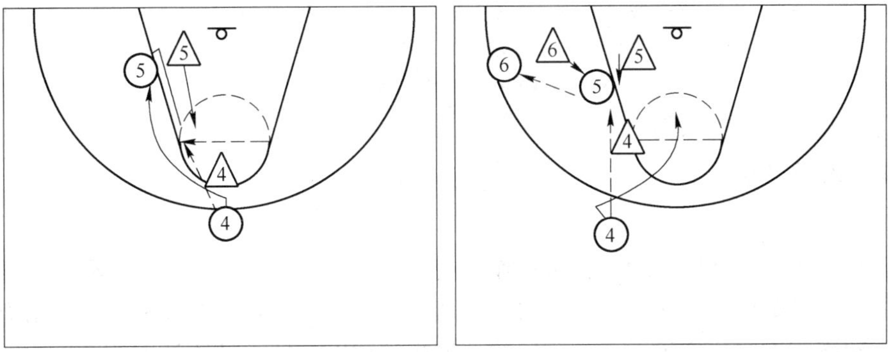

(a)　(b)

图 6-28　策应配合

（1）策应队员的动作要领。策应前要注意以假动作摆脱防守抢占有利位置；接球后两脚开立，双膝微屈，双手置球于腹前，背对或侧对球篮，用身体保护球，高大队员也可将球置于头上方或体侧。当同伴获得较好的进攻机会时，要及时传球给同伴，自己也可做虚晃、转身、投篮等假动作吸引防守或伺机进攻，增加策应的变化和威胁。

（2）外围配合队员的动作要领。外围配合队员见策应队员插上要球时，应先向反方向做假动作，在策应队员拿到球时，观察球场上情况，做出切入篮下或跑到策应队员面前跳投等进攻动作。配合队员的关键是注意观察、牵制防守、果断行动，队员之间的相互默契非常重要。

（三）突分配合

进攻队员持球或运球突破，遇到对方协防时，及时将球传给插入防守空隙地带接应的同伴，这种突破中根据情况及时传球的配合叫突分配合。突分配合主要用于对方采用缩小盯人和松动盯人防守战术，而己方外围投篮又不准的情况下使用。具体举例如下。

如图 6-29（a）所示，④运球突破△4防守，△5上移补防，④将球传给插入篮下的⑤，⑤立即投篮，如遇△5的回防，由于已抢占篮下有利位置，应该强攻。

如图 6-29（b）所示，④传球给⑤，⑤突破△5进入篮下，△6进行补防，⑤可将球传给从不同方向插入的⑥，⑥接到⑤的分球后立即投篮，如遇到△6的回防，争取强攻。

突破队员在突破过程中，要随时注意观察攻守队员的位置变化，做好投篮或分球的两种准备，上篮动作必须逼真，才能真正吸引防守，便于分类。其他进攻队员则要在持球同伴突破的一刹那，及时摆脱防守，占据有利位置，以便接球投篮；如遇到一般性的防守，

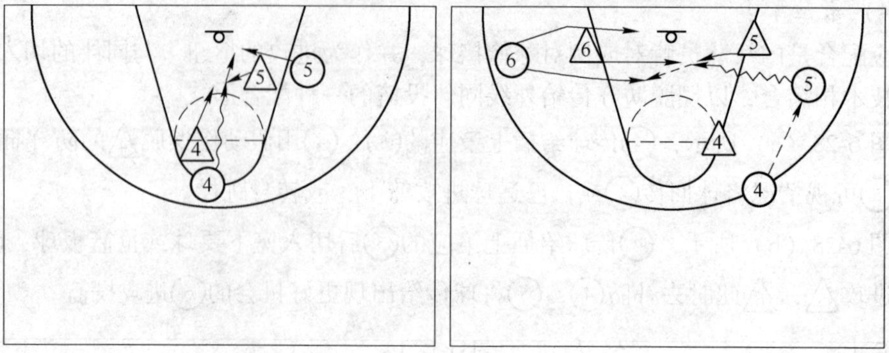

(a)　　　　　　(b)

图 6-29　突分配合

要争取篮下强攻，造成杀伤力。

（四）掩护配合

1. 掩护

掩护是进攻队员利用合理的技术动作，用自己的身体挡住防守队员的移动路线，使防守同伴的队员被阻挡，同伴借此摆脱防守，从而创造一种有效的进攻配合。根据掩护者的不同位置和掩护方向，掩护可分为前掩护、侧掩护和后掩护。具体举例如下。

前掩护如图 6-30 所示，⑥传球给⑤，先向左做要球的假动作，然后快速向篮下插去，如△6也随之插向篮下，则利用△4和④做掩护，到限制区外接球；⑤接到⑥传球后，见⑥从限制区内跑出要球，则传球给⑥，这时⑥借④前掩护接球跳投。

侧掩护如图 6-31 所示，⑥传球给⑤，先向右做假动作，然后向左插去，到△5左侧停住，给⑤做侧掩护，⑤借⑥的掩护快速从△5的左侧运球上篮。

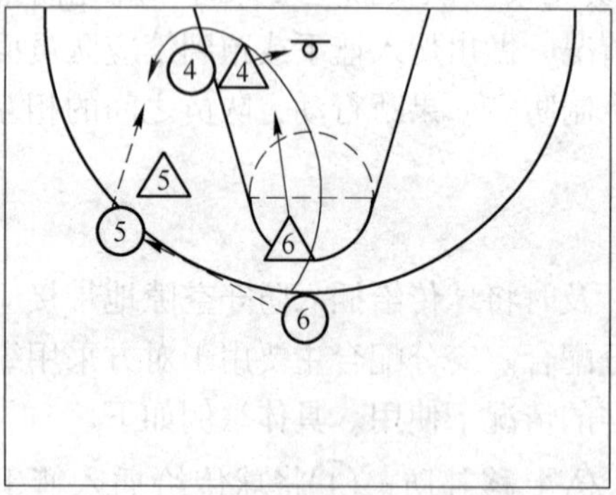

图 6-30　前掩护投篮

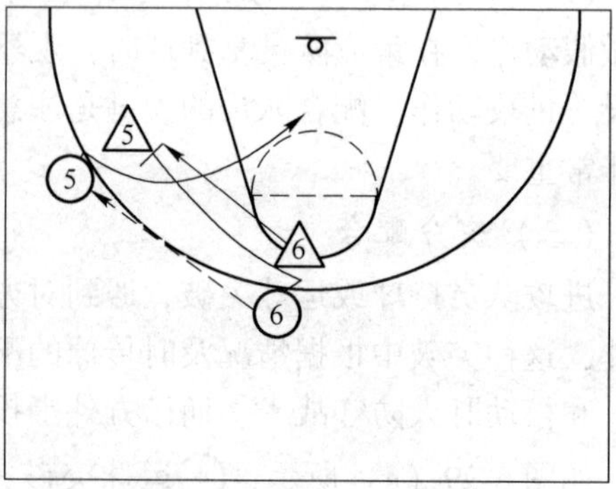

图 6-31　侧掩护投篮

后掩护如图 6-32 所示，⑥传球给⑤，④提上给⑤做后掩护，⑤借④掩护从△5右侧运球上篮。

2. 定位掩护

进攻队员也可以借助站在原地的同伴的身体做掩护，以摆脱对手，积极进攻。具体举例如下。

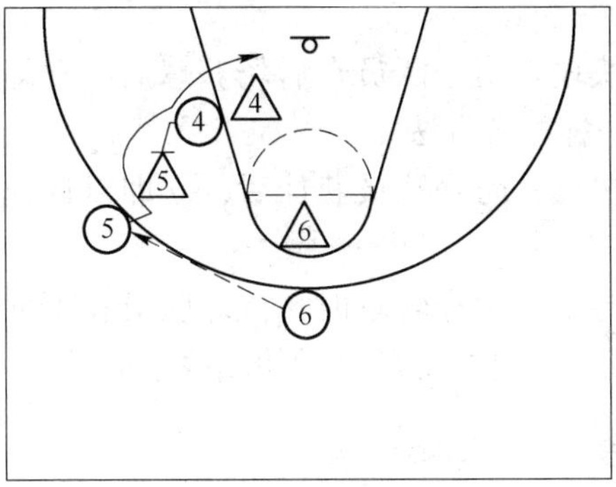

图 6-32 后掩护投篮

如图 6-33（a）所示，⑤想要插到篮下，故将△5带到⑥侧面，利用⑥的身体做定位掩护，摆脱△5的防守接④的传球进攻。

如图 6-33（b）所示，在“图 6-33 中”，如果△6交换防守跟随⑤到篮下，⑥做完定位掩护将△5挡在外线突然转身接④的传球进攻。

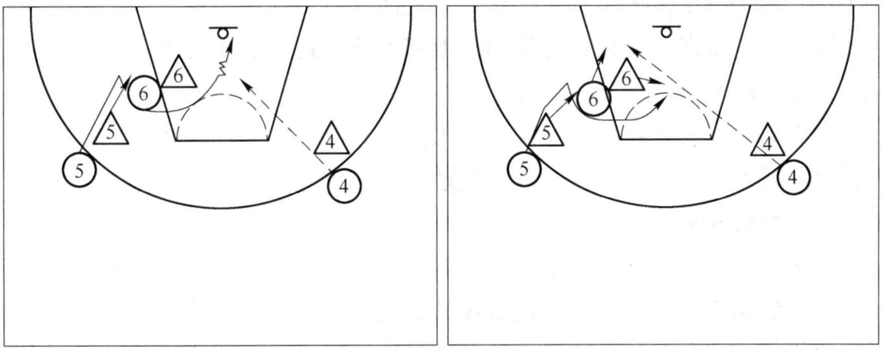

(a) (b)

图 6-33 定位掩护

掩护队员去掩护时，先要向反方向做假动作，然后快速插到同伴防守队员的移动路线上，离该对手 30~50cm，两脚开立，比肩稍宽，重心下降，两腿微屈，收腹含胸，双臂收拢于胸前以保护自己。当同伴插过的瞬间迅速后转身把同伴的对手挡（挤）在背后，然后插向篮下准备进攻。

（五）快攻配合

快攻是由防守转入进攻时以最快的速度、最短的时间，在人数上造成以多打少的优势，或者在人数相等以及人数少于对方的情况下，趁对方立足未稳，果断地组织攻击的一种快速进攻战术。快攻的主要特点是：发动突然，推进速度快，对方往往来不及组织防守，所以快攻的命中率一般都比较高。

1. 发动时机

抢到防守篮板球时发动快攻（这种机会最多）；抢断球时发动快攻（这种情况成功率最高）；掷界外球时发动快攻；跳球获球后发动快攻。

2. 组织形式

(1) 长传快攻。长传快攻是防守队员在后场获球后，立即通过一两次传球给迅速超越对手的同伴进行投篮的一种配合方法。

(2) 短传快攻。短传快攻是防守队员获球后，立即以快速的短传推进和快速跑动进行投篮的一种配合方法。

(3) 运球突破快攻。这是指由守转攻时，持球队员在不便于传球的情况下，及时向前场快速运球突破，摆脱防守创造机会的一种快攻战术形式。

二、全队进攻战术配合

篮球全队进攻战术配合是在进攻战术基础配合的前提下形成的全队进攻战术，即是从两三个人的小配合发展到场上五个人的大配合，充分利用集体的力量，采用特定的组织形式，扬己之长、攻彼之短，调动对手、制约对方，掌握比赛的主动权，争取胜利。

全队进攻战术的主要内容包括：进攻半场人盯人战术，进攻区域联防战术，进攻全场人盯人战术，进攻全场区域紧逼战术等。

（一）进攻半场人盯人战术

进攻半场人盯人战术主要是针对半场人盯人防守所采用的进攻方法。半场阵地进攻的形式多种多样，各有特点，要根据防守的阵形和本队的特点加以运用。

（二）进攻区域联防战术

进攻区域联防战术就是根据区域联防战术的特点和本队的实际情况，通过合理的战术配合形式，避其长处，攻其弱点，有针对性地组织进攻战术。

（三）进攻全场人盯人战术

进攻全场人盯人，主要是针对全场紧逼人盯人战术。首先要了解全场紧逼人盯人防守战术的特点、方法和规律，并根据进攻全场紧逼人盯人的基本要求和本队的情况，尽量在对方尚未构成集体防守布局时就迅速地、有针对性地组织进攻配合。

（四）进攻全场区域紧逼战术

进攻全场区域紧逼防守，要运用“以快制逼、中路突破”的原则组织进攻。在战术实施中，要求快跑快传，短传少运，空切跟进，运不向边，中路进击，边角忌停，及时转移，沉着冷静，不为对方的紧逼声势所压倒，积极组织策应、掩护、空切等配合展开进攻。

三、防守战术基础配合

篮球防守基础配合是防守中两三人之间有目的、有组织地协同行动。它包括挤过、穿过、绕过配合，换防配合和协防（补防、夹击等）配合，防守快攻配合等。

（一）挤过、穿过和绕过配合

挤过配合在进攻队员采用掩护配合时，被掩护者的防守队员利用快速、积极的脚步动作，上步挤到两个进行掩护配合的队员之间，继续防守自己的进攻对手。这种防守配合攻击力强，主要用于防对方的得分手，但也容易造成犯规。挤过配合方法如图 6-34 所示，进攻队员⑤给④做侧掩护，当⑤靠近△4时，△4突然快速向前跨出一步，从进攻队员

④和⑤之间挤过；继续防守④，从而破坏对手的掩护配合。

穿过配合在对方队员运用掩护配合时，也可采用穿过配合来及时防守住自己的对手。穿过配合最重要的一点是，当两个做掩护配合的进攻队员交叉时，防守掩护者的队员要主动后撤一步，并及时提醒同伴，让同伴能及时从中穿过，继续防住他的对手。穿过配合方法如图 6-35 所示，进攻队员⑤给④做掩护，△5应紧跟⑤。当⑤接近△4时，△5应即时提醒△4，迅速后撤一步，让△4与△5之间迅速穿过，继续保持有利防守位置。

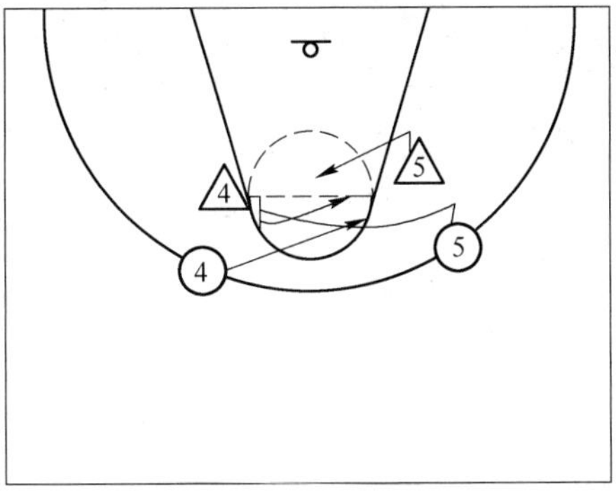

图 6-34　挤过配合

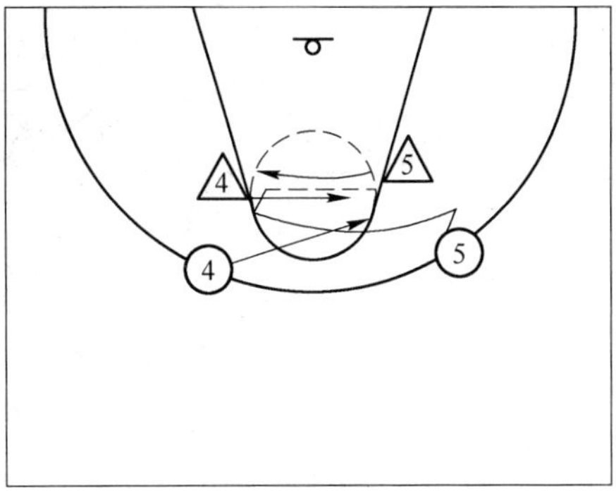

图 6-35　穿过配合

绕过配合。在对方队员运用掩护配合时，还可以采用绕过配合来防守住自己的对手。这是一种比较松散的防守形式，不易造成犯规。当对方做掩护配合时，被掩护者提前后撤一步，从同伴的身后绕过，继续去防守原来的对手。绕过配合方法如图 6-36 所示，进攻队员⑤给④做掩护，当⑤接近△4时，△5应及时提醒△4，△4迅速后撤一大步，从同伴△5的身后绕过，继续保持有利防守位置。

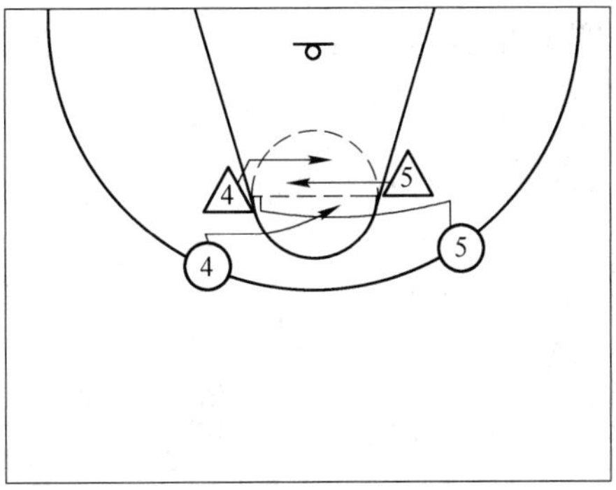

图 6-36　绕过配合

（二）换防配合

换防配合通常是指进攻队在组织掩护配合时，防守队的相关队员及时换人配合，破坏掩护配合的防守战术配合。它不仅能及时破坏对方的进攻配合，弥补防守漏洞，而且能在正确判断对方的掩护进攻意图时抢断球。使用换防配合时应注意，在进攻队运用侧掩护横向移动时，可以运用换防配合；当对方运用后掩护纵向移动时，则应尽量少换防或不换防。在防守队员身高相似情况下可多使用换防，身高相差很大时，最好不要换防。换防配合的关键是两个防守队员的默契，在对方掩护时，防守掩护者的队员要及时通知同伴，并紧跟自己。当对方切入时，突然换防。换防配合的方法如图 6-37 所示，进攻队员⑤给④做侧掩护图，△5跟进，④往篮下切入，△5做变向移动去防守④，△4迅速转身去防守⑤，保持有利的防守位置。

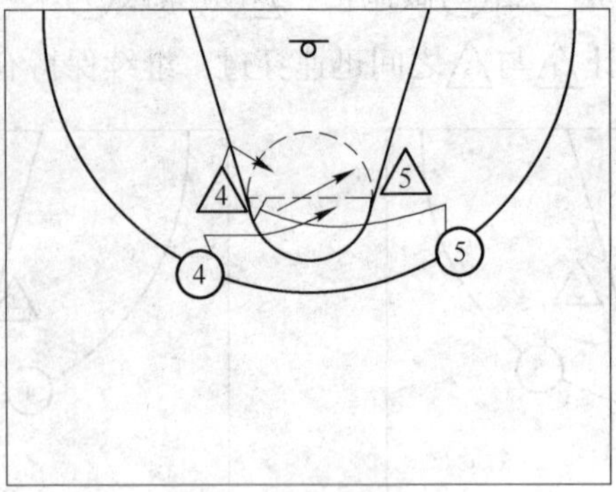

图 6-37 换防配合

（三）协防配合

在防守中临近的两三个队员要积极协助配合，抓住对方主要的得分点，采用补防、夹击、关门等配合方式，变被动为主动，为反击创造条件。当防守队员失去合理的位置，进攻队员持球突破，有直接得分可能时，临近的防守队员必须立即放弃自己的对手进行协助防守。

1. 补防

补防是指防守队员失去防守位置，进攻队员运球突破或空切篮下，有可能直接得分时，临近的防守队员立即放弃自己的对手进行补防。补防时，要注意动作要迅速、果断，其他防守队员也要观察突破队员的分球意图，以便及时抢占有利位置争取断球。补防方法如图 6-38 所示，进攻队员④突破△4的防线运球向篮下进攻，防守队员△6迅速上移防守④，同时△4下撤，抢占防守的有利位置。

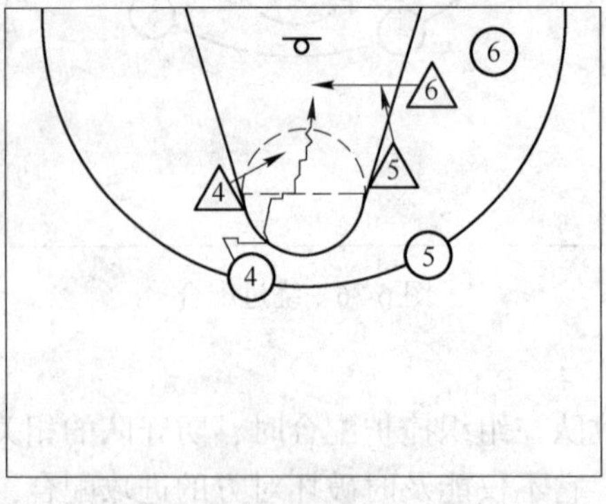

图 6-38 补防配合

2. 夹击

夹击是指运球队员向边角运球或在边角停球时，临近的防守队员突然上前封堵传球角度，限制持球队员的正常传球路线和活动范围，并组织断球，造成对方失误或违例的防守配合。夹击配合方法如图 6-39 所示，当进攻队员⑥向底线附近运球时，△6应跟进控制对手，△5可大胆放弃⑤，待⑥停球时，立即与△6夹击⑥，此时△4应迅速补△5的位置，伺机断球。夹击防守时要注意：选择合适的夹击区域，如边线、边角、边线和中线的夹角区域；要尽量挥动双臂封堵对方的传球路线，不要因为急于抢球而造成不必要的犯规；其他队员要迅速补位，将强侧进攻队员防住，果断放掉弱侧对手。

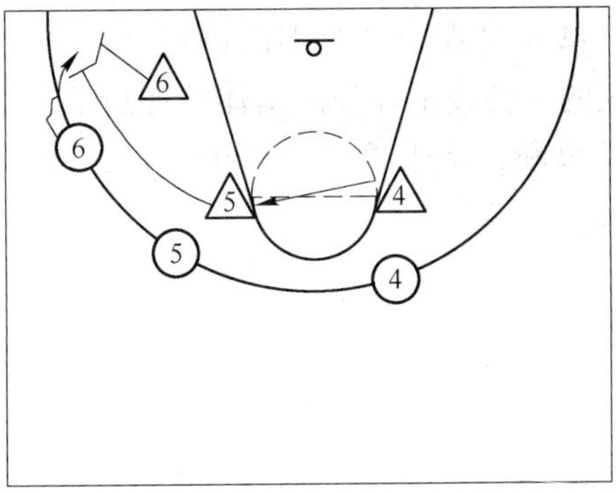

图 6-39　夹击防守配合

（四）防守快攻配合

1. 基本原则

现代篮球运动不断向着高速度发展，攻守转化速度快，快攻得分所占比重增大。因此，防守快攻已成为防守战术的重要组成部分。近年来，防守快攻战术体系日渐丰富，比较一致的观点是贯彻积极防御的指导思想，敢打敢拼，在比赛中尽量减少对方发动快攻的条件。第一，减少自己的失误，提高进攻的成功率；第二，要积极拼抢前场篮板球；第三，积极组织封堵和退后防守；第四，提高攻守转换的意识和速度，特别要强调“积极迫防”意识。

2. 基本方法

（1）封堵第一传和阻截接应队员。有组织地积极封堵快攻第一传和阻截接应队员是防守快攻的关键，它可以有效延缓对方发动快攻，以便本队能积极组织防守。

（2）防长传偷袭快攻。一般采用退守时卡两边的方法。

（3）以少防多的方法。一防二：当出现一防二的情况时，防守队员应根据两个进攻队员的位置，准确判断对方的行动意图。可以运用假动作，争取抢断球。要有意识地重点防守技术较好的进攻队员迫使技术较差的队员控制球，形成一对一的有利防守局面。二防三：当出现二防三的局面时，防守队员最好采用斜线站位队形，这样便于互相补防。斜线站位兼有横向站位和纵向站位法的优点，进攻队员不易从中间突破，而己方两人的移动距离可以缩短。防守时尽量不让对手在近距离投篮，迫使对方在传球中出错，争取时间，使同伴能迅速退回防守。

四、全队防守战术配合

篮球全队防守战术的主要内容包括：半场人盯人防守战术，全场紧逼人盯人防守战术，半场区域联防，全场区域紧逼防守战术等。

（1）半场人盯人防守是每个防守队员在后场盯住一个进攻队员，同时协助同伴完成全队防守任务的防守战术。

（2）全场紧逼人盯人防守是防守队员在全场紧紧地盯防自己的对手，积极阻挠对手移动、传接球、运球和投篮，并运用夹击、堵截等集体配合的一种防守战术。

（3）区域联防是每个队员负责防守一定的区域，并与同伴协同配合，用一定的队形把每个区域都联系起来，造成局部区域以多防少的集体防守战术。

（4）全场区域紧逼防守战术是在全场范围内进行区域分工，加强对进攻队员和球移动的控制，积极争夺控球权的一种攻击性强的集体防守战术。全场区域紧逼防守的关键是积极跑动，步调一致，行动果断，堵中放边，利用边角，造成夹击，争取抢断，积极补位，及时调整防守阵形。

第七章　足　　球

第一节　足球运动概述

一、足球运动的起源与发展

（一）古代足球游戏的起源与发展

1. 我国古代足球游戏

中国古代足球起源的时间说法不一，但古代足球起源于中国是世界公认的。据《战国策》和《史记》的记载，公元前475年的战国时期称足球游戏为“蹴鞠”或“蹋鞠”。“蹴”和“蹋”都是踢的意思，“鞠”是古代的一种球。到了汉代，“蹴鞠”已成为一种重要的体育游戏，开展比较普遍。

2. 国外古代足球游戏

根据史料记载，欧洲在中世纪便有了足球活动，古罗马称之为“Harpasum”，古希腊称之为“Episkyros”。英国也有类似的足球游戏，虽然这些足球游戏名称不同，游戏方式也不尽相同，但都属于足球游戏的范围。早在公元12世纪时，伦敦青年就在郊外草地上踢球，有些足球比赛在城市的大街上进行，对参加的人数和规则等无一定的限制。直到15世纪末，人们才称这种游戏为“Football”（足球）。

（二）近代足球运动的发展概况

公元16世纪以后，足球运动在欧洲一些国家盛行起来。特别是19世纪下半叶，足球运动有了新的发展，尤其是在学校和教会组织中开展较为广泛。不过当时还没有明文规定场地、比赛方法和参赛人数。

1846年，英国剑桥大学为了适应本国各学校的比赛，制定了一个简单的规则，当时称之为“剑桥大学规则”。1857年，英国成立了第一个足球俱乐部。1863年10月26日，由11个足球俱乐部和学校在伦敦皇后大街弗里玛森酒店（Freemason's Tavern）举行了会议，创立了英格兰足球协会。会上在讨论修改“剑桥大学规则”的基础上制定了世界上第一个统一的足球竞赛规则，共有14条。因此，1863年10月26日被世界公认为现代足球运动的诞生日。

这个协会决定将可以用手抱球跑的运动从足球中分化出去，成为橄榄球运动。为了与之区别，把足球运动称为“协会足球”。当时英国的学校则称足球运动为“Soccer”。1904年5月21日，法国、比利时、西班牙、荷兰、丹麦、瑞典、瑞士7个国家足球协会的代表在巴黎召开会议，成立了足球国际性组织——国际足球联合会，英文缩写为“FIFA”。它是奥林匹克委员会的一个单项体育组织。1906年英国足协加入国际足联。

截至2001年，已有206个国家加入了国际足联，是世界上会员最多的国际单项体育组织，其总部设在瑞士的苏黎世。国际足联的宗旨是：促进国际足球运动的发展，发展各国足球协会之间的友好联系。国际足联负责的国际比赛有：奥运会足球赛、世界杯足球赛、世界青年足球锦标赛、世界少年足球锦标赛、世界女子足球锦标赛、世界室内足球锦标赛。

（三）现代足球运动的发展趋势

现代足球运动从1863年诞生起，到目前为止已经有100多年的历史。它经历了由低级到高级、从不完善到逐步完善的发展过程。由于国际足球竞赛日益增多，理论水平相应提高，科研工作逐步加强，训练方法不断改革，新的技术、战术层出不穷，从而推动着足球运动不断向前发展。当今的足球比赛，对运动员的技术、战术、身体素质、意志品质的要求愈来愈高，从而促使运动员向高度全面化方向发展，这就是现代足球运动发展的主要方向和趋势。

二、足球运动的锻炼价值

足球运动是以脚支配球为主，两个队进行攻守对抗的一项体育运动项目。它是世界上最受人们喜爱、开展最为广泛、影响最大的体育运动项目，有“世界第一运动”之美誉。足球运力的对抗性很强，队员在比赛中采用各种符合规则的奔跑、转身、急停、倒地、冲撞、跳跃等动作，在运动中与对手展开激烈的争夺。

正是因为足球运动具有对抗性、复杂性、比赛时间长、人数多、场地大等特点，所以人们非常喜欢从事足球运动和观赏足球比赛。足球比赛既可以举行11人制的，也可以举行9人制、7人制甚至5人制的比赛；既可以在露天场地进行，也可以在室内进行。足球比赛的时间、场地、人数的伸缩性较大，设备也比较简单，便于在群众中广泛开展。因而足球运动也具有兴趣性、群众性的特点。

由于踢球时要进行各种形式的有球和无球活动，如踢球、接球、运球、头顶球、抢球、断球等身体动作，以及奔跑、急停、转身、倒地、跳跃、冲撞等。这些身体运动能有效地发展人体的速度、力量、耐力、灵敏、柔韧等身体素质，提高人体神经系统、心血管系统、呼吸系统等内脏器官系统以及肌肉骨骼等运动系统的功能。另外，由于足球运动主要在室外自然环境中进行，能充分利用自然因素，达到增强体质，提高人体健康水平的目的。

足球比赛时，由于双方的激烈对抗，场上攻守频繁转换，局面变幻莫测，对运动员的感知觉、观察力、记忆力、想象力、思维能力和创造能力都有较高要求。经常参加足球活动和比赛，能改善人的心理素质，长期参加足球运动还可以培养勇敢顽强、坚忍不拔、胜不骄败不馁等意志品质，以及热爱集体、团结协作、遵守纪律、敢于竞争、光明磊落、文明礼貌等优良的道德品质。

第二节 足球基本技术

一、颠球

颠球是运动员用身体的各个有效部位连续地触击球，并加以控制尽量使球不落地的技术动作。颠球是运动员熟悉球性的一种练习手段，以增强对球的弹性、重量、旋转及触球部位、击球时用力大小的感觉。

(一) 动作要领

脚背颠球。脚向前上方摆动，用脚背击球，击球时踝关节固定，击球的下部。两脚可交替击球，也可一只脚支撑，另一只脚连续击球。击球时用力均匀，使球始终控制在身体周围。

(二) 练习方法

颠球的练习方法有如下三种：

(1) 一人一球颠球。体会触球的时间、触球的部位、触球的力量和整个动作的协调。

(2) 两人一球颠球。用脚背、大腿、头部以及身体各部位颠球，掌握好触球的力量，尽量不让球落地。每人可触球一次颠给对方，也可触球多次互颠。

(3) 四五人围圈用两球颠球。可规定每人触球的次数与部位，也可自由掌握触球的次数与部位。颠传时要注意观察，防止两个球同时颠传给同一伙伴。

二、踢球

踢球是运动员有目的地用脚把球击向预定目标的技术。踢球是足球技术中最重要的技术，主要用于传球和射门。

(一) 动作要领

踢球的方法很多，但主要有脚内侧踢球、脚背正面踢球、脚背内侧踢球、脚背外侧踢球。

1. 脚内侧踢球（又称脚弓踢球）

脚内侧踢球的特点是脚与球接触面积大，出球平稳、方向准确且易于掌握。但由于踢球时要求大腿前摆到一定的程度时需要外展且屈膝，故大腿与小腿的摆动都受到限制，因此出球的力量相对较小。这里重点介绍脚内侧踢定位球：直线助跑，支撑脚的最后一步稍大些，支撑脚在球的侧后方一球距离，脚尖正对出球方向，支撑腿膝关节微屈。在支撑脚着地时，踢球腿大腿带动小腿由后向前摆动，在前摆过程中大腿外展，当膝关节的摆动接近球的正上方时，小腿做爆发式摆动，在触球前将脚跟送出使得脚内侧部位所形成的平面与出球方向垂直，踢球脚脚底与地面平行，脚尖微微翘起，踝关节功能性紧张使脚型固定，触球后身体跟随移动，髋关节向前送。

2. 脚背正面踢球

脚背正面踢球由于其解剖特点，摆幅相对较大加之用脚背正面踢球接触面相对较大，因而踢球力量也较大，准确性也较强。但受以上因素影响，出球的方向及性质相对变化也较小。在比赛中经常使用脚背正面踢定位球、地滚球、空中球、反弹球及倒钩球。球的性质多为不旋转的直线球，但也可用来抽击前旋球。这里重点介绍脚背正面踢定位球：直线助跑，最后一步稍大些，支撑脚积极着地，在球的侧面10~15cm处，脚尖正对出球方向，膝关节微屈，踢球腿随跑动以髋关节为轴，大腿带动小腿由后向前摆动。当膝关节摆至接近球的正上方时，小腿做爆发式的摆动，脚趾屈，以脚背正面部位击球后中部，击球后身体及踢球腿随球前移。

3. 脚背内侧踢球

脚背内侧踢球是一种用第一跖骨及趾关节部位触击球的踢球方法。其技术结构与前两类踢球方法相同，但技术细节有所区别。这里重点介绍脚背内侧踢定位球：斜线助跑，助跑方向与出球方向约成45°角，最后一步稍大，支撑脚积极着地，脚尖指向出球方向，距球侧后方20~25cm，膝关节微屈。在支撑脚着地的同时，踢球腿已完成后摆，并开始以髋关节为轴大腿带动小腿由后向前摆动，当大腿摆至与支撑腿近同一平面时，小腿做爆发式摆动，此时脚尖外转、脚背绷直，以脚背内侧部位触击球。击球后踢球腿及身体继续随球向前。

4. 脚背外侧踢球

脚背外侧踢球是用第三、四、五跖骨部位接触球的一种踢球方法。由于踢这种球的脚踝灵活性较大，摆腿方向变化较多，且助跑时又是正常的跑动姿势，故其出球隐蔽性较强，适用于足球比赛中各种距离的弧线球及非弧线球。这里重点介绍脚背外侧踢定位球：助跑、支撑脚站位及踢球腿摆动均与脚背正面踢球技术的三个环节相同，脚触球部位是脚背外侧。此时要求膝关节和脚尖内转，脚背绷紧，脚趾紧屈并提膝，触球后身体随踢球腿的摆动前移。

（二）练习方法

踢球的练习方法主要有如下五种：

（1）各种踢球技术动作的模仿练习。在地面设想有一目标，跨步上前做踢球动作，然后发展到几步慢速助跑踢球的模仿动作练习，最后可做快速助跑踢球的模仿练习。

（2）一人用脚底挡球，另一人踢球练习。此方法应注意踢球摆动与触球部位的正确与否，同时还要检查其支撑阶段的状况。

（3）距足球墙5m左右进行踢球技术练习。此种方法主要强调小腿的摆动，大腿带动小腿进行摆动，脚与球接触面、支撑环节是否正确。练习一段时间后，可将距离加大到25m左右。

（4）利用足球墙和标杆做踢旋转球的练习。可将标杆插在踢球者与墙之间，标杆与人及墙的距离视需要而定，开始可大些，当技术掌握后再逐步缩小。

（5）各种脚法的两人练习。不论是传球还是射门练习，都可以两人进行。若两人练习踢定位球，则辅以停球练习；若进行踢球练习，则可相隔一定的距离进行不停顿的连续传球练习。

三、停球

停球是运动员有目的地用身体的合理部位把运行中的球停下来，控制在所需要的范围内，以便更好地衔接下一个动作的一种技术。停球是为下一个动作服务的，停球质量的好坏直接影响下一个动作的顺利完成。比赛中来球的性质、状态不同，所以停球应根据不同情况，采用不同的动作方法。

（一）动作要领

停球的方法有多种，常用的有脚内侧、脚背正面、脚背外侧、脚底、大腿、腹部、胸部、头部等部位。这里重点介绍以下几种。

1. 脚内侧停球

这是用脚内侧部位停球的一种技术。由于动作简单，较易掌握，比赛中经常使用这种技术停各种地滚球、平球、反弹球、空中球。

（1）脚内侧停地滚球。支撑脚的脚尖正对来球，膝关节微屈，同侧肩正对来球；接球腿提膝大腿外展，脚尖微翘，脚底基本与地面平行，脚内侧正对来球并前迎，当脚内侧与球接触的一刹那迅速后撤，把球停在脚下。

（2）脚内侧停反弹球。根据来球的落点及时移动到位，支撑脚的位置在球落地点的侧前方，支撑腿膝关节微屈，身体向停球后运行的方向偏移；停球腿提起小腿且放松，脚尖微翘，脚内侧对着停球后，球运行的方向并与地面成锐角，当球落地反弹刚离地面时，大腿向停球运行的方向摆动，用脚内侧部位轻推球的中上部。

（3）脚内侧停空中球。根据来球的速度与运行轨迹及时移动到位。若为抛物线较小的平高球则应根据临场的实际情况选择适当高度的停球点，将停球腿抬起，使脚内侧部位对准来球的方向并前迎，脚在接触球的一瞬间后撤，并将球停在所需的位置上。

2. 脚底停球

由于脚底停球技术便于掌握，易于将球停到所需位置，故常被用来停各种地滚球和反弹球。

（1）脚底停地滚球。身体正对来球方向，移动前迎，支撑脚站立在球的侧面，脚尖正对来球方向，膝关节微屈，同时停球腿提起，膝关节微屈，脚略背屈，使脚底与地面成小于45°角，一般以前脚掌接触球的上部为宜；在触球瞬间停球脚可微屈将球停住，也可以根据需要在停球同时将球推向前方或拉向身后。

（2）脚底停反弹球。根据来球落点及时前移迎球，支撑脚站在落点侧后方，脚尖正对来球方向，球落地瞬间，用前脚掌去触球的中上部，微伸膝，用脚掌将球停在体前。

3. 胸部停球

由于胸部停球部位较高，加之胸部面积大、肌肉较丰满等特点，易于掌握，故是停高球的一种好方法。胸部停球包括挺胸式、收胸式两种方法。这里主要介绍挺胸式停球：面对来球站立，两膝微屈，重心置于支撑面内，上体后仰，下颌微收，两臂自然张开，维持身体平衡，触球瞬间，两脚蹬地，膝关节伸直，胸部轻托球的下部使球微微弹起于胸前上方。

（二）练习方法

1. 个人停球技术练习

（1）利用足球墙进行练习。采用足球墙练习各种方法停地滚球。由开始原地停逐渐过渡到迎上去停，提高反弹球速，增加停球难度。另外，也可以练习停反弹球与空中球，但利用足球墙进行停旋转球的练习效果不佳。

（2）个人将球踢高，然后进行停反弹球的各种练习。

2. 多人停球技术练习

（1）正面停地滚球。两人对面站立，相距10m左右，一人踢地滚球，另一人迎上去停球。

（2）两人在跑动中进行传接球练习。两人一组使用一球，在一定范围内跑动练习，要求停球时尽量使用多种方法，传球时可传出各种性质的球，距离近时以地滚球为主，距离远时以空中球为主，以提高停球能力。

（3）两人一组对面站立，相距 5m 左右，一人用手抛球，一人停各种空中球的练习，可逐渐加大距离、加大力量以适应各种变化的来球。

（4）三人一组进行停球转身的练习。每人相距 10m 站成一条直线，甲传球给中间的乙，乙迎上来停球转身，传给另一端的丙，丙迎上来停球然后再回传给乙，乙停球转身传给甲，如此循环往复。中间位置的人可轮流交换。也可采用这种方法练习停反弹球与空中球，并要适当地加大距离。这种形式也可以用来交叉练习停地滚球、反弹球与空中球，若甲传给距离 20m 外的丙，丙就可以练习停反弹球与空中球，再传地滚球给乙，乙练习停地滚球转身后再传给甲，甲停地滚球后再传给乙。乙的位置可轮流交换，甲、乙位置和传出的球也可变换。

四、运球

运球技术从狭义上讲，仅是指运球的方法，即指用身体的某一部分触球，使球能随运球者一起运动；从广义上讲，则不仅让球随人运动，还必须越过对方的防守，也就是说如何使用这些运球方法达到越过对方防守的目的。这里就包含了运球方法的运用问题。

（一）动作要领

常用的运球技术有脚内侧、脚背正面、脚背外侧、脚背内侧运球、拨球、拉球、扣球。

（1）脚内侧运球。运球前进时支撑脚始终领先于球，位于球的侧前方，肩部指向运球方向，支撑腿膝关节微屈，重心放在支撑腿上，另一条腿提起、屈膝，用脚内侧推球前进，然后运球脚着地。由于肩部指向运球方向，身体侧转，虽然移动速度较慢，但身体前倾有利于将对方与球隔开，因而这种技术多用在运球寻找配合传球时，或有对方阻拦需用身体做掩护时。

（2）脚背正面运球。运球时身体保持正常跑动姿势，上体稍前倾，步幅不宜过大，运球腿提起，膝关节稍屈，髋关节前送，提踵，脚尖下指，在着地前用脚背正面部位触球后中部将球推送前进。由于脚背正面运球时身体保持正常跑动姿势，故可以发挥出较快的速度，因而这种技术多用在运球前方一定距离内无对手阻拦时。

（3）脚背外侧运球。运球时身体保持正常跑动姿势，上体稍前倾，步幅不宜过大，运球腿提起，膝关节稍屈，髋关节前送，提踵，脚尖绕矢状轴向内旋转，使脚背外侧正对运球方向，在运球脚落地前用脚背外侧推拨球的后中部。脚背外侧运球时，身体姿势与正常跑动时相同，因而可以发挥出较快的速度，故与脚背正面运球有相同的用途。另外，利用脚腕的动作可以很快地改变脚背外侧面所正对的方向，故在运球脚一侧改变方向时也多采用这种运球方法。这种方法能用身体将对手与球隔开，故掩护时也常使用。

（4）脚背内侧运球。身体稍侧转并自然协调放松，步幅小，上体前倾，运球腿提起外展。膝微屈外展，提踵，脚尖外转，使脚背内侧正对运球方向，在运球脚落地前用脚背内侧推拨球，使球随身体前进。脚背内侧运球由于身体稍侧转，不能采用正常跑动姿势，因而不适用于高速运球。但由于接触部位和支撑位置的特点易于完成向支撑脚一侧的转动，故多用于向支撑脚一侧的转动变向运球。

（5）拨球。利用脚踝关节侧向的转动，以达到用脚背内侧或脚背外侧触球，将球拨向身体的侧前方、侧方、侧后方。

（6）拉球。将前脚掌放在球的上部或侧上部，另一脚在球的侧后方支持，然后触球脚向后下方用力将球回拉。回拉球一般都是躲开或引诱对方出脚抢球的瞬间将球拉回造成对方抢球落空，使其重心随抢球脚前移，趁对手难以返回的瞬间将球迅速推送出去越过防守者。

（7）扣球。这种方法与拨球相同，不同的是它的用力是突然的并伴随着突然的转身或急停使对手在来不及调整重心的瞬间，突然从反方向推送球越过对手的防守。

（二）运球过人方法

前面所述仅是运球的基本方法，掌握了这些基本方法后，在无对手阻拦时可以将球控制在自己的周围。但若遇对手阻挡时要想越过对手，必须恰当地综合运用这些方法，抓住对手瞬间出现的漏洞，达到越过对手的目的。

（1）利用速度强行过人。持球者以突然地快速推拨球并与快速地奔跑相结合越过对手的阻拦。使用这种方法必须具备以下几个条件：对手身后的较大纵深内无其他的防守者，或其他防守者难以补位，或持球者高速运球；对手跑上来准备抢球，或持球者与防守者僵持时持球者突然推拨球起动。这种方法主要是利用自己的起动速度或抓住对手突停或突然起动时所耽误的时间。

（2）利用身体的掩护强行过人。当持球者接近对手时双方速度减慢，持球者侧身用身体靠住对手以另一侧脚将球拨出，同时转身将对手倚在身后并随球越过对手。这种方法一是要求持球队员有能力倚住对手而不被对方挤开；二是球控制在远离对手一侧，对手伸脚时不能触及球；三是在抵住对手时不可将重心偏离支撑面，否则一旦对手闪开时自己也失去了平衡。

（3）利用变速运球过人。对手在持球者侧面，运球者用另一侧脚运球，利用运球速度的变化达到甩掉对手或越过对手的目的。这种方法主要针对防守者是被动的，容易被运球者甩掉达到过人的目的。有时则采用突停或突起甩掉对手，运球者必须能很好地控制球与自己的身体，只有做到球随人来，人随球走，才能达到过人的目的。

（4）人球分过。这种方法主要是利用防守者注意力集中在球上，并认为可以触到球的心理，达到过人的目的。因此，当防守者出脚抢球时，运球者抢先将球推出至前方，而防守者的抢球脚未触到球着地时，身体重心也移过来了，这时运球者迅速从防守的另一侧越过去控制球，防守者再转身起动很难追上。若在推球时使用“蹭”的方法，蹭出弧线球来，就更有利于运球者越过防守者后控制球。

（三）练习方法

练习方法主要包括以下九种：

（1）在慢跑中分别用单脚内侧运球，脚背正面运球，脚背外侧运球，运球方向沿直线进行。

（2）在慢跑中沿弧线运球，用脚内侧、脚背内侧、脚背外侧沿中圈线做顺时针、逆时针运球。

（3）慢跑中一只脚交替用脚背内侧和脚背外侧运球沿折线运行。

（4）在慢跑中双脚交替用脚背内侧运球沿折线运行。

（5）拨球练习。在一定范围内自由运球，按手势用一只脚做支撑，另一只脚用脚背内侧或外侧拨球绕支撑脚做圆周运球，两脚轮流练习。

（6）拉球练习。在一定范围内自由运球，听到哨音后用一只脚做支撑脚，另一只脚用脚前掌触球顶部，拉球绕支撑脚做圆周运动。一步一步拉球。

（7）拉球转身180°运球练习。在一定范围内自由运球，听到哨音后用一只脚支撑，另一只脚拉球至身后，沿拉球脚一方转体180°继续运球。

（8）扣球转身变向运球练习。在一定范围内自由运球，听到哨音后用一只脚支撑，一脚用脚背内侧做扣球，使球改变方向在90°以上，身体随其转动沿改变后的方向继续运球。

（9）运球绕杆练习。队员成一路纵队，第一人依次过杆后传球给后人，后人重复第一人的动作，依次进行。若每人一球则可在前一个人运球后，下一个人即开始，依次运球绕杆。

五、抢截球

抢截球是运动员在规则允许的范围内，使用身体的合理部位将对手的控球权夺过来或破坏掉的一种技术。

（一）动作要领

（1）正面跨步堵抢。

抢球者两脚前后开立，迎着运球者而站，两膝微屈，身体重心下降并置于两脚间，当运球者与抢球者间的距离缩小到一定的范围，运球者脚触球后即将落地或刚刚落地时，抢球者后脚用力蹬并跨步向前，以脚内侧去堵截球，当已堵住球时，另一只脚应迅速上步。若抢球脚堵住球，同时对手也堵住球时，则抢球者应将另一只脚迅速前移做支撑脚，抢球脚在不脱离情况下迅速向上提拉，使球从对手脚面滚过，身体重心也迅速跟上并将球控制好。

（2）正面铲球。移动接近控球者，膝关节微屈，重心下降，当控球者触球后尚未落地时，抢球者双脚沿地面向球滑铲，随即用手扶地做向一侧的翻滚，并尽快起身。

（二）练习方法

抢截球练习方法主要有以下8种：

（1）两人一球练习。将球放在队员甲的脚前，队员乙与其相距2~3m，队员乙上步做正面脚内侧堵抢练习，当队员乙触球瞬间队员甲也用脚内侧触球。让抢球队员乙体会上步动作及触球部位，两人可轮换做抢球。

（2）两人一球练习。甲、乙两队员相对站立，队员甲运球跑向乙，队员乙选择好时机实施正面脚内侧堵抢技术。

（3）两人同方向慢跑，在跑的过程中两人可做适当的合理冲撞，体会冲撞的时机和冲撞的部位以及冲撞时如何用力等。

（4）在两队员前5m处放一球，听哨音后两人同时向球跑去。要求两人同时跑动选择适当的位置和时机合理冲撞将球控制。经过一段练习后，可将静止球变为活动球，即教练员持球站立，两队员站立在其两侧，当球沿地面抛出后，两队员同时起动追赶球。利用合理冲撞将球控制住。

(5) 一人直线运球前进，另一队员由后赶上成并肩时伺机实施合理冲撞控制球。练习时要求运球者能给予抢球者配合，让抢球者得到练习，速度可以由慢到快循序进行。

(6) 铲球练习。一人一球将球放在前面某一位置，练习者选择适当位置站立，原地蹬地做铲球动作练习。当基本掌握铲球动作后，练习者可将球沿地面缓慢抛出，自己追球将球铲掉，以体会如何对滚动的球实施铲球动作。待较熟练地掌握铲球动作后，再用以上方法进行铲控、铲传的练习。

(7) 一人直线运球前进，另一人由后追赶至适当位置抓住时机进行铲球练习。要求运球者给予适当的配合，使铲球者能在对手运球过程中体会实施铲球动作。

(8) 将抢截球的练习与射门或传球等练习结合起来进行，根据练习任务，对攻守双方分别提出不同的要求。

六、头顶球

头顶球是运动员为了争取时间和争夺空中优势有目的地用前额将球击向预定目标的动作。足球比赛中不仅要处理各种各样不同形式和不同性质的地滚球，同时也要处理各种空中球。当遇到胸以上部位不能触及或规则不允许触及的一些球时就需要用头部来处理，因为头是人体最高的一个部位，额骨的前面较为平坦，只有掌握顶球技术，顶出的球才会有力。头顶球技术分前额正面头顶球与前额侧面头顶球，这里主要介绍前额正面头顶球。

(一) 动作要领

前额正面头顶球是由额肌覆盖着的额骨正面部分去击球的一种动作方法，触球部位为前额的圈起部分，如图 7-1 所示。

图 7-1 额骨正面

(1) 原地头顶球。身体正对来球方向，眼睛注视运动中的球，两脚左右开立，膝关节微屈，重心置于两脚间的支撑面上，两臂自然张开。当球运行到身体垂直面时，两腿用力蹬地，迅速向前摆体，微收下颌，在触球瞬间颈部做爆发式振摆，用前额正面击球中部，上体随球前摆。

(2) 原地跳起头顶球。这种技术在本方或对方传来高球时运用。两膝屈，重心下降，然后两脚用力蹬地起跳，同时两臂屈肘上摆，在身体上升阶段展腹挺胸，两臂自然张开，眼睛注视来球，身体自然成背弓。当球运行至身体额状面时，迅速收腹，上体前摆，触球瞬间颈部做爆发性振摆，用前额正面将球顶出，同时两腿向前做振摆，球顶出后两腿屈膝屈踝落地。

（二）练习方法

1. 个人进行头顶球练习

（1）做各种头顶球的模仿动作练习。

（2）自己双手举球在头前，用前额正面或侧面去触击球，体会触球部位，培养顶球过程中注视来球的习惯。

（3）利用吊球架进行练习。改变吊球架上足球的高度进行各种顶球的练习。

（4）利用足球墙进行练习。自抛球由墙弹回进行各种顶球练习，这样就更进一步接近场上实际情况，也能提高自己对来球的判断能力。

2. 多人头顶球练习

（1）两人或两人以上在一起进行抛球的头顶球练习。这样可以培养对运行中球的速度、轨迹的判断能力，身体摆动协调及击球的准确性等。

（2）顶球射门练习。顶球队员站在罚球弧附近，掷球队员站在球门内或球门侧面将球抛至罚球点附近，顶球队员跑上顶球入门。

（3）两人一球，相距 20m 左右，甲传过顶球给乙，乙顶回给甲。数次后轮换传、顶球。

七、掷界外球

由于掷界外球时接球人不受越位规则的约束，因此不仅用于恢复比赛，而且可以为进攻创造有利条件。尤其是在前场 30m 内掷界外球，将球直接掷入门前，可以给对方造成很大的威胁。

（一）动作要领

（1）原地掷界外球。面对出球方向，两脚前后或左右开立，每脚均应有一部分站立在边线上或边线外。膝关节弯曲，上体后仰成背弓，重心后移，两手自然张开，拇指相对，持球的侧后部，屈肘将球置于头后。掷球时，脚用力蹬地，两腿迅速伸直，身体重心前移，收腹屈体，同时两臂急速前摆，后脚可沿地面向前滑动，两脚均不得离地。

（2）跑掷界外球。两手持球放在胸前，在助跑迈出最后一步时，上体后仰成背弓，同时将球上举至头后，掷球时的动作与原地掷界外球动作相同。将球掷出后，后脚可在地面上向前滑行，但不得离地。

（二）练习方法

（1）两人一球，相距 15m，原地对掷界外球。

（2）两人一球，相距 25m，两端设两条平行线，助跑对掷界外球。

（3）前场界外球战术练习。选择掷球力量较大的队员，将球直接掷入罚球区内攻门；将球掷向近门柱的罚球区线附近，由身体高大的前锋将球蹭顶给罚球点附近的同伴攻击球门；通过队员跑动，调动对方的防守，将球掷入空当，继续组织进攻。

第三节 足球基本战术

足球战术指在比赛中为了战胜对手，根据场上情况所采取的个人和集体配合行动的总称。战术在比赛中的作用，就是将集体的力量组织起来，发挥每一个队员的特长，根据对手和自身的情况，采用一定的阵形和配合方法，使队员在技术、身体素质、战术意识等方面发挥较高水平，从而取得比赛的优异成绩。技术、身体素质、心理素质和战术质量及水平紧密相关。技术和身体素质是战术的基础，良好和稳定的心理素质是完成技术任务的思想保证。

一、足球战术的分类

足球战术分为进攻战术与防守战术两大系统。每一种系统包含着个人和集体战术。个人战术是集体战术的组成部分，集体战术是个人战术的综合。

在进攻和防守中的任何战术，总是由个人战术和两三人协同配合所组成的。个人战术和两三人的协同配合就是全队战术的基础，一个或几个协调配合就组成全队的进攻与防守战术。

二、阵形

比赛阵形是指为了适应攻防战术的需要，全体队员在场上的攻防力量分配、职责分工及位置排列。现代足球比赛阵形有新的发展，“全攻全守”替代了固定的阵形。每个位置上的队员在完成主要职责的情况下，还可发挥灵活运用的主观能动性，更多地参与进攻和防守，阵形已不是僵死的规定。一个球队采用什么阵形是依据本队队员的特点和对手的特点来选择的。

足球比赛初创阶段，队员没有位置概念，只管往前踢、往前跑，队员多数往有球处跑，形成“扎堆”现象，后来，人们在比赛中做了攻守分工，进攻队员逐步减少，防守队员逐渐增强，并获得了成功，最后，演变到“全攻全守”阵形。

三、进攻战术

（一）个人进攻战术

个人进攻战术包括摆脱与跑位、传球、运球突破。

1. 运球突破的主要方法

（1）强行突破。队员以突然的推拨球与快速起跑相结合的个人战术动作。

（2）运球假动作。队员佯做运球动作，在腿部、上体和头部的配合下迷惑对手，使对手产生错误判断而做出抢球动作。当发现其一侧露出空隙时，立即运球突破。

（3）单、双脚快速拨球突破。这是以小巧熟练的单、双脚运球的变化，不断变换运球方向，使对手难以判断运球突破的方向和时机，抓住对手在堵截中露出的空隙，快速运球突破。

（4）变速运球突破。变速运球突破主要运用于运球摆脱，一般对手多位于自己身体的侧面，在侧身掩护运球的同时，利用运球速度的变化，达到摆脱对手的目的。

（5）人球分走突破。它是球和突破的人分别从防守者的左右侧通过突破对手的方法。

2. 运球突破的运用

在下列情况下，应采用运球突破战术：运球队员在无人接应或不利于传球的情况下，运球突破对手；在对方罚球区附近，一旦突破便能获得射门机会，大胆运球突破；在对手紧逼、处在一对一情况下，一旦突破便可传中或进行传球渗透时，运球突破。

（二）局部进攻战术

局部进攻战术主要是两个进攻队员，通过传球和跑动，突破一个防守队员的“二过一”来完成的。在“二过一”的基础上，“三过一”、“二打二”、“三打二”道理基本相同。

1. 比赛中常用的两人配合战术

（1）斜传直插“二过一”，如图 7-2 所示。

（2）踢墙式“二过一”，如图 7-3 所示。

（3）交叉掩护“二过一”，如图 7-4 所示。

（4）回传反切“二过一”。

（5）直传斜插“二过一”。

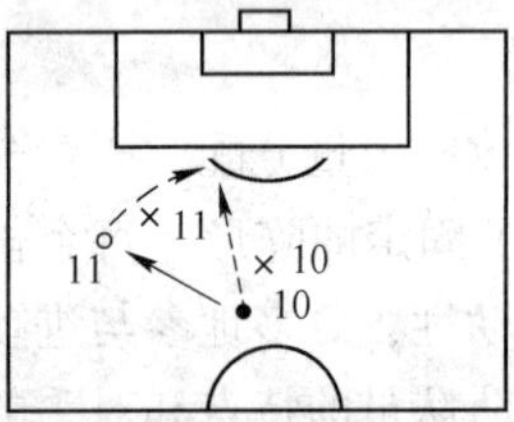

图 7-2 斜传直插“二过一”

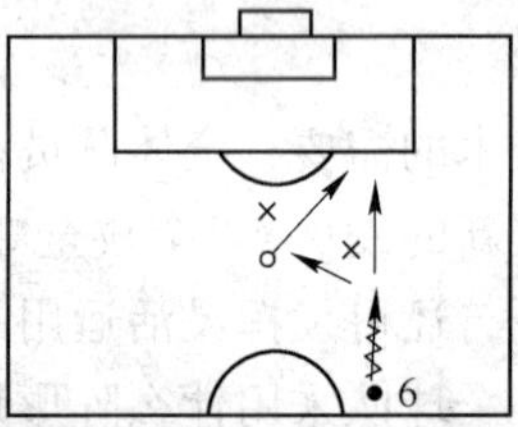

图 7-3 踢墙式“二过一”

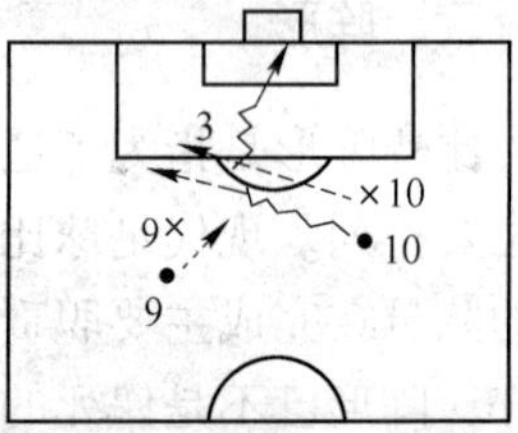

图 7-4 交叉掩护“二过一”

2. 二人传球配合时对队员的要求

（1）抓住机会。由于场上局部地区出现好的传球时机或“二过一”的局面只能是一瞬间的事，稍一迟缓，“二过一”的条件就会消失，所以进攻队员要善于抓住战机完成“二过一”配合。

（2）灵活运用。采用哪种“二过一”要根据防守队员的位置、场上空位及接应队员的位置等情况来决定，需要两个人的默契才能完成。

（3）随机应变。在进行二人传球配合过程中，控球队员一定要做传球配合或运球突破两手准备，一旦同伴接应发生困难或出现控球队员突破的良好时机时，应随机运球突破，这样才能收到良好的效果。

（4）配合默契。在“二过一”传球配合中，要求传球队员准确传球，接应队员要根据有可能成功的“二过一”条件进行跑位接应，跑位要突然、快速，有效摆脱防守人。

（三）全队进攻战术

全队性的进攻战术是指进攻面比较广、参加进攻的人数比较多的战术配合。一次进攻由发动、发展和结束三个阶段组成。

1. 边路进攻和中路进攻

边路进攻是指在对方半场侧面地区发动的进攻。中路进攻指在对方半场中间发动的进攻。边路地带防守人相对少，空隙较大，攻方在此便于发动进攻，突破防守，创造攻门机会。但是边路地带离球门远，角度小，不易直接得分。中路地带由于离门近，角度大，威胁也大，缺点是中路多有重兵把守，突破难度大。一般来说，在考虑全队进攻战术时，必须考虑本方的特点和对手的实际，确定以边为主结合中路，还是以中路为主结合打边路的战术，单一使用边路或中路效果是不会令人满意的。

2. 进攻方法

（1）外围吊中。一般在进攻受阻，难以从中间和边路发动时，采用斜线长传吊中、利用中锋高大的身高优势以完成顶射攻门或传球配合攻门任务。

（2）快速反击。在攻方大举进攻时，后卫压至中场，防守人数由于插上进攻相对减少，因此，后场防守空隙较大，此时守方应抓住攻方失球后来不及回位，或在退守中防守位置出现错误的机会，发动快速反击。

（3）插上进攻。多数球队一般安排两名队员做前锋，但前锋往往又被盯得很死，为了保证第一线的攻击力，常常靠处于中后场的前卫、后卫突然插到第一线进攻，出奇制胜。

（4）转移进攻。攻方在一侧进攻时，守方在有球一侧采取局部紧逼盯人，并力争做到以多防少。当进攻难以在这一侧展开时，应及时地将球转移至另一侧展开进攻。在转移进攻时，守方需要一定的时间调整防守，攻方则在赢得时间或抓住防守的漏洞时展开攻击。

四、防守战术

（一）个人防守战术

（1）选位。防守队员的位置，原则上是站在对手与本方球门中心形成的一条直线上，与对手的距离必须根据场区以及球所处的位置来决定，同时还应使防守者清楚地看到场上情况。

（2）盯人。指防守者本身所处的位置能够限制、看守对手的活动，达到及时地封堵对手接球或传球的路线。

（二）局部的防守配合

保护与补位：保护与补位是局部地区集体防守的基础，保护是补位的前提。防守队员补同伴在防守中出现的漏洞称为补位。补位有两种：一种是保护队员去补位；另一种是临近队员相互补位，即交换防守。

（三）全队防守战术

全队防守战术包括盯人防守、区域防守和混合防守三种。混合防守战术是盯人防守和区域防守相结合的防守方法。混合防守集中了盯人防守和区域防守的优点，避免两种防守的弱点，它延缓对方进攻，能快速退守到位，保持防守层次。紧逼盯人，严密封锁球门前30m范围是全队集体防守的关键。

五、定位球战术

定位球战术包括中圈开球、掷界外球、球门球、角球、任意球等攻守战术。下面介绍角球、任意球攻守战术。

（一）角球攻守战术

（1）角球进攻战术。直接传至球门前，同队队员包抄射门，一般踢内弧线球传至门前，包抄队员跟进抢点射门。

(2) 角球防守战术。对方踢角球时，前锋、前卫要快速回防，一般以头球好的队员守在门前危险区，重点防守头球好的进攻队员。其他人盯人，并站在球门与进攻队员之间，守门员应站在稍靠近远端门柱附近。当守门员出击接球时，要有两名队员及时退至球门线，补守门员的位置。

(二) 任意球攻守战术

(1) 任意球进攻战术。在中、后场的任意球，要求进攻队员快速、准确地发球，在前场，尤其在罚球区附近的任意球，能直接威胁球门，多采用直接射门或传球配合射门。

(2) 任意球防守战术。罚任意球时，守方的前锋、前卫应迅速退守。有可能直接射门的任意球，要筑“人墙”。

(3) 任意球防守战术应注意的问题。

1) 筑“人墙”要快，并且要在组织好之前，有一名队员站在球前干扰进攻队员发球，以避免攻方队员突然发球。

2)“人墙”一般由 2~5 人组成，角度大，人数相应增多。

3) 筑“人墙”要听从守门员指挥，“人墙”封堵球门的近角，守门员则封远角。其他防守队员要盯门前相应的进攻队员，或做区域防守。除守门员外，其他任何防守队员都不应站在“人墙”的后面。发球时，“人墙”不要躲闪球和跳动，更不能散开，以免球穿过“人墙”而射入球门。

第八章 排 球

第一节 排球运动概述

一、排球运动的起源与传播

(一) 排球运动的起源

1895年，美国马萨诸塞州霍利沃克城的基督教青年会干事威廉·摩根创造了一种较为和缓、运动量适中的运动方式。他根据人们的需要，在体育馆内挂上网球网，用篮球内胆在球网上空来回打，这就是排球运动最早的雏形。由于篮球内胆太轻，不易控制，篮球和足球太重，容易挫伤手指、手腕。于是摩根找到当时美国较大的斯伯丁体育用品公司，要求他们设计一种用软牛皮包制的球，这种球既不伤手指，又不会一打就跑。斯伯丁公司按摩根的设计要求制作了与现代排球相近的、外表是皮制的、内装橡皮胆的球，圆周为63.5~68.5cm，质量为255~340g。今天排球的大小和重量就是据此演变而来的。

事后摩根把这种运动形式取名为“Mintonette”，即“小网子”的意思。1896年，在美国马萨诸塞州斯普林菲尔德基督教青年会体育指导大会上进行了最早的“小网子”比赛。当时观看比赛的春田市的哈尔斯戴特博士发现这种打法和网球有些相似，因而建议把这一运动命名为“Volleyball”，即“空中飞球”之意。这一建议形象地概括了排球运动的性质，得到了摩根及参赛者的一致同意。从此，“Volleyball”就一直被沿用至今。

(二) 排球运动的传播

排球运动出现后，美国通过教会的传播和美国军队的军事活动，逐渐把排球运动传播到世界各地。由于各地传入排球运动的时间及采用的比赛规则不同，所以其开展该项运动的形式及运动水平的提高程度也不尽相同。

在美洲各国，人们习惯地将排球运动看作是一项消遣娱乐活动，并没有看重它的体育竞赛性质，直到1964年被列入了奥运会项目，排球运动在美洲所受的冷遇才得到改善，运动水平也随之提高。

排球运动传入亚洲的时间较早，在亚洲的发展过程中先后经历了16人制、12人制、9人制的比赛形式及相应的规则，直到20世纪50年代初才正式开展6人制排球运动。

排球运动传入欧洲的时间迟于美洲和亚洲，但传入的是6人制排球，而且当时已经成为一项竞技性运动，所以该项运动很快在欧洲得以发展，技术水平较高，在相当长的一段时间里，欧洲国家的排球运动水平始终名列世界排坛的前茅。

排球运动传入非洲的时间最晚，由于起步较晚，传入后又没能广泛地开展，所以至今非洲的排球技战术水平在世界排坛中还处于落后的位置。

（三）排球运动的发展概况

世界排球运动发展百余年来大体经历了 3 个阶段，即从娱乐排球向竞技排球过渡阶段，竞技排球迅速发展阶段，竞技排球的多元化和娱乐排球再兴起阶段。

1. 从娱乐排球向竞技排球的过渡阶段

排球运动起源于为中老年锻炼身体而创造的一种娱乐性游戏活动。人们对球进行隔网拍打，相互嬉戏，以使球不落地为乐趣。随着排球运动的竞技性、对抗性的加强，引起了人们对比赛规则的重视。1921~1938 年，规则有了多次的修改和完善，发球、传球、扣球和拦网已成为当时的 4 大技术。在运用各项技术的同时，形成了有意识、有目的、有组织的战术配合，场上队员也出现了位置分工。到 20 世纪 30 年代末和 40 年代，排球战术进一步发展，为了对付集体拦网，扣、吊结合的打法，产生了与之相适应的拦网保护战术。这一阶段排球运动的特点是从娱乐游戏排球逐渐向竞技排球过渡，国际的比赛没有统一的竞赛规则、竞赛制度和竞赛组织。

2. 竞技排球的迅速发展阶段

国际排联于 1949 年在布拉格举办了第一届世界男子排球锦标赛；1952 年在莫斯科举办了第一届世界女子排球锦标赛；1964 年东京奥运会上排球被纳入奥运会项目；1965 年在华沙举办了第一届世界杯男子排球赛；1973 年在乌拉圭举办了第一届世界杯女子排球赛。至此，形成了世界排球锦标赛、世界杯排球赛、奥运会排球赛三项世界大赛制度，各项赛事每隔四年举办一次。此后，世界排球大赛系列中又增加了世界男女青年排球锦标赛（1977 年）、世界男女少年排球锦标赛（1989 年）、世界男排联赛（1990 年）和世界女排大奖赛（1993 年）。

从 1949 年第一届世界男排锦标赛，到 1972 年第二十届奥运会排球赛，由于各个国家和地区的民族特色不同，身体素质不同，技战术发展水平不同，形成了不同特色的风格打法。其中有以身材高大，弹跳力强，以凶狠扣杀为特点的“力量派”，代表有苏联、保加利亚、波兰男排；有善于用脑，轻打软吊，以巧取胜的“技巧派”，代表有捷克斯洛伐克男排；有以扣球手慢起高跳，以高度的保险性将球扣入对方场地的“高度派”，代表有前民主德国男排；有以依靠默契配合，集体智慧，快速善变来达到取胜目的的“速度派”，代表有日本、中国男排。1965 年和 1977 年国际排联为了推动排球运动的发展，对规则进行了修改：一是允许手可过网拦网，规则的这一改变，使如何突破拦网、提高网上控制权成为比赛取胜的关键；二是拦网触手后仍可击球三次，这样又给组织进攻提供了更多的机会，进一步促进了攻防的激烈程度。随着国际交往的不断增多，各种流派在相互取长补短中逐渐融合，各种快变战术应运而生，竞技排球发展越来越迅速。

3. 竞技排球的多元化和娱乐排球的再兴起阶段

进入 20 世纪 80 年代，竞技排球已度过了它的成长、发育时期而逐步走向成熟，当初那种只要在技战术某一环节能够超群的队就有可能问鼎的时代已一去不复返了。中国女排连续 5 次夺冠和美国男排接连 4 次夺冠，标志着排球运动技战术观念的革命，它预示着排球运动进入了全攻全守的新时期。为了促进攻防平衡，国际排联本着积极鼓励防守技术的发展，同时又不消极地限制进攻技术的原则，从 1984 年开始，先后从规则上放宽了对运动员第一次击球时判定连击犯规的尺度；1992 年将合法的触球部位从腰部以上改为膝关节以上；1994 年又由膝关节以上改为身体的任何部位均可触球，于是出现了手、脚、身全方位的防守动作，扩大了人的防守面积，提高了防守质量；1999 年规则又增加了后排自由防守队员。其次，防守取位方面，“出击防守”代替了固定位置的“等待防守”“高位防守”的取位，则更需要运动员具有高水平的判断、反应及控制球的能力。另外，全方位的防守还体现在针对对手的进攻特点，随时调整拦网与防守的配合，打破原有防守阵型模式，而从兼顾防守效果和防守后的反攻进行布阵。

二、排球运动在我国的发展

中华人民共和国成立以后，排球运动和其他运动项目一样有了较快的发展。为了适应国际比赛的需要，1950 年 7 月，中华全国体育总会举办的全国体育工作者暑期学习会上，第一次介绍了 6 人排球规则与比赛方法。

我国 6 人制排球的发展，不仅继承了我国和亚洲 9 人制排球的打法，同时也吸收了世界强队的先进打法，并不断总结经验教训，逐步提高对排球运动规律的认识，有所发展和创新，坚持走自己技术发展的道路。回顾我国 6 人制排球的发展历史，大致经历了以下几个阶段。

（一）继承学习和摸索发展阶段（1950~1965 年）

这一阶段主要是继承我国 9 人制排球的技战术打法。为了发展中国的排球运动，20 世纪 50 年代中国主要学习苏联和东欧的先进技术，逐步推广 6 人制排球，并初步发展成以快球为中心的快球掩护战术，开始形成了我国快攻打法的特点，成为一种新的风格流派。

1964 年周总理邀请大松博文带领当时的世界冠军日本女排访华，贺龙副总理要求学习日本女排的严格训练。国家体委强调培养刻苦顽强的训练作风，并有领导、有组织地进行深入的探讨研究和总结归纳，明确地提出了“三从一大”（从难、从严、从实战出发，坚持大运动量训练）的训练原则，对当时排球运动的发展起了很大的推动作用。

20 世纪 60 年代中期是我国排球运动水平迅速提高的重要阶段。这期间我们不但分析学习了日本女排的勾手飘球、垫球和滚动防守等先进技术，而且根据排球运动规律，结合自己特点进行了创新。在 1965 年国际排联决定实施“手可以过网拦网”的新规则之前，我国男排提前研究了新规则，创造并掌握了“盖帽”拦网新技术。北京男排还发展创新了“平拉开快球”扣球技术，发展了我国传统的快攻特点。这充分证明我们在总结、发挥自己特点，掌握运用排球运动规律和结合自己特点、学习外国的长处等方面，走出了自己技术发展的道路。

（二）低潮阶段和恢复阶段（1966~1978 年）

这段时期，运动水平下降，运动队伍老化，并处于青黄不接状态。

1972 年 2 月国家体委召开了篮、排、足三大球训练工作会议，总结过去的经验教训，明确了技战术指导思想，制定了五年排球发展规划，建立了排球训练基地，开始有计划地每年组织集训。集训对恢复良好的训练作风，迅速培训后备力量起了很大的作用，推动了全国排球训练工作，特别为我国女排迅速成长和荣获世界冠军打下了基础。

1976 年重新组建了国家男女排球集训队。经短期训练，在 1977 年世界杯比赛中，女排取得了第 4 名，男排取得了第 7 名。在 1978 年世界锦标赛中，女排获第 6 名，男排获第 7 名。在此期间，我国在学习了日本男排创造的“时间差”“位置差”等先进打法后，加以发展提高，在继承传统快攻打法的基础上，创新了“前飞”“背飞”等“空间差”的进攻打法。1977 年国际排球规则规定：“允许拦网后仍可击球三次。”根据女队攻防相对平衡，反击机会多的特点，我国女排发展了“快速反击”战术，开始在技战术打法上走在世界的前面。1978 年制定的中国排球三年、八年发展规划对我国排球运动产生了深远的影响，在学习、积累、创新的基础上，我国排球逐步形成了自身的风格，为赶超世界排球先进水平创造了条件。

（三）冲出亚洲，走向世界阶段（1979~1987 年）

20 世纪 70 年代后期至 80 年代中期，是我国排球训练理论不断升华，逐步丰富的时期，也是我国排球运动迅速发展的时期。1979 年中国男排、女排取得亚洲冠军，实现了冲出亚洲的愿望。1981 年 11 月，在日本举行的第三届世界杯赛中，中国女排七战七捷，首次荣获世界冠军。紧接着在 1982 年的第九届女排锦标赛中，中国女排又夺冠军。1984 年的洛杉矶奥运会上，中国女排实现了“三连冠”。此后，在 1985 年的世界杯、1986 年的世界锦标赛中，中国女排连续夺冠，创造了世界女子排球“五连冠”的新纪录。中国男排在 1981 年第 4 届世界杯赛上获第 5 名，1982 年第 9 届世界锦标赛上获第 7 名。在巴塞罗那预选赛上中国男排落选，失去了参加 1984 年第 23 届奥运会的资格，后因保加利亚队不参加，中国男排才得以替补参加了 1984 年奥运会并获第八名。后来中国男排虽取得了 1986 年第 10 届亚运会冠军，但失去了参加世界大赛的机会。

（四）步入低谷，奋起直追阶段（1988 年至今）

20 世纪 80 年代末，特别是进入 90 年代，中国男女排没有在技战术上进一步发展创新，原来的打法已被世界强队所掌握，与世界强队相比，失去了原有的特长和优势，出现了较大滑坡。中国男排在 1987 年亚洲锦标赛上失去了参加第 24 届奥运会的资格，1989 年亚洲锦标赛仅获第 3 名。中国女排自 1986 年在捷克斯洛伐克夺得第 10 届世界女排锦标赛冠军后，也步入低谷。1988 年的汉城奥运会最后只获得铜牌。1989 年的第 5 届世界杯和 1990 年的第 11 届世界女排锦标赛均卫冕失败。1992 年的巴塞罗那奥运会只获得第 7 名。1994 年第 12 届世界女排锦标赛滑落至第 8 名。在广岛亚运会中更在决赛败于韩国女排而卫冕失败，中国女排陷入低潮。

1995 年，名将郎平被中国排协聘为中国女排主教练，她率领中国女排走出历史低谷，获得亚特兰大奥运会银牌和第 13 届世界女排锦标赛亚军。

2001 年，新任主教练陈忠和决心重用新人，在日本夺得世界大冠军杯，这是中国女排十多年来夺得的世界级正式大赛冠军。

2003 年是中国女排丰收的一年，接连夺得瑞士女排精英赛、世界女排大奖赛、亚洲女排锦标赛等几个国际赛事冠军。终于在 11 月于日本举行的第 9 届世界杯中，中国女排以 11 战全胜的姿态勇夺冠军，17 年后重新站在最高领奖台上。雅典奥运会在 2004 年举行，中国女排实现了两连冠。2008 年北京奥运会赛前志在卫冕的中国队最终收获了一枚铜牌，2012 年伦敦奥运会最终名列第五。2016 年里约奥运会中国女排以 3：1 战胜塞尔维亚队夺得冠军。

第二节　排球基本技术

排球技术包括发球、垫球、传球、扣球、拦网和脚击球等。每项技术都包括两部分：一部分是击球动作；另一部分是击球前动作和击球后动作。击球前动作有：准备姿势，移动，起跳等；击球后动作有：落地，倒地等。由于各项技术击球前的准备姿势和移动有许多相同之处，所以把他们单独分出来进行分析，而在分析各项技术时只阐明其特点。

一、准备姿势和移动

（一）准备姿势和移动的作用

准备姿势和移动是完成发球、垫球飞传球、扣球、拦网和脚击球等各项击球技术的前提和基础，并对各项击球技术动作的运用起着串联和纽带的作用。良好的准备姿势可以迅速起动，快速移动，并与球保持合理的位置，以便完成各种击球动作。移动是运动员在赛场上的身体位置变化。移动的作用是为了及时接近球，保持好人与球的位置关系，便于正确击球。同时，也为了迅速占据场上的合理位置，争取时间和空间。运动员在赛场上能否及时移动到位，是完成技术动作的关键。

比赛中，进攻和防守的大多数技术都是在快速移动后或移动中完成的。因此，准备姿势和移动的能力直接影响着技术、战术的质量，是完成各项基本技术、组成攻防战术的基础。

（二）准备姿势的动作分析

两脚左右开立比肩稍宽，一脚稍前，两脚尖朝前或适当内收，脚跟稍提起；膝关节保持一定的弯曲，身体重心稍前倾；两臂放松，自然弯曲，双手置于体前；身体适当放松，两眼注视来球，两脚始终保持微动。准备姿势身体重心的高低，依场上需要和个人脚部力量而定，以移动灵活和击球方便为准。稍蹲准备姿势，［见图 8-1（a）］一般用于扣球助跑之前，或球在对方正在组织进攻时，准备行动而又不确定具体动作前，这种准备姿势更便于移动。半蹲准备姿势，［见图 8-1（b）］多用于接发球、拦网、各种传球和接一般进攻性扣球。它是排球比赛中最常用的千种准备姿势。低蹲准备姿势，［见图 8-1（c）］由于重心低，便于插入球下和倒地，有利于防低远球，主要在防重扣和接拦回球保护时采用。但由于重心过低，不便于再移动，因此，仅在判定来球后的击球前使用。

(a)　(b)　(c)

图 8-1　准备姿势

（三）主要移动步法的动作分析

在排球比赛中，使用最多的是两三步的短距离移动。现就几种常用的基本步法介绍如下。

1. 滑步

当来球离身体较近、弧度较高时，可采用滑步。如向右滑步时，右脚先向右迈出一步，左脚迅速并上，落在右脚的左侧，如此连续反复即为滑步。向前滑步时前脚先迈出一步，后脚迅速跟上落于前脚之后，同样如此连续反复。滑步可以一步，也可多步。移动时速度稍慢，但容易变向，也容易保持身体平衡，便于随时做好击球准备。滑步主要用于垫球、传球、拦网等技术。

2. 跨步

当来球较低时，常常采用跨步去垫球，即同侧脚向移动方向跨出一大步，屈膝，异侧脚用力蹬地；上体前倾，身体重心移到跨出腿上，如图 8-2 所示。跨步可以向前、向侧前或向侧方跨出。跨步主要用于接发球和接扣球等垫球技术，也是连接倒地接球动作常用的步法。

(a)　　(b)

图 8-2　跨步

3. 交叉步

当来球在体侧 2m 左右时，可采用交叉步移动。向右移动时，上体稍向右转，左脚从右脚前面向右交叉迈出一大步，右脚再迅速向右跨步落于左脚的右边。同时，身体转向来球的方向，保持击球前的准备姿势。交叉步的移动步子大，动作快，便于制动，但不易再变向。交叉步主要用于防守、拦网等技术。

比赛场上，往往需要连续采用两种或两种以上的步法。无论采用哪种移动步法，都要求起动迅速。这取决于正确的准备姿势，保持良好的身体重心，使身体能及时转向移动的方向。

二、发球

（一）发球技术的作用

发球是由后排指定队员，在指定的发球区内，自己抛球，用一只手将球从网上空两标志杆内击入对方场区的技术动作。发出的球允许擦网后进入对方场区。发球的技术有多种，可分为下手发球、上手发球、正面发球和侧面发球等。击球点在肩以下为下手发球；击球点在肩以上为上手发球；发球前的站位面对球网为正面发球；发球前的站位左肩或右肩面对球网为侧面发球。

（二）主要发球技术的动作分析

1. 正面下手发球

以右手发球为例（以下均同），队员面对球网，两脚前后开立，左脚在前，两膝微屈，上体稍前倾，重心在两脚之间，左手持球在腹前，将球轻轻抛在体前偏右侧，离手一球左右的高度；在抛球之前，右臂伸直，以肩为轴向后摆动，身体重心随右臂的后摆移至右脚；击球时，右腿蹬地，身体重心随着右手向前摆动而移至前脚上；球刚一抛离手就迅速向前摆动右臂，在腹前击球的后中下部；手触球时，手指手腕紧张；随着击球动作，重心前移，迅速进场比赛，如图 8-3 所示。

击球的手形，可以是五指并拢成勺形与球吻合，如图 8-4（a）所示，也可用半握拳的拳心击打球，如图 8-4（b）所示。正面下手发球由于面对球网站立，便于观察，加之动作简单，容易掌握，较好控制球，所以有利于将球击中对方空当。

图 8-3　击球手形

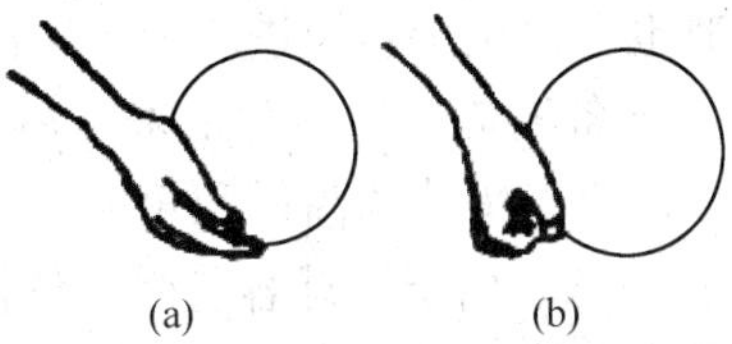

图 8-4　正面下手发球

2. 正面上手发球

运动员面对球网，两脚自然分立，左脚在前；左手托球在体前，将球平稳地抛起在体前上方，高度在头上 1m 左右；在左手抛球的同时，右臂开始抬起，屈肘后引，肘稍高于肩；上体向右转，挺胸展腹；击球时，利用蹬地、向左转体和收腹的力量，带动手臂向前挥动；在头前上方击球的后中下部；击球后，随重心的前移进入场地。击球的手法有以下几种：

（1）用拳心击球，如图 8-5（a）所示。这种手法适合力量小的人。击球握拳同时手腕保持紧张固定，挥臂加速用力，用拳心击准球。

（2）用掌跟击球，如图 8-5（b）所示。手臂在击球前做直线运动。击球时五指并拢，手腕保持紧张固定，用力突然、短促，并通过球的重心，使发出的球不旋转，可能产生飘晃。

（3）用全手掌击球，如图 8-5（c）所示。手臂做弧形挥动。击球时五指张开，全手掌包住球并主动屈腕，使发出的球成上旋。

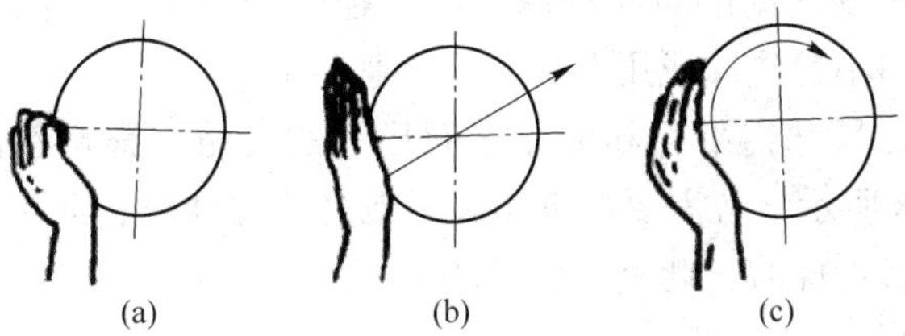

图 8-5　击球的手法

三、垫球

（一）垫球技术的作用

垫球是用双手或单手小臂的前部手的坚硬部位将球击出的技术动作。垫球主要用于接发球、接扣球、接拦回球以及接应各种低球。有时用来组织进攻，有时也可用于第三次击球过网。垫球技术简单易学，在比赛中运用较多。但准确性相对于传球技术稍差，需要有良好的手感才能控制球。

垫球的击球技术很多，根据来球的远近和高低，可以采用正面垫、侧面垫、双手垫、单手垫、挡球以及各种倒地垫球。

（二）主要垫球技术的动作分析

1. 正面双手垫球

正面双手垫球是各种垫球的基础，是最基本的垫球方法。适合于接发球、扣球和拦回球。有时也可以用于组织进攻和第三次击球过网。

（1）准备姿势。移动对正来球后，两脚前后左右分开站立；屈膝的深浅和重心的高低，主要取决于来球的高低和角度；上身稍前倾；两臂自然弯曲，置于腹前两腿之间。

（2）迎球。由于排球容易受空气阻力的影响，速度逐渐减慢，有时会突然失速，改变飞行路线，落在预定飞行路线的前面。因此，准备垫球时，要主动迎球，主动用手臂去触球，而不能等球。

（3）击球手形。两手重叠，合掌互握；手臂伸直，手腕下压，两小臂外翻形成一个平面，如图 8-6（a）所示。击球的另一手形为：双手掌心向上，两手靠拢，手指微分稍屈，并保持适度紧张，如图 8-6（b）所示。

（4）击球部位。当球接近时，两臂伸直，插到球下，以小臂前部的平面触球，如图 8-7 所示。该部位的接触面积大而平，起球比较稳、准。若击球部位过低，垫在腕部，球不易垫稳。也可用双手的全手掌击球的中下部。

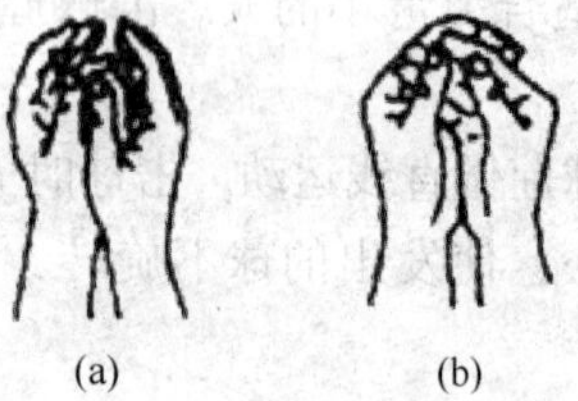
(a) (b)

图 8-6 击球手形

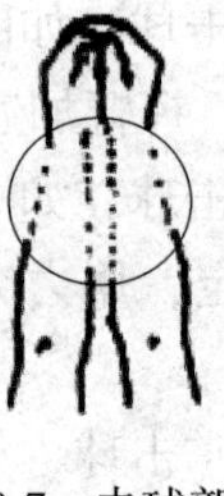
图 8-7 击球部位

（5）击球点。在两腿之间的腹前击球，便于控制用力大小，调整手臂击球角度，控制球的落点和方向，用小臂垫球或用双手的全手掌击球。

（6）手臂角度。手臂垫击平面和上体之间形成的夹角，影响着击出球弧度的高低和距离的远近，如图 8-8 所示。若需要垫近距离球或高弧度球时，此夹角应稍大；反之，若需要垫远距离球或低弧度球时，此夹角应稍小。

2. 侧面双手垫球

在身体两侧用双手垫球的动作为侧面垫球。来球飞向体侧，运动员来不及移动对正球

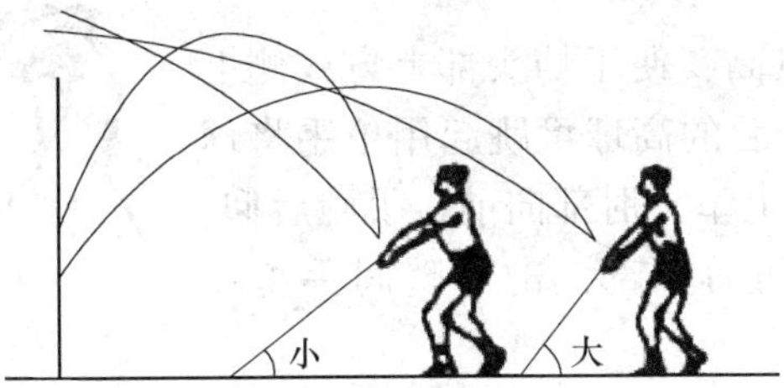

图 8-8　手臂角度

时，可用双臂在体侧垫球。体侧垫球可以扩大控制范围，但不易控制垫球方向，故在来得及移动的情况下，尽量采用正面垫球。

当球向右侧飞来时，左脚前脚掌内侧蹬地，右脚向右跨出一大步。右膝弯曲，重心移至右腿上。两臂向右伸出，左肩微向下倾斜。用向左转腰和收腹提右肩的动作，配合两臂在身体右侧击球。注意手臂反弹面要对准垫出的方向。手臂动作要小，主要靠身体蹬转的力量来控制球，切忌随球摆臂的动作。当球向左侧飞来时，以相反方向的动作击球。

3. 单手垫球

当来球较远，来不及双手垫球时，可采用单手垫球。这种垫球动作快，手臂伸得远，可扩大控制范围。但击球面积较小，控制球较难。移动后，向来球方向跨出一大步，重心向跨出腿倾斜，同侧手臂伸出，用自己习惯的、合适的手法去垫击来球。

单手垫球最适宜的手法是五指并拢成勺形的手掌，［见图 8-9（a）］，也可用掌跟、半握拳的拳心［见图 8-9（b）］、半握拳的虎口［见图 8-9（c）］、手背，［见图 8-9（d）］以及小臂内侧击球如图 8-9（e）所示。垫球时手腕要适当紧张，以便较好地控制球的弹击方向和力量。单手垫球时可结合各种移动步法接近球。

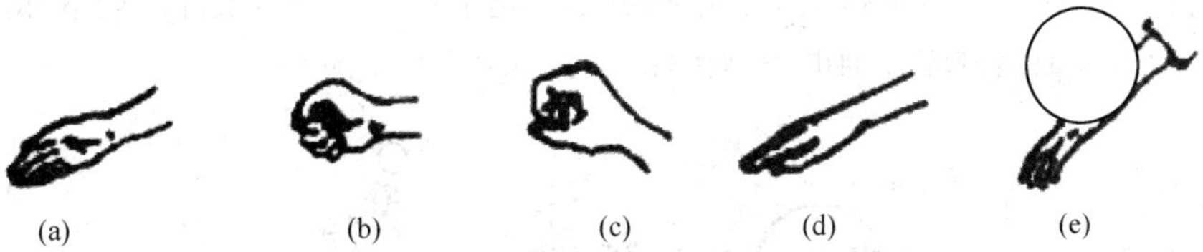

图 8-9　垫球手势

4. 挡球

当来球较高、速度较快而不便于利用传球或垫球技术时，采用双手或单手在头部以上挡击来球称挡球。运用挡球可以扩大控制范围，善于挡球的队员，防守时可前压，提高防守前区的效果。

（1）双手挡球是指多用于头部以上的力量较大、速度较快的来球。双手挡球的手形有抱拳式和并掌式。抱拳式挡球的手法是［见图 8-10（a）］：两肘弯曲，一手半握拳，另一手外抱，两手掌外侧朝前。并掌式挡球的手法是［见图 8-10（b）］：两肘弯曲，两手手指并拢，合并成勺形，掌心朝前上方。不管使用哪种手法，挡球时一定要屈肘，使肘朝前；手腕后仰，以掌外侧和掌跟组成的平面或双手全掌挡击球；击球瞬间，手腕要紧张；

击球点在头上或两肩上侧。

（2）单手挡球击球点高，便于挡头部上方或侧上方的高球，有时对飞向身后的高球可跳起用单手将球挡回。挡球时，手臂屈肘上举，肘部向前，手腕后仰，用掌根或拳心平面击球的后下部，击球瞬间手腕要紧张。

(a) (b)

图 8-10 双手挡球手形

四、传球

（一）传球技术的作用

传球是在额的前上方，用双手或单手借助伸臂、蹬腿的动作，通过手指手腕的弹力来完成的击球技术动作。由于手指的控制能力强，因此，传球的准确性较高。传球技术多用于二传，主要用于衔接防守和进攻。一个队的进攻水平能否充分发挥，在很大程度上取决于传球的水平，特别是二传队员的传球技术及其发挥。传球技术也可用于第三次击球，将球传过网。

（二）主要传球技术的动作分析

1. 正面双手传球

正面双手传球是指面对出球方向的传球。这是最基本的传球方法。

（1）准备姿势。采用稍蹲准备姿势，当看清来球后，迅速移动到球的落点处对正来球，上体适当挺起看球，双手自然抬起，放松置于脸前。

（2）击球手形和击球部位。当手触球时，两臂弯曲，两肘适当分开；两手掌心斜相对，十指自然张开成半球形，使手指和球吻合，提高控制球的能力，保证传球的准确性；手腕稍后仰，手指、手腕保持适当紧张；两拇指和两食指相对成“三角”形；两手间保持一定距离；以拇指内侧、食指全部、中指的第二指节和第三指节触球的后下部；无名指和小指的一个指节适当触球，辅助控制传球方向，如图 8-11 所示。

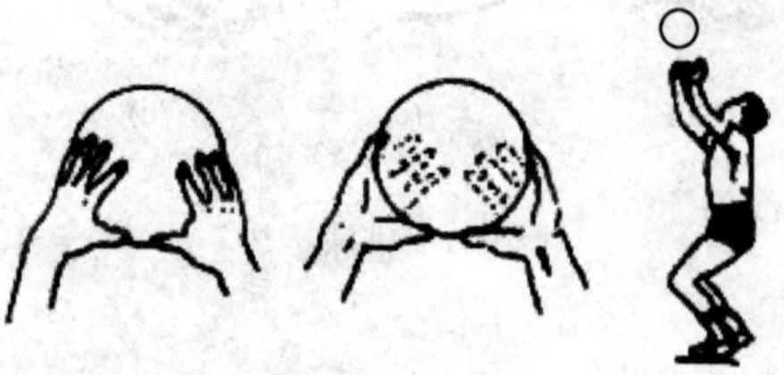

(a) (b) (c)

图 8-11 辅助控制传球方向

（3）击球点。在额的前上方约一球距离处。这个点既便于观察来球和传球的目标，又有利于伸臂击球，控制传球方向。击球点过高，肘关节已伸直，将减少手臂的推送过程，影响传球力量和控制能力，也影响手形的正确性。击球点过低，既不便于观察，又影响击球部位和出手角度，不易控制传球方向、弧度和落点，影响传球的准确性。

（4）击球用力。传球时主要是靠伸臂的力量和手指、手腕的弹力将球传出；同时，辅之以蹬腿的力量；全身各部位的用力动作要协调一致；球出手时，手臂随球伸展伴送一程，可使球传得更加平稳。

2. 背传球

向后上方的传球，称为背传球。背传球的准备姿势：上体比正面传球时稍直立；身体重心稳定在两脚之间，不要前倾；双手自然抬起，放松置于脸前。击球点应保持在额上方比正传偏后，便于向后上方用力；手触球时，手腕适当后仰，掌心向上，击球的下部；手指、手腕要适当放松，手形与正传基本相同，拇指托在球的底部。背传球靠蹬腿、展腹、向后抬肘、向后翻腕以及手指、手腕的弹力把球向后上方传出。

五、扣球

（一）扣球技术的作用

扣球是跳起在空中用一只手臂做弧形挥动，用手将本方场区上空的球，从两标志杆内的球网上空，击入对方场区的技术动作。扣球是攻击性很强的基础技术，在比赛中占有重要地位，是得分的主要手段，也是一个队实力的主要表现。扣球效果好，可以增强队伍的士气和自信心。

（二）正面扣球技术的动作分析

正面扣球技术是扣球中最基本的一种方法，其他扣球主要是正面扣球技术的运用和变化。正面扣球面对球网，便于观察，准确性较高，由于挥臂动作灵活，能根据对方拦网和防守情况，随时改变扣球路线和力量，便于控制击球落点，因而进攻效果好。

1. 准备姿势

扣球助跑前采用稍蹲准备姿势；两臂自然下垂，站在离球网 3m 左右处；观察二传来球，随时准备向各个方向助跑。

2. 助跑

助跑的作用是为了接近球，选择起跳点，同时有助于增加弹跳高度。助跑的时机、方向、步法、速度、节奏，要根据不同来球的情况而定。因此，助跑的步法有一步、两步、三步及多步助跑等。

以右手扣球的两步助跑为例，助跑时，左脚先向前迈出一小步，接着右脚再迅速跨出一大步，左脚及时跟上，踏在右脚之前，两脚尖稍向右转；两腿弯曲，上体前倾；两腿的弯曲程度，可依各人腿部、腰部力量不同或习惯不同而有所差异。助跑第一步小，便于寻找和对正上步方向，使静止的身体获得向前的速度。第二步大，不仅便于接近球和提高助跑速度，而且也可降低重心并使支撑点落在身体重心之前，从而有利于制动。后一步要以脚跟先着地过渡到全脚掌着地，有助于制动身体的前冲力，增加腿部肌肉的张力，提高弹跳高度。助跑的节奏应由慢到快。

3. 起跳

起跳的目的不仅在于获得高度，还为了掌握扣球的时机和选好击球点。在助跑跨出最后一步的同时，两臂在体侧向后引，在左脚跟上踏地制动的过程中，两臂自后用力向前摆动；随着双腿蹬地向上起跳，两臂也配合起跳，用力地向上摆动。手臂摆动的速度越快、越及时，对起跳的高度越有帮助。两臂的摆动可以根据扣球技术需要和本人习惯，采用画弧摆臂和前后摆臂。在助跑制动之后，向上摆臂的同时，两腿从弯曲制动的最低点，用力蹬地向上起跳。整个动作要协调、连贯，具有爆发力。

4. 空中击球

击球是扣球的关键，其动作的好坏影响着扣球的质量。起跳后，上体向右后转，右臂屈肘向后上方抬起，且肘高于肩；挥臂时，以迅速转体、收腹动作发力，依次带动肩、肘、腕各部分关节成鞭甩动作向前上方挥动；使全身的用力依次叠加，最后集中在手上，以加大击球力量；手触球时，五指自然张开，并保持适当紧张；以全手掌包住球，以掌心为打击中心，击球的后中上部；同时，主动用力屈指屈腕向前积极下甩。击球点在起跳的最高点时手臂伸直点的前上方。

5. 落地

为了避免腿部负担过重，应力争双脚同时着地。落地时，以前脚掌先着地，再过渡到全脚掌着地；同时顺势屈膝，以缓冲下落的力量；并立即准备好做下一个动作。

六、拦网

（一）拦网技术的作用

拦网是队员在网前用腰部以上身体任何部位（主要是手臂、手掌），在球网上沿阻挡对方击球过网的技术动作。拦网是防守的第一道防线，是阻挡和削弱对方进攻的最积极、最有效的手段，并且能为本方的防守和组织反攻创造条件。拦网还常把对方的扣球直接拦死、拦回。所以，拦网又带有强烈的攻击性，是得分和鼓舞士气的重要手段之一。拦网是由防守转入进攻的最快、最直接的技术。

（二）主要拦网技术的动作分析

1. 单人拦网

（1）准备姿势。为了便于起跳和迅速向两侧移动，需要做好准备姿势。队员面对球网，两脚平行开立，约与肩同宽；距网约一个人前臂加手长的距离，这样既有利于起跳时的摆臂，不至于手碰网，又可避免因离网远而前冲起跳造成触网；两臂在胸前自然屈肘；两膝弯曲，随时准备起跳或移动。

（2）移动。为了对正进攻点，需要及时移动，常用的移动步法有滑步、交叉步等。要注意移动后的制动，避免触网或冲撞同队队员。移动时要随时观察对方扣球队员以及球的动向。

（3）起跳。原地起跳时，两膝弯曲，重心降低，用力蹬地，使身体垂直起跳；同时，两臂从体前贴近球网垂直上举。屈膝下蹲的深度因人而异，以发挥最高弹跳力为原则。

拦网起跳的时机必须掌握好。拦高球时，一般应比扣球队员晚跳，在扣球队员空中挥臂时起跳。拦快球时，可以和扣球队员同时起跳。拦一般球时，拦网起跳的地点应选择对着扣球队员的助跑路线方向。

（4）空中击球动作。起跳时，两臂在体前贴近并平行球网向网上沿伸出；两臂伸直，两肩尽量上提，以提高拦网点；前臂靠近网，两臂平行，两手间距离要小于球，防止球从手与网之间或两臂之间挤过；手尽量接近球，以便封锁扣球角度，扩大阻拦面。拦网时的伸臂动作，一般应在对方击球瞬间为好，使扣球人难以改变扣球路线避开拦网。拦网时，两手自然张开，当触球时，两手要突然紧张，手腕下压，主动用力盖帽捂球。拦远网扣球或拦网高度不够时，不要采用压腕动作，而尽量向上伸直手臂、手腕，以提高拦网点。

（5）落地。如已将球拦回，则面对对方，双脚落地，屈膝缓冲，准备再次拦网。若未拦到球，则在身体下落时要随球转头，并以转头方向相反的脚先落地，另一脚随即向后场方向转体迈出，准备接应或做下一个动作。

（6）拦网的判断。判断是拦网的关键环节，应贯穿从准备姿势到空中拦击动作的整个过程。应判断二传的动作；扣球队员助跑方向、时间、身体姿势和起跳情况；扣球人在空中的挥臂动作等。其中最主要的是在对方挥臂时，看清挥臂的方向来决定拦网伸臂的时间、方向和手形。拦网判断时，队员的视线不能只盯在球上，而应该是球、人、球、人，即一传垫起的球、二传人的动作、二传出手的球、扣球人的动作。

2. 集体拦网

集体拦网是以单人拦网为基础，进行两人或三人协同拦一个进攻点的配合行动，目的在于扩大拦截面。

七、脚击球

（一）脚击球技术的作用

脚击球技术可以救起离身体较远且较低的、用手击球来不及或够不着的来球。因此，脚击球技术在排球比赛中不失为一种较实用的技术。常用的脚击球技术有正脚背击球和内脚弓击球两种。

（二）脚击球技术的动作分析

1. 正脚背击球

正脚背击球就是用脚背的正面去击球的技术。当来球较低，离身体一步远，队员的身体重心稍靠后，来不及弯腰用手击球时，一脚支撑，另一脚跨出，用脚背正面插到球下，将球击起。随着跨出腿，身体重心前移。当来球稍远时，可采用跨跳步，即一脚蹬地后身体重心向后，击球脚跨出；蹬地脚落地的同时，跨出脚击球并随即落地。击球时，踝关节稍紧张，可通过踝关节屈、伸、内旋或外旋的微调来控制击球的方向。

2. 内脚弓击球

内脚弓击球就是用脚弓内侧去击球的技术。当来球较低且离身体较远，队员的身体重心稍靠后，已来不及做倒地动作将球击起时，身体重心继续后倒并下降，一脚支撑，另一脚尽量远伸，同时髋关节外旋，用脚弓内侧插到球下，将球击起。击球时主要靠球的反弹，再加上大腿内收将球击起。

内脚弓击球主要用于防守第一次击球和第三次踢球过网，有时也可出现在第二次击球，从而组织进攻。

第三节　排球基本战术

在排球比赛中，队员根据规则和排球运动的规律，采用合理技术，相互间有意识、有目的、有组织地行动，充分发挥特长，限制对方的优势，以达到取胜目的的行动称为排球战术。排球战术包括进攻和防守两大系统，有接发球组织进攻（一攻），拦网接扣（吊）

球及其组织进攻（防反），接拦回球及组织进攻（保攻），接传、垫及其组织进攻（推攻）四种形式。在现代排球比赛中多数都是以组织强有力的扣球为某战术的终了。在强攻中要利用高度、力量和个人技巧突破拦网。在快攻中利用快球及快球掩护下所组成各种战术打法。对于每一个队的战术组成，应有明确的指导思想，既要根据实际情况制订战术，不能保守，也不能冒进，然后再有计划地培养战术意识，经过多次训练和实战不断完善、不断成熟。

一、阵容配备

阵容配备要符合最大限度发挥每一个队员的特长和全队合理搭配力量的原则。

（一）“四二”配备

“四二”配备即阵容中有两个二传手，四个攻手，四个攻手中又分两个主攻手、两个副攻手。此种配备在中等水平队中采用。两名二传前后排始终保持一名，便于接应传球，又可插上传球保持前排三点进攻，如图 8-12 所示。

（二）“五一”配备

“五一”配备即阵容中有一个二传手，五个攻手，其中和二传对角位置一个为接应二传，两名主攻手，两名副攻手。此种配备在较高水平和高水平队中采用。对二传的要求较高，其在前排时有三轮为前排两点进攻，如图 8-13 所示。

（三）“三三”配备

“三三”配备即三名能传的队员和三名能攻的队员间隔站位，使每一轮都有传有扣。此种配合在初学者或水平较低队中采用。其前提是保证前排有一点进攻，如图 8-14 所示。

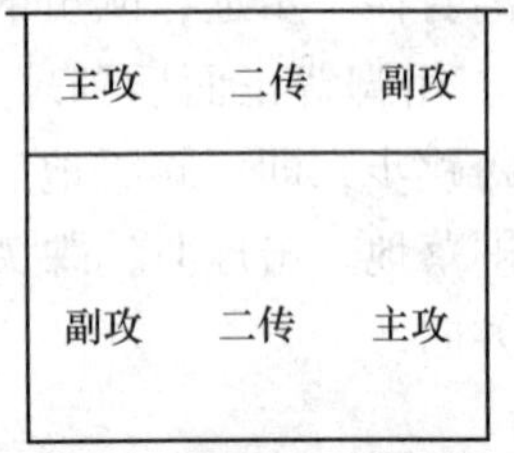

图 8-12 “四二”配备

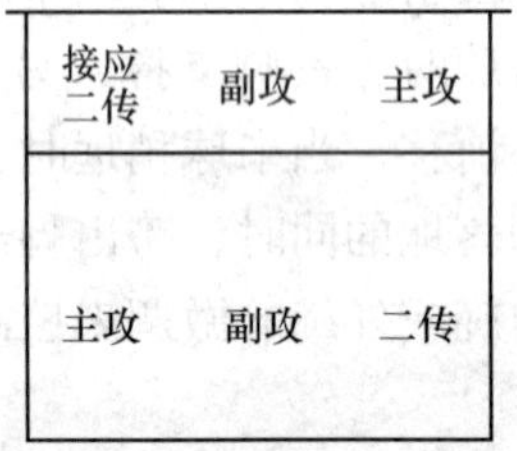

图 8-13 “五一”配备

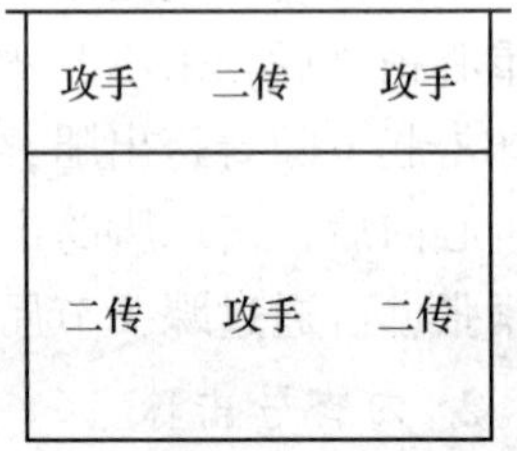

图 8-14 “三三”配备

在阵容配备中应合理搭配力量，使每轮进攻和防守均衡；使配合较好的队员能在场上有更多的配合轮次；同时应注意进攻好、防守好、发球好。按发球队员的位置安排，根据规则，发球后队员可以任意站位，队员可在前排、后排交换到自己擅长的位置上。通常是前排三人中，主攻站 4 号位，副攻站 3 号位，二传站 2 号位；后排三人中，主攻站 5 号位，副攻站 6 号位，二传站 1 号位。

二、个人战术

个人战术是单靠个人完成的有战术目的的行动，可充分体现出个人的战术水平。

（1）发球。利用发落点，发到空当或找一传差的队员；利用不同性能的发球制造一传难度。

（2）一传。利用平快一传加快进攻速度；利用高一传制造两次球；利用直接垫过网，垫到对方空当。

（3）三击。第三次击球不能扣球时，突然传向对方空当或有意识给对方高球，造成对方接球困难或本方有时间布防。

（4）扣球。利用打线、打点、打手、重扣转轻打或吊球，将球突破拦网扣入对区、打手出界或击到对方空当而取胜的多种变化。

（5）拦网。利用突然改变拦网线路和突然撤手，造成对方向原来以为无人拦网线路扣球和打手出界不成功而变为扣球出界。

（6）防守。利用最有利防守位置防守；有意识让出空当，使对方向空当击球，再有准备地防守空当。

三、防守战术

（一）接发球站位阵形

接发球的阵形，要有利于接球，也有利于本方所采用的进攻战术；同时要根据对方发球的特点布阵。

（1）五人接发球。除一名二传在网前站立或后排插上外，其余五名队员担负一传任务。通常为“一二三”或“三二”站位。这方法便于队员分布均衡，但二传插上时距离较远或影响上快球队员的进攻。

（2）四人接发球。二传和上快球队员站在网前不接发球，其余四人在后场“一”字或弧形站立。这种方法便于二传传球和上快球队员跑动，但易造成“心”空，对接发球队员的判断和移动要求较高。接发球一般要求前排队员距中线4~5m，距边线1~1. 5m。后排队员站在前排队员之间后边位置，距端线2. 5~3m；还要根据发球性能、特点调整位置。接发球队员应有明确的区域分工，重视“中间”地带和“三角”地带的配合；发挥一传好的队员的特长和对一传差的队员的保护。

（二）接扣球防守阵形

（1）不拦网的防守阵形。在没有拦网必要时采用。二传队员在网前，既接网前球，又可组织进攻；前排进攻队员后撤，后排队员在后排准备防守。

（2）单人拦网的防守阵形。进攻力量较弱，扣球以中线为主，吊球较多时采用。单人拦网应以拦中线为主，阻止将球扣到中场；前排不拦网队员后撤防前区；后排队员防后场。

（3）双人拦网的防守阵形。水平相对较高的队采用。常见的有“边跟进”防守阵形：如4号位进攻时，2、3号位队员拦网，其他四人中1号位队员跟进防守，4、5、6号队员防扣球，一般“心”和6号位较空，如图8-15所示。

“心跟进”防守阵形：如4号位进攻时，2、3号位队员拦网，6号位队员跟进防守，4、5、1号队员防扣球，一般“边”空和底线较空，如图8-16所示。

（4）三人拦网的防守阵形。在对方强攻威力很大或没有其他点可能进攻时采用。前排三人拦网；后排三人中一人跟进保护，二人防扣球或后排两人跟进保护，一人防扣球。

（三）接拦回球的保护阵形

接拦回球的保护，一般应掌握在后排留一人准备接反弹较高较远的球，其他队员尽量多参加到前排保护。在只有一点可以进攻时，应采用四人保护，如图 8-17 所示；在有战术变化，进攻队员跑动或起跳后，二传和后排队员应尽量组成二至三人的保护阵形。由于战术组成的多样化，所以保护阵形变化也很多，应尽力培养每一个队员强烈的保护意识。

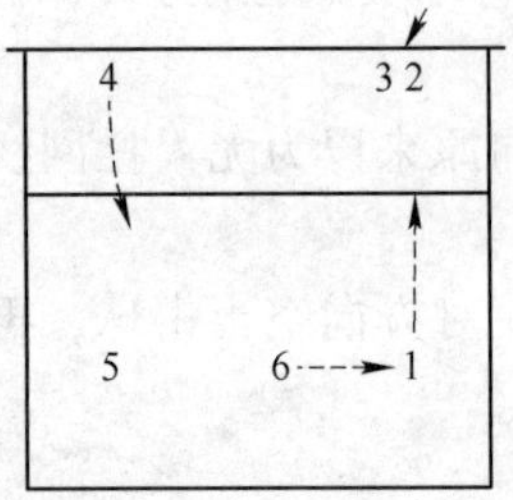

图 8-15 双人拦网的防守阵形

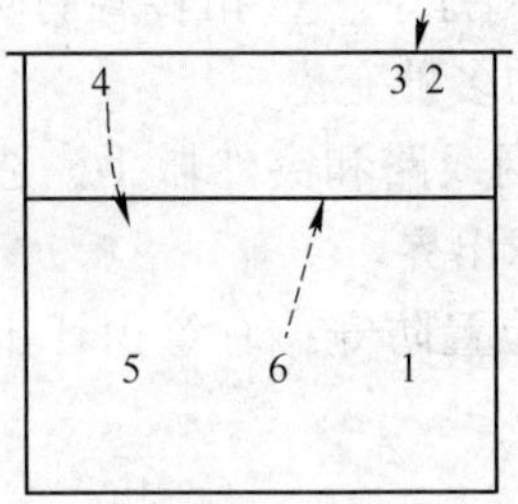

图 8-16 “心跟进”防守阵形

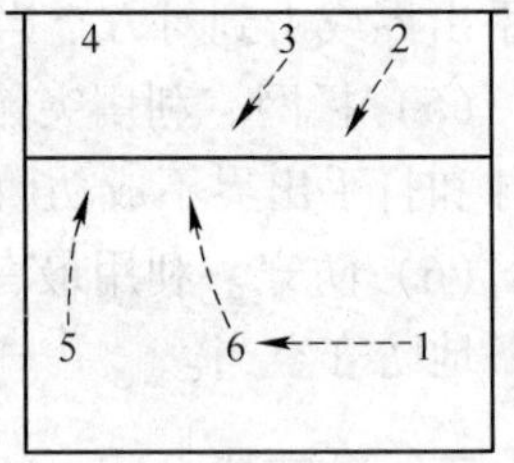

图 8-17 接拦回球的保护阵形

四、进攻战术

进攻战术包括：一攻、防反、保攻和推攻，但其可以由多种形式组成。

（一）基本进攻形式

1. “中一二”进攻

前排三人中一人在 3 号位做二传，将球传给 2、4 号进攻的形式，如图 8-18 所示。二传在 2、4 号位时，在发球后可以换 3 号位，又称为“边一二”换“中一二”“反边一二”换“中一二”，如图 8-19、图 8-20 所示。这种进攻简单，较易组织，但战术变化较少。

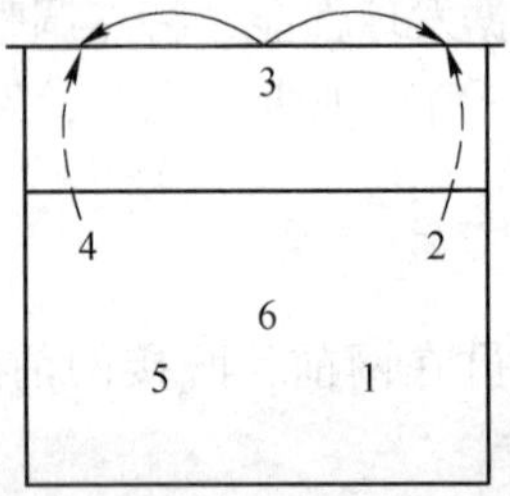

图 8-18 “中一二”进攻

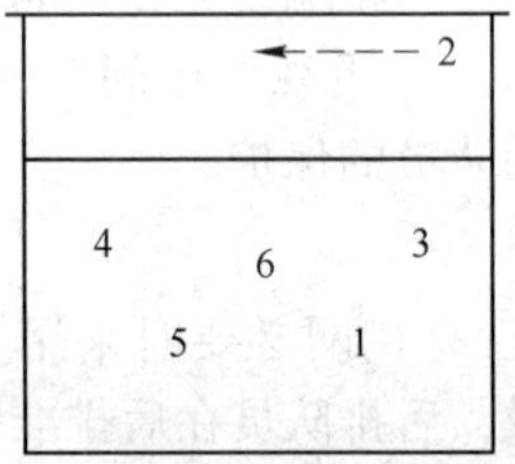

图 8-19 “边一二”换“中一二”

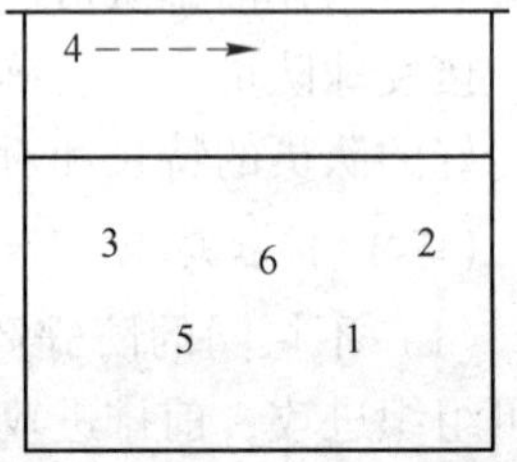

图 8-20 “反边一二”换“中一二”

2. “边一二”进攻

前排三人中一人在 2 号位做二传，将球传给 3、4 号进攻的形式，如图 8-21 所示。二传在 3、4 号位时，在发球后可换至 2 号位，又称为“中一二”换“边一二”“反边一二”换“边一二”，如图 8-22、图 8-23 所示。这种进攻对右手扣球者比较顺手，战术变化也多，一般在 3 号位队员能扣快球的队中采用。但一传偏 4 号位时，二传接应较难。

3. “插上”进攻

后排一个队员在对方发球后，从后排跑到网前做二传，把球传给 2、3、4 号位进攻的形式，如图 8-24~图 8-26 所示。比赛中二传在后排中，也可随时行进间插上传球。这种进攻的最大特点是前排保持三点进攻，战术变化多，但对二传的要求较高。

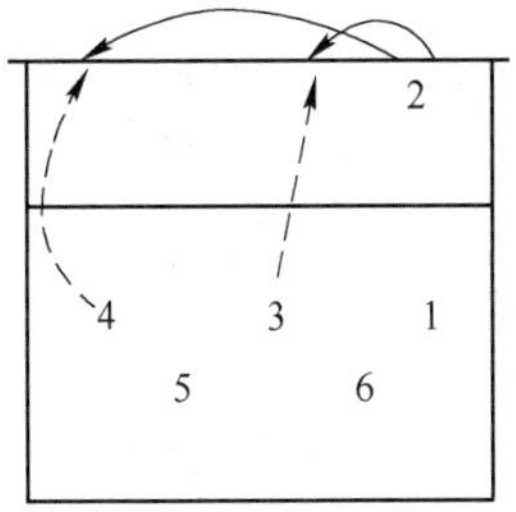

图 8-21　“边一二”进攻

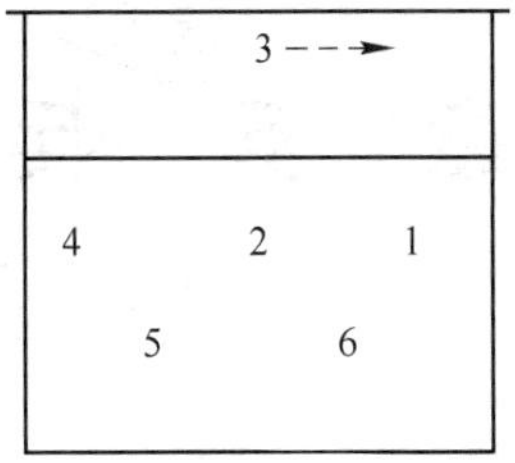

图 8-22　“中一二”换“边一二”

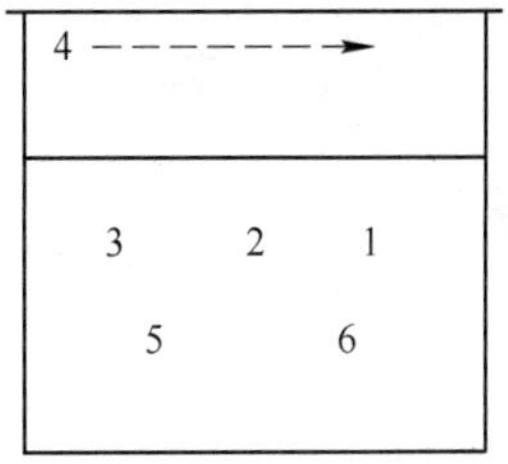

图 8-23　“反边一二”换“边一二”

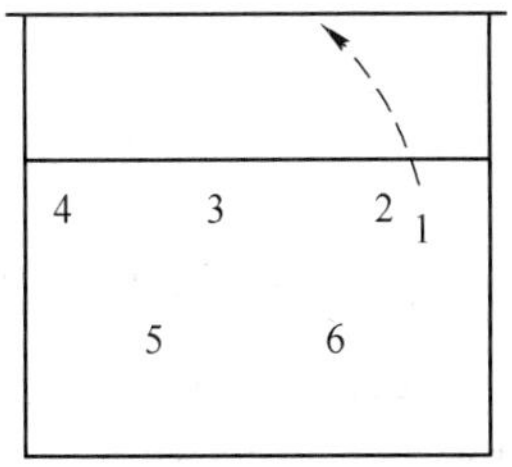

图 8-24　“插上”进攻阵形 1

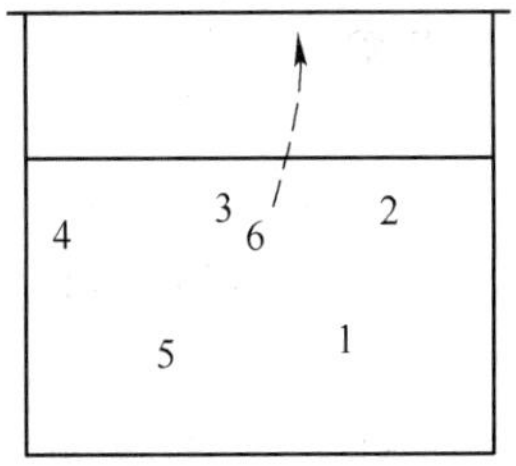

图 8-25　“插上”进攻阵形 2

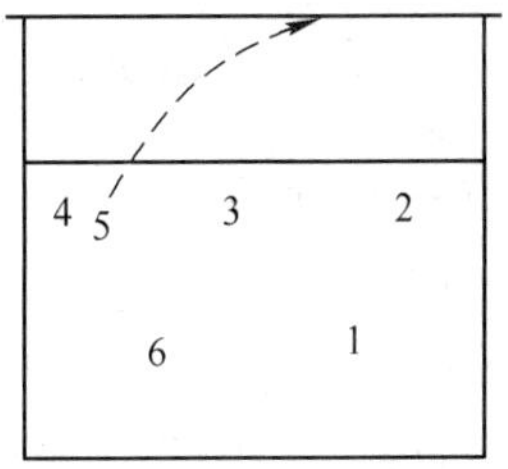

图 8-26　“插上”进攻阵形 3

（二）进攻技术打法

进攻技术打法主要包括如下几种：

（1）强攻。强攻是指在没有快球掩护情况下，二传所传的集中、拉开、围绕、调整的高球进攻。

（2）快攻。快攻是指各种近体快、远网快、背快、后排快、短平快、单脚起跳快，以及经快球掩护后所组织的二点球。

（3）自我掩护进攻。自我掩护进攻是指短平快位置差、近体快时间差、近体快位置差，前飞、背飞的空间差。

（4）快球掩护进攻。快球掩护进攻包括交叉、梯次、夹塞、围绕等形式。交叉、围绕各有多种跑动形式。交叉、梯次是在接近一个进攻点上，先后跳起两名队员来进攻。夹塞是在 3 号位队员扣短平快球，另一名队员突然到 3 号位队员和二传中间起跳扣球。所有这些配合都是由快攻球和半高球所组成的。还有双快跑动和后排进攻也属于快攻掩护下的进攻。

（5）两次球进攻。在比赛中，有意识将一传又高又近网的球送到二传点上，由二传直接扣过网的打法称为两次球进攻。其有突然性，但实际进攻次数很少，多数在空中跳传转移，组织在其他点上进攻。

第九章 乒 乓 球

第一节 乒乓球运动概述

一、乒乓球运动的起源、传播与发展

（一）乒乓球运动的起源

乒乓球运动的起源有很多种说法，其中最为流行、较为可靠（根据国际乒联有关资料分析）的说法是，乒乓球运动19世纪末起源于英国，是由网球运动派生而来的。

据说，在19世纪末的一天，两个英国上流社会贵族青年看过温布尔顿网球赛后，到一家上等饭馆的单间去吃饭。他们先是用雪茄烟的木盒盖当扇子，继而讨论网球技战术，捡起香槟酒的软木酒瓶塞当球，以大餐桌当球台，中间拉一细绳为网，用烟盒盖当作球拍模仿网球动作打球。侍者在一旁喝彩，闻声赶来的女店主见此情景，不禁脱口喊出“TABLE TENNIS”，这一声将乒乓球命名为“桌上网球”。最初，乒乓球运动是一种宫廷游戏，是欧洲贵族间的一种娱乐活动，后来才逐步流入民间。

大约在1890年，英国人吉姆斯·吉布（James Gibb）去美国旅行时，偶然发现了一种用赛璐珞制成的空心玩具球，弹跳力很强。于是，他将其带回英国并稍加改进，取代了原来的实心球，逐步在英国和世界各地推广开来。也许因为此球在桌上打来打去发出“乒乒乓乓”声音的缘故，英国一家体育用品公司，首先用“乒乓”（Ping Pong）一词做了广告上的名称，作为商标来登记。就这样，乒乓球才开始得此以声之名。

（二）乒乓球运动的传播与发展

1. 乒乓球运动的传播

乒乓球运动在英国流行起来之后不久便传入美国，1902年传入日本，1904年由日本传入上海，1905~1910年间传入中欧的维也纳和布达佩斯，而后传入北非的埃及等地，现已发展成遍及世界五大洲的竞技体育运动，是世界上参与人数最多的三个体育运动项目之一，国际乒乓球联合会目前的协会成员已有200多个，该项目于1988年被列入奥运会的正式比赛项目。

2. 世界乒乓球运动发展概况

从第1届世乒赛到现在，乒乓球运动的发展可概括为以下六个阶段。

第一阶段：欧洲全盛期（1926~1951年）。这个时期的打法是以削球为主，指导思想为“自己少失误，让对方失误”。削球打法在此时期得到了很大的发展。

第二阶段：优势转向亚洲，日本队震动世界乒坛（1952~1959年）。日本乒乓球队1952年才第一次参加世界乒乓球比赛。手握海绵球拍，采用直拍全攻型打法的日本队，

虽然只有三男二女运动员参加，却震动了整个世界乒坛。他们一鸣惊人地获得了男子单打、男子双打、女子团体和女子双打四项冠军。从此，世界乒乓球技术的优势开始由欧洲的削球转到了亚洲的攻球。

第三阶段：中国队崛起（1959～1969 年）。20 世纪 50 年代末，正当日本队处于巅峰状态时，中国选手容国团在第 25 届世乒赛上，为中国夺得了第一个世乒赛冠军。具有“快、准、狠、变”独特风格的中国近台快攻打法和以“稳、低、转、攻”为指导思想的中国削球打法，把世界乒乓球运动推向了一个新的发展阶段。

第四阶段：欧洲队复兴和中国队重整旗鼓（1971～1979 年）。进入 20 世纪 70 年代，世界乒乓球技术的发展突飞猛进。欧洲选手经过近 20 年的努力，终于闯出了一条新路。他们兼取中国快攻和日本弧圈球打法的优点，创造了弧圈结合快攻和快攻结合弧圈的两种新打法，从而走上复兴之路。面对新的发展形势，中国队及时调整了心态和技术，同样取得了辉煌的战绩。

第五阶段：中国队攀上世界高峰，演变成“中国打世界”的局面（1981～1987 年）。1981 年，中国队在第 36 届世乒赛上囊括 7 项冠军及 5 个单项的亚军，创造了世界乒坛 55 年来由一个国家包揽全部冠军的空前纪录。此后，在第 37、38、39 届世乒赛上，又连续 3 次夺得 6 项世界冠军，形成了“中国打世界”的局面。

第六阶段：“世界打中国”成绩卓著后，中国队走出低谷，重攀高峰（1988 年至今）。自乒乓球项目 1988 年进入奥运会以后，欧洲乒坛职业化迅速发展，各种比赛频繁，加上待遇优厚，极大地促进了欧洲乒乓球技术的发展。20 世纪 80 年代末至 90 年代初“世界打中国”的成绩卓著，以瑞典为首的欧洲男队，已领先于中国队和亚洲各队。中国男队走出低谷，从男双项目最先有所突破。第 42 届世乒赛获得男双金、银、铜牌以及混双的金牌，从第 43 届至第 50 届世乒赛，中国队几乎囊括了所有金牌。中国队已成为世界各队的众矢之的。

二、乒乓球运动的特点及锻炼价值

乒乓球是典型的集智能、技能、体能于一体，以技能为主的体育运动项目。乒乓球球体轻、速度快、旋转变化多、趣味性强，可以提高手眼配合能力，是开动脑筋的好方法。同时它不受年龄、性别及身体条件的限制。

乒乓球运动是一项器材简单，运动量可大可小，不分年龄、性别和身体条件的大众体育健身项目，非常适合我国的国情。在我国不仅参加的人数为世界之最，而且水平相当高，是名副其实的国球。它不仅能全面锻炼身体，使人体的心血管系统、神经系统、呼吸系统、消化系统及运动系统等得到全面锻炼，而且能发展人体的速度、灵敏、力量、耐力、协调等身体素质，同时也能锻炼和培养人们的勇敢、顽强、机智、果断等良好的心理品质。经常打乒乓球，使人的反应更快、思维更敏捷、动作更协调；能调节人的情绪，使人心情愉悦，性格开朗大方；能以球会友，结识朋友，增进友谊；能开发人体大脑智力，提高思维能力，促进智力发展。资料表明，常打乒乓球，还能防治近视。因为眼睛随球的快速移动而不停转动，可以改善眼部的血液循环并使周边的眼肌收缩，起到很好的按摩作用，缓解眼睛的疲劳。乒乓球运动可谓益智、益体、益心、益乐、益友，是中国人钟爱的运动项目之一。

三、国际和国内主要乒乓球赛事简介

（一）国际主要乒乓球赛事简介

1. 世界乒乓球锦标赛

1926 年 12 月国际乒联成立，第一届国际乒联主席是当时英国乒协的负责人蒙塔古先生。国际乒乓球联合会主办的世界乒乓球锦标赛，是世界较大规模的赛事，任何会员协会均可派选手参加，至今（2019 年）已举办了 55 届。自 2003 年第 47 届世乒赛开始，单项比赛单数年举办，团体比赛双数年举办。

2. 奥运会乒乓球比赛

奥运会乒乓球赛是乒乓球国际比赛的主要赛事。1988 年乒乓球被列入奥运会正式比赛项目，并设男子单打、女子单打、男子双打、女子双打 4 块金牌。在第 29 届北京奥运会上，男双、女双分别改为男团、女团。

3. 世界杯乒乓球赛

世界杯乒乓球赛也是国际乒联组织的主要赛事。为进一步推动世界乒乓球运动的发展，国际乒联决定从 1980 年起每年举办一届世界杯男子单打乒乓球赛。参赛者为世界单打冠军、各洲单打冠军、举办协会的单打冠军和国际乒联公布的世界优秀选手名单中名列前面的部分选手。

（二）国内主要乒乓球赛事简介

1. 全国运动会乒乓球比赛

全运会是由全国各省、市、自治区、中国人民解放军及各大企业体协参加的全国最大规模的综合性运动会。乒乓球是其中一个重要的竞赛项目，它包括乒乓球全部的 7 个项目，是我国乒乓球最高水平的角逐。

2. 中国乒乓球俱乐部超级联赛

中国乒乓球俱乐部超级联赛是由中国乒乓球协会与中央电视台联合主办的精品赛事，每年举行一届，比赛项目有男子团体和女子团体。从 1994 年全国体育改革起，中国开始成立乒乓球俱乐部，并于 1995 年 12 月在广东开始了首届中国乒乓球俱乐部比赛。1999 年在安徽省合肥市举行了全国乒乓球教练员工作会议，会上中国乒协调整了 2000 年乒乓球国内竞赛体制，将甲级联赛升格为超级联赛，是中国乒乓球超级联赛的开端。

第二节　乒乓球基本技术

一、基本站位和基本姿势

站位的基本姿势：两脚平行站立（略比肩宽）、提踵、前脚掌内侧用力着地，两膝微屈、上体略前倾；重心置于两脚之间；下颌稍向后收，两眼注视来球。以右手握拍为例：持拍手臂自然弯曲置于身体右侧，手腕放松持拍于腹前，离身体 20～30cm。做到“注视来球、上体微倾、屈膝提踵、重心居中”。

二、步法

（一）单步

动作方法：以一脚为轴心，另一脚向前、后、左、右移动一步，身体重心也随之落到移动脚上，挥臂击球。

特点：移动简单，范围小，重心移动平稳。当来球离身体较近时使用。

（二）滑步

动作方法：两脚几乎同时向来球方向蹬地，几乎同时离地，来球异方向脚先落地，同方向脚紧随着地，挥臂击球。

特点：移动范围较大，重心转换迅速。当来球离身体较远时使用。移动后两脚距离基本不变，适合连续快速回击来球。

（三）跨步

动作方法：来球异方向脚蹬地，同方向脚向来球方向跨出一大步，身体重心随之移到该脚（攻球时可落脚、击球同时进行），另一脚迅速跟上。

特点：移动范围比单步大。当来球离身体较远时使用。移动速度快，多用于借力回击。但由于一脚移动幅度大，常会降低身体重心，不宜连续使用。

（四）交叉步

动作方法：来球同方向脚蹬地，异方向脚向来球方向跨出一大步。此时，在体前形成交叉状，让后蹬地脚迅速跟上解除交叉。

特点：移动范围比其他步法大。当来球离身体远时使用。适用于主动发力进攻。动作过程要求上肢、腰髋、下肢密切配合。

（五）结合步

动作方法：在完成一次击球时，使用两种或两种以上单一步法的动作方法进行结合。

特点：使用一种步法仍不能获得最佳击球位置时，即可用结合步来完成。移动范围比任何一种单一步法大。

（六）还原步

动作方法：同“滑步”。

特点：是其他几种步法使用后还原的步法。移动迅速，移动范围可视下一步来球进行调整。它是保证下次移动的先决条件。

三、发球与接发球

（一）发球

1. 发球的意义

发球是一项重要的基本技术，不受对方的制约，可以选择最合适的站位，按自己的战术意图把球发到对方球台的任何位置上，用以压制对方的进攻，为自己发球抢攻创造有利条件。球发得好，还能在比赛中引起对方心理上的紧张，甚至造成接发球失误。

比赛中，发球起着开路先锋的作用，每局每人有5~10次的发球机会。要充分利用这些机会，使自己处于主动和有利的地位。

2. 发球的种类

划分发球种类的方法是多种多样的，如按方位来分，可分为正手发球、反手发球、侧身发球；按发球的性质来分，可分为速度类发球、落点类发球、单一旋转发球和混合旋转类发球；按形式的不同来区分，又可分为低抛发球、高抛发球和下蹲发球等。

3. 发球技术

发平击球

方法：正手发平击球时，右脚稍后，身体稍向右转，左手掌心托球，置于体前偏右侧，右手持拍，置于身体右侧。当球向上抛起瞬间，同时右臂稍向后引拍，接着从身体右后方向前挥拍，在球降至网高时击球，拍面稍前倾，击球中上部。

反手发平击球时，右脚在前，身体稍向左转，引拍至身体左侧。球向上抛起后，右手持拍从身体左后方向前挥拍，拍面稍前倾，在球降至近于网高时，击球中上部。

特点：平击发球是一种以一般上旋、一般速度为特点的发球。它是初学者最基本的发球方法，也是学习其他发球技术的基础。

发急球（奔球）

正手发急球（奔球）方法：右脚稍后，身体稍向右转，右手持拍于身体右侧；当持球手将球向上抛起后，持拍手随即向右后上方引拍，待球下落时，前臂迅速由后向左前方挥动，拇指压拍，拍面略向左偏斜，稍前倾，当球降落至与网同高或略比网高时击球，球拍沿球的右侧中部向中上部摩擦；击球后，前臂和手腕随势向前挥动，如图 9-1 所示。

反手发急球（奔球）方法：右脚稍前，身体稍向左转，左手掌心托球于腹前左侧，右手持拍于身体左侧；抛球后，待球下落时前臂迅速挥动，击球点应与网同高或比网稍低，拍面稍前倾，击球的中上部；击球后，前臂和手腕随势向前挥动，如图 9-2 所示。

特点：球速快、落点长、冲力大，球的飞行弧线低，前冲力大。

图 9-1 正手发急球（奔球）

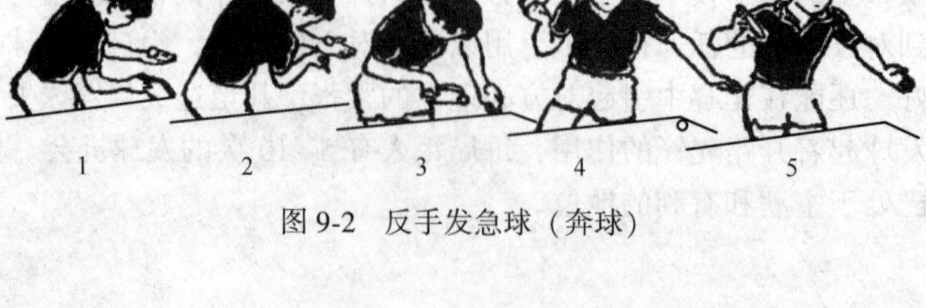

图 9-2 反手发急球（奔球）

正手发左侧上（下）旋球

方法：右脚在后，抛球时持拍手向右上方引拍，手腕略向外展；当球下落时，手臂迅速向左下方挥动，在与网同高时触球。发左侧上旋球时，触球瞬间手腕快速向上方转动，使球拍从球的中部偏下向左上方摩擦；发左侧下旋球时，手腕快速向左下方转动，使球拍从球的中下部向左下方摩擦，如图 9-3 所示。

特点：发左侧上（下）旋球时，手法较为相似，并能充分发挥手臂和手腕的作用，旋转力较强，对方挡球后，向其右侧上（下）方反弹。

图 9-3　正手发左侧上（下）旋球

反手发右侧上（下）旋球

方法：右脚在前，持拍手向左上方引拍，拍柄略向下。抛球后，当球下落时，前臂和手腕同时发力，向右下方挥拍，在与网同高时击球。发右侧上旋球时，触球瞬间手腕向右上方转动，使拍从球的中部略偏下向右上方摩擦。发右侧下旋球时，手腕向右下方转动，使拍从球的中下部向右下方摩擦，如图 9-4 所示。

特点：能充分运用转体动作，旋转力较强；对方挡球后，向其左侧上（下）反弹。

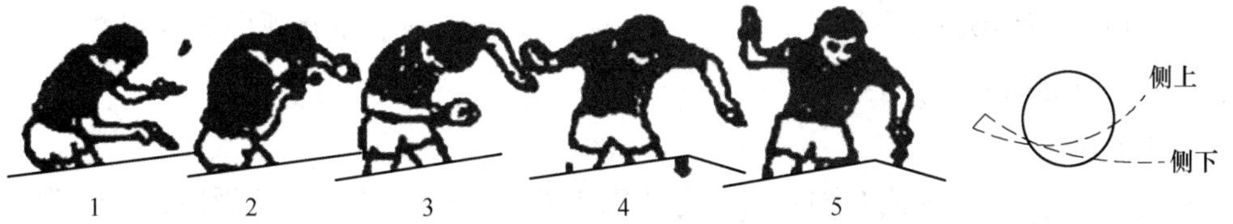

图 9-4　反手发右侧上（下）旋球

正手发转和不转的球

方法：发旋转球时，右脚在后，前臂向后上方引拍，拍面略后仰；抛球后，待球下落时前臂迅速向前下方挥动并略外旋，手腕用力转动使拍面后仰角度大些，约与网同高时击球，摩擦球的中下部，如图 9-5 所示。发不转球时，手臂向前下方挥摆时，前臂外旋与手腕的转动要慢，或外旋后的触球瞬间略有内旋，使拍面后仰角度小些，用球拍下部偏右处向前撞击球，减小向下摩擦力，如图 9-6 所示。

特点：球速较慢，前冲力小；主要是以相似手法、用旋转变化来迷惑对方，造成对方接球失误或为自己抢攻创造条件。

图 9-5 正手发旋转球

图 9-6 正手发不转球

（二）接发球

乒乓球比赛是从发球与接发球开始的，一局比赛发球与接发球各占一半，为 15~20 次。如果接发球接得好，就能控制对方的进攻，从而变被动为主动。接发球技术的运用，首先应根据自己的打法特点和采球的性能决定回接的方法。通常采用的有点、拨、带、推、搓、削、拉、攻、摆短、撇侧等技术。

四、推挡球

推挡球可分为挡球、减力挡、快推、加力推以及推下旋、推挤弧圈球等技术。

（一）挡球技术

1. 挡球

方法：两脚平行站立或右脚稍后，身体靠近球台；击球前，两膝微屈，稍含胸收腹。击球时，前臂向前伸球拍由后向前，拍触球时，拍面与台面近乎垂直，在上升期击球的中部，借助对方来球反弹力将球挡回；击球后迅速还原，准备下次击球，如图 9-7、图 9-8 所示。

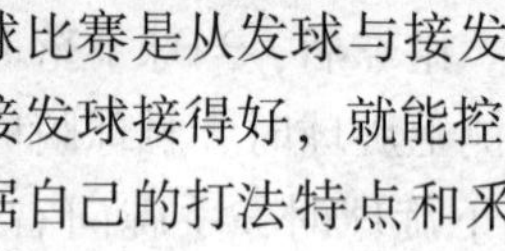

图 9-7 挡球 1

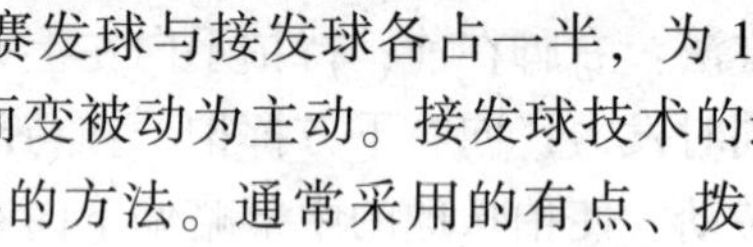

图 9-8 挡球 2

特点：球速慢，力量轻，动作简单，容易掌握，是初学者的入门技术。

运用：帮助初学者熟悉球性，提高控制球能力；用于回接挡球和上旋来球等，能起到调动对方和防守的作用。

2. 减力挡

方法：站位与平挡球相同；击球时，在触球瞬间，手臂前移的动作骤然停止，并调节好拍面角度，把球拍轻轻后移，以削减来球的反弹力；击球后，迅速还原，如图 9-9 所示。

特点：回球弧线低，落点短、力量轻，是能减弱来球力量的一种控制性较强的技术。

运用：一般在对方来球力量较重和上旋力较强的情况下使用，或在加力推和正手发力攻迫使对方离台后使用，能起到调动对方的作用。

图 9-9　减力挡

（二）推球技术

1. 快推

方法：站位靠近球台，右脚稍后或两脚平行开立，上臂和肘关节靠近右侧身旁；击球前，前臂稍向后引；击球时，前臂向前推出，食指压拍，拇指放松，拍面前倾，在来球上升期击球中上部；击球后，手臂顺势前送，如图 9-10 所示。

特点：站位近，动作小，速度快，变化多；在发挥速度优势的情况下，能起到助攻的作用，是推挡球中最常用的一种技术。

运用：快推一般适用于对付旋转较弱的拉球、推挡球和中等力量的突击球；在相持中运用推压两大角或突击对方空当，争取时间，使对方应接不暇，造成其失误或失机，为正手攻或侧身攻创造条件。

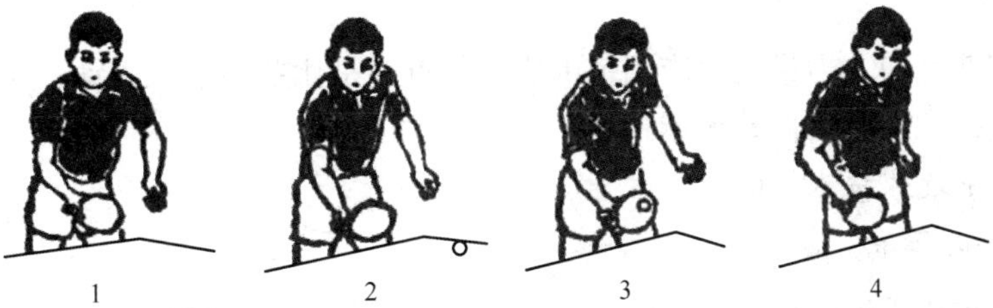

图 9-10　快推

2. 加力推

方法：击球前，前臂上提，球拍后引，肘部贴近身体，拍面前倾；在来球上升后期或高点期击球中上部，触球瞬间用力推压并配合转腰加大推压力量；击球后，手臂随势前送，如图 9-11 所示。

特点：回球力量重，球速快，有落点变化，能有效地牵制对方，夺得主动权，是推挡球中威力较大的一种技术。

运用：加力推适用于对付速度较慢、旋转较弱的上旋球或力量较轻的攻球，以及反手位出现的高球；比赛中运用加力推，常可迫使对方离台后退陷于被动防守的局面；它与减力挡配合使用，能更有效地牵制对手，取得主动权。

图 9-11 加力推

3. 推下旋

方法：击球时，拍面与台面近乎垂直，在来球上升后期或高点期击球，触球瞬间前臂和手腕向前下方发力，同时拇指压拍，使拍面稍后仰，摩擦球的中下部，如图 9-12 所示。

特点：回球落点长，弧线低，带下旋。落到对方台面时，往下滑。

运用：推下旋适用于应对对方发过来的侧下旋球和推挡球；在对推中使用推下旋球，能改变回球性能，使对方不能借力，为侧身攻创造条件。

图 9-12 推下旋

五、攻球

攻球具有速度快、力量大、应用范围广等特点，是比赛中争取主动、获得胜利的重要手段。因此，必须学会全面的攻球技术。

（一）正手攻球技术

1. 正手近台攻球

方法：直拍正手近台攻球时身体靠近球台，右脚稍后，两膝微屈，上体略前倾；击球前，引拍至身体右侧成半横状，上臂与身体约成 35°，与前臂约成 120°。当球从台面弹起时，手臂由右侧向左前上方迅速挥动，以前臂发力为主；击球时，食指放松，拇指压拍，使拍面前倾并结合手腕内转动作，在来球上升期击球中上部，如图 9-13 所示。横拍正手近台攻球时，前臂与手腕成直线并与台面接近平行，拍柄略朝下。击球的时间、部位、拍面角度及手臂挥动方向基本上与直拍相似。

特点：站位近，动作小，球速快，能借助来球反弹力还击。

图 9-13　正手近台攻球

2. 正手拉球

方法：站位近台，右脚稍后，重心放在右脚上。击球前，引拍至身体右侧下方成半横状，拍面近乎垂直；当球从最高点开始下降时，上臂和前臂由后下方向前上方挥动，前臂迅速内收，结合手腕转动的力量摩擦球的中部或中下部；击球后，重心移至左脚，球拍顺势挥至头部。

特点：正手拉球是快攻打法中拉出的一半上旋球，具有速度快、动作小、线路活的特点。

（二）反手攻球技术

1. 反手近台攻球

方法：直拍反手近台攻球时，身体靠近球桌，两脚平行开立；击球前，引拍至腹前左侧，肘关节略前出，上臂和前臂约成 100°角，拍柄稍向下；击球时，上臂贴近身体，前臂外旋向右前方挥动，配合转腕动作，使拍面略前倾，在上升期击球中上部；击球后，顺势将拍挥至右肩前。横拍反手近台攻球时，两脚平行开立，上体稍前倾，肘关节自然弯曲，上臂和前臂约成 100°角，前臂和手腕几乎成直线，拍柄稍微向下，球拍置于腹部左前方；击球时，前臂向右前方挥动，在上升期击球中上部，触球时手腕向外转动。

特点：站位近，动作小，速度快，进攻性强。

2. 反手快拨

方法：两脚平行站立；击球前，肘关节自然弯曲，引拍至腹部左前侧，拍柄稍向下，肘部稍前出；击球时，前臂带动手腕向前方挥动，拍面稍前倾，在上升期击球的中上部，借助来球反弹力将球拨回；击球后，球拍顺势挥至右肩前。

特点：站位近、动作小、落点变化多，有一定的速度和力量。

六、搓球

（一）慢搓

反手慢搓方法：两脚开立，身体离台稍远，手臂自然弯曲，向左上方引拍；击球时，前臂内旋配合转腕动作，向前下方用力，拍面后仰，在来球下降期摩擦球的中下部。

正手慢搓方法：两脚开立，右脚稍后，两膝微屈，身体稍向右转，离台稍远；击球前，向右上方引拍，拍面后仰；击球时，前臂和手腕向左前下方挥动，在来球下降期摩擦球的中下部，如图 9-14 所示。

特点：慢搓动作幅度较大，回球速度慢，一般在下降期击球；在对搓中如能运用旋转变化，可以直接得分或为进攻创造条件。

图 9-14 正手慢搓

（二）快搓

反手快搓方法：两脚开立，两膝微屈，身体靠近球台；击球时，拍面稍后仰，前臂配合手腕转动动作向前下方切动，在来球上升期摩擦球的中下部，将球快速搓出，如图 9-15 所示。

正手快搓方法：两脚平行或右脚稍前，两膝微屈，身体靠近球台；击球前，右手向右上方引拍，拍面稍后仰；击球时，前臂和手腕向左前下方切动，在来球上升期摩擦球的中下部，将球搓出，如图 9-16 所示。

特点：动作幅度小，回球速度快，借来球的前进力将球搓回。

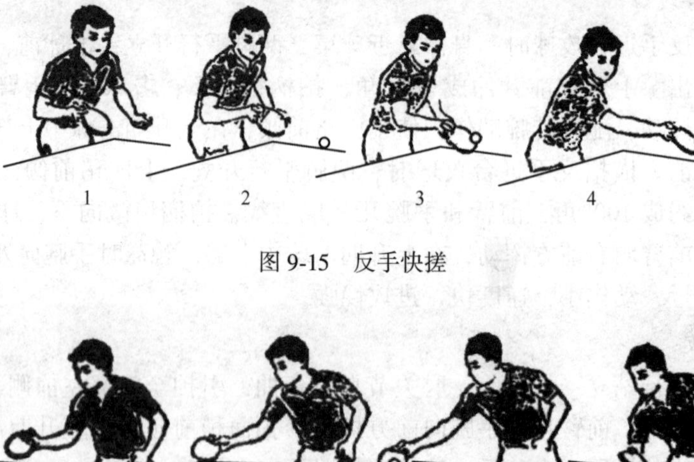

图 9-15 反手快搓

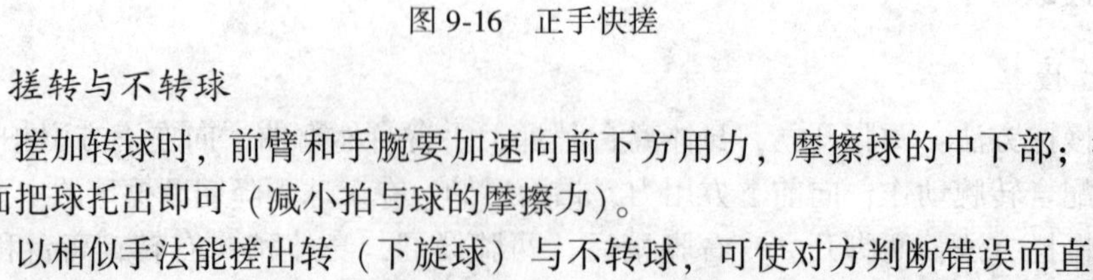

图 9-16 正手快搓

（三）搓转与不转球

方法：搓加转球时，前臂和手腕要加速向前下方用力，摩擦球的中下部；搓不转球时，用拍面把球托出即可（减小拍与球的摩擦力）。

特点：以相似手法能搓出转（下旋球）与不转球，可使对方判断错误而直接得分或为进攻创造条件。

七、削球

削球是一项重要的防守技术，但它能通过旋转和落点的变化直接得分或在调动对方的情况下伺机反攻。削球分为远削与近削两种。

（一）远削

正手远削方法：两脚开立，右脚在后，身体离台 1m 以外，两膝弯曲，上体稍后右转，重心放在右脚上，手臂自然弯曲，引拍至右肩侧；击球时，手臂向左前下方挥动，拍面后仰，在拍与球接触时，前臂加速削击，手腕配合转动，在来球下降期摩擦球的中下部；击球后，迅速还原，准备下一次击球，如图 9-17、图 9-18 所示。

1　2　3　4　5

图 9-17　正手远削图示（一）

1　2　3　4

图 9-18　正手远削图示（二）

反手远削方法：拍至左肩侧；击球时，上臂带动前臂向右前下方挥动，拍面后仰，手腕跟着前臂用力方向转动，在来球下降期摩擦球的中下部，将球削出，重心移至右脚；击球后，迅速还原，准备下一次击球，如图 9-19、图 9-20 所示。

1　2　3　4　5

图 9-19　反手远削图示（一）

图 9-20　反手远削图示（二）

特点：大臂带动前臂向前下方发力，手腕配合转动，在来球下降期摩擦球的中下部或下部。

运用：回击对方杀球，弧圈球和轻拉球等；以削转与不转球找机会伺机进攻；当对方注意到球的旋转变化而改用稳拉时，就应在对方拉得轻或拉的角度不大时，及时反击。

（二）近削

正手近削方法：右脚稍后、身体离台稍近，稍向右转，手臂自然弯曲，引拍约与肩平，拍面稍后仰；击球时，前臂用力向左前下方切削，手腕配合下压，一般在来球高点期或刚下降时摩擦球的中部或中下部，如图 9-21 所示。

图 9-21　正手近削图示

特点：近削击球动作较小，回球速度快，用于逼角能使对方回击困难，而伺机反攻。

反手近削方法：两脚开立，右脚稍前，两膝微屈，身体离台稍近并略向左转，手臂自然弯曲，向左上方引拍约与肩平，拍面略后仰；击球时，手臂迅速向前下方挥动，以前臂帮手腕用力为主，在来球高点期或刚下降时摩擦球的中部或中下部，如图 9-22 所示。

图 9-22　反手近削图示

此外，削球打法还经常遇到的削追身球。这种球难度比较大，来球接近身体，需迅速向左、右让位，用正手或反手削击。

八、弧圈球

弧圈球是一种上旋非常强的进攻技术，自 20 世纪 60 年代出现以来有了很大的发展，至今已为各国运动员所广泛采用。

弧圈球可分为加转（高吊）弧圈球、前冲弧圈球以及侧旋弧圈球、假弧圈球（不太转的高吊拉球）等，并且正、反手均可拉。现根据大纲要求仅简单介绍正手加转与前冲弧圈球。

（一）正手加转弧圈球

正手加转弧圈球方法：两脚开立，右脚稍后，身体略向右转，两膝微屈，重心放在右脚上；准备击球时，持拍手臂自然下垂并向后下方引拍，球拍引至身后靠近臂部，右肩略低于左肩，拇指压拍使拍面略为前倾，并使拍面固定；当来球从台面弹起时，手臂向前上方挥动，前臂在上臂带动下很快收缩，拍面与台面约成 80°，在下降期摩擦球的中部或中上部；摩擦球时，并配合腰部向左上方转动和右脚蹬地的力量；击球后，手臂随势将拍挥至额前，重心移至左脚，如图 9-23、图 9-24 所示。

图 9-23 正手加转弧圈球图示（一）

特点：飞行弧线较高，速度较慢，上旋很强，着台后向下滑落快，如图 9-25 所示。这种球往往能使对方回球出界或回高球，可为扣杀创造机会，也可直接得分。

（二）正手前冲弧圈球

正手前冲弧圈球方法：两脚开立，右脚稍后，身体略向右转，重心放在右脚上，自然引拍至右下方约与台面齐高处，拍面保持前倾；当来球从台面弹起时，腰部由右向左转动，前臂在上臂带动下向前发力，手腕略为转动，拍面前倾较大（一般在 35°~50°），在高点期摩擦球的中上部；击球后，重心移至右脚，如图 9-26 所示。

特点：击出的球弧线较低，速度快，前冲力大，能起到与扣杀同样的作用，如图 9-27 所示。

图 9-24　正手加转弧圈球图示（二）

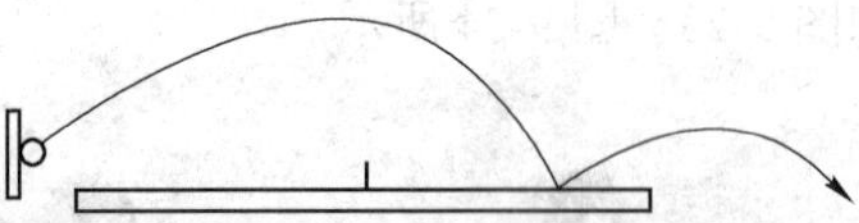

图 9-25　加转弧圈球特点

图 9-26　正手前冲弧圈球图示

图 9-27　前冲弧圈球特点

第三节　乒乓球运动战术

一、发球抢攻战术

（一）发侧上旋、侧下旋球结合落点变化进行抢攻

1. 左长右短

左长右短的动作要领：以发侧下旋短球为主配合侧上旋至对方右方近网处，使发出的球在对方台面上两跳甚至三跳不出台，迫使对方难以抢攻，从而为自己抢攻或抢拉制造机会。在此基础上，再发出角度大的长球（以急下旋为主）至对方左方台区，使对方难以发力先拉或先攻，为自己侧身或正手位抢攻创造条件。

2. 右长左短

右长左短的动作要领：这种发球抢攻战术与前面的左长右短相反。

3. 同线长短

同线长短的动作要领：在对付横拍削球手时采用同线长短的发球抢攻战术比较多，其中比较有效的是中长中短。因为横拍削球选手回接中路近网短球或中路追身长球时难以搞旋转变化，往往回球质量不高，陷入被动。应对横拍两面攻和两面拉的选手，采用这种战术也是很有效的。

（二）发转球与不转球结合落点变化进行抢攻

1. 转球与不转球发相同落点

转球与不转球发相同落点的动作要领：以不出台球为主，先发转球后发不转球（也可先发不转球后发转球）进行抢攻。

2. 转球与不转球发不同落点

转球与不转球发不同落点的动作要领：连发短球后突发长球进行抢攻。

（三）发急球与侧上旋球、侧下旋球相结合进行抢攻

（1）发急球与上旋、下旋短球结合。

（2）发上旋球、下旋球与急球结合不同落点。

（3）发转急球与不转急球配合发不同落点。

二、对攻战术

（一）攻两角战术

1. 对角攻击

对角攻击的动作要领：先以侧身斜线攻一角，再以正手斜线攻另一角。

2. 双边直线

双边直线的动作要领：先以直线攻一角，再以直线攻另一角。

3. 逢斜变直，遇直变斜

逢斜变直，遇直变斜的动作要领：当逢斜变直时，多在来球的上升期击球，以速度为

主；遇直变斜时，多在来球的高点期发力攻、冲。由于击球节奏的变化，往往使对方难以适应。

4. 调左压右和调右压左

调左压右和调右压左的动作要领：如果对手是左手执拍，且擅长侧身攻，则采用调左压右的战术往往会取得好的效果；所谓调右压左，也就是将右手执拍的选手调到正手位迫使其离台，然后再打反手，使对方同样不能发挥反手攻和侧身进攻的特长。

5. 紧压反手，结合变线，伺机抢攻

紧压反手，结合变线，伺机抢攻的动作要领：比赛时紧压对方反手，迫使对手把球回到自己的左方来，以利于充分发挥自己左半台的技术特长，如果对方左半台反手技术较弱，运用这一战术效果会更好。运用这一战术时，一般先用推挡或反手攻压住对方反手，角度要大。如果对方勉强侧身用正手将球拉起，可连压反手或快速变直线到对方右方空当，伺机侧身抢攻；如果对方采用侧身搏杀则可配合变线，以牵制对方。

（二）攻追身战术，攻追身杀两角

（1）先攻对方中路追身，再攻对方左角或右角。

（2）攻两角杀追身。先攻对方左右两大角，伺机攻对方中路追身。

（3）连续攻追身。当对方注意到左右两角时，可连续攻追身，在连续攻中伺机发力扣杀中路或两角。

三、拉攻战术

这是以攻为主打法对付削球类打法的主要战术。要使拉攻战术运用得好，首先要拉平稳，并有落点、旋转和力量的变化，才能制造更多的战机；其次，要有拉中突击或拉冲结合和连续扣杀的能力，方能奏效。常用的拉攻战术有以下几套。

（一）攻两角战术

（1）对角攻击。

（2）双边直线。

（3）逢斜变直，逢直变斜。

（4）连攻左角，突袭右角；连攻右角，突袭左角。

（二）攻追身战术

（1）攻追身，杀两角。

（2）攻两角，杀追身。

（3）拉追身，杀追身。

（三）转与不转或轻重拉结合战术

（1）加转弧圈球与前冲弧圈球结合。拉加转弧圈球吸引对手上前削接，再以前冲弧圈球迫使对手后退，为连续冲制造机会。

（2）真假弧圈球交替运用，伺机冲杀。

（3）运用轻拉与突击结合，配合落点变化找机会扣杀。

四、搓攻战术

这是进攻型选手的一项辅助战术，主要是利用搓球的旋转及落点变化为进攻创造机会。但搓球次数不能过多，一般快搓一两板就要组织进攻。常用的搓攻战术有以下几套。

（一）搓不同落点进行突击

（1）搓两角，伺机突击。

（2）搓同线长短，伺机突击。

（3）搓异线长短，伺机突击。

（4）搓追身，伺机突击。

（二）搓转球与不转球结合落点变化进行突击

（1）快搓转球与不转球结合变化落点，伺机突击。

（2）快、慢搓结合，利用节奏和旋转变化，伺机突击。

（3）下旋搓球结合侧旋搓球，伺机突击。

第十章 羽毛球运动

第一节 羽毛球概述

一、羽毛球运动的起源与发展

历史记载上能找到的最早的羽毛球是毽子，中国人在公元前5世纪开始踢毽子，不过这是用脚的运动。而后，一种类似羽毛球的游戏曾在欧亚两地流行了近两千年。

后来日本亦自创了一种羽毛球，球板用木头制成，球则是樱桃核加上羽毛制成，不过由于制造成本太高，而且球身太重，速度太快，不便于打击，因此渐渐在日本消失。

18世纪时，印度浦那城出现了类似今日羽毛球活动的游戏，以绒线编织成球形，上插羽毛，人手持木拍，隔网将球在空中来回对击。

1873年，在英格兰格拉斯哥郡的伯明顿（Badminton）庄园举行的一次宴会上，几个从印度退役回来的军官，用球拍和球（香槟酒的软木瓶塞插上鹅毛）隔着宴会桌对击。此游戏很快被英国人广为接受并流传开来。因此，人们以伯明顿（Badminton）这一地名为此项运动命名。

1875年，世界上第一部羽毛球比赛规则诞生于印度的浦那。1878年，英国制定了统一和渐趋完善的羽毛球比赛规则。

1899年，举行了第1届全英羽毛球锦标赛；1903年，在都柏林举行了世界最早的由爱尔兰和英格兰参加的羽毛球国际比赛。最早的羽毛球场地两端宽、中间网处窄小，形状类似古代的计时器——沙漏。

1934年，加拿大、丹麦、英格兰、法国、爱尔兰、荷兰、新西兰、苏格兰和威尔士创立了国际羽毛球联合会。当年，国际羽联第一任主席汤姆斯爵士捐资制作了一座奖杯，该奖杯作为世界羽毛球男子团体赛的流动奖杯颁发，所以世界羽毛球男子团体赛又称汤姆斯杯赛。1948年，举行了第1届比赛，并决定以后每3年举行一次，每场比赛有5场单打、4场双打，共9场比赛，两天内完成。1984年改为每逢偶数年举行，并将9场制的比赛改为5场制，分别是3场单打，2场双打。

1956年，由世界著名羽毛球运动员尤伯夫人捐赠的奖杯，作为世界羽毛球女子团体赛的流动奖杯。1956年举行第1届尤伯杯赛，每场比赛由3场单打、4场双打，共7场比赛组成。1984年改为与汤姆斯杯同时同地举行，采用同样的5场制比赛方法。

1977年，在瑞典的马尔摩举行了首届世界羽毛球锦标赛，设5个单项比赛，原为每逢奇数年举行，现改为每年举行一届。

1989年，在印尼举行第1届苏迪曼杯比赛。印度尼西亚向国际羽联捐赠了以印度尼西亚人苏迪曼名字命名的奖杯，作为世界羽毛球男女混合团体赛的流动奖杯。苏迪曼杯赛由男、女单打，男、女双打和混合双打5场比赛组成。

国际羽毛球联合会每年组织的世界羽毛球系列大奖赛总决赛始于1983年。前3届只设男女单打2个项目；1986年开始设男女单打、男女双打和混合双打5个项目。该项大奖赛分成若干站，在不同的国家和地区举行。根据赞助商提供比赛奖金的数量，将比赛分成6个星级。国际羽毛球联合会根据参赛者各站比赛累计的成绩积分作为评判每站比赛选手的依据。2001年起，总决赛停办。

国际羽毛球联合会于2006年正式更名为羽毛球世界联合会，简称世界羽联。现任主席为Peter Gachem，总部设在马来西亚首都吉隆坡，现有164个会员国，是最大的国际单项体育组织之一。

二、羽毛球运动著名人物简介

（一）林丹

林丹人称“超级丹”，1983年出生，身高1.78m，体重72kg，是继夏煊泽、吉新鹏后，中国男子羽毛球队升起的又一颗明星。2004年至今，世界排名第一。

林丹5岁开始练习羽毛球，9岁进福建体校，12岁入选八一队，18岁入选国家队。在羽毛球界，林丹创造了无人可以超越的奥运会、世锦赛、世界杯、汤姆斯杯、苏迪曼杯、全英公开赛、亚锦赛、亚运会等所有代表羽毛球最高水平的男单冠军，已成为名副其实的羽毛球“大（全）满贯”得主。由于羽毛球世界杯已停办，林丹的全满贯不仅前无古人，而且后无来者，充分显示了舍我其谁的霸气。

林丹左手握拍，以拉吊突击为主打法，进攻意识强、场上速度快、进攻落点好、攻击犀利、步法灵活、充满创意、极具威胁。

（二）张宁

张宁被称为羽坛的常青树，辽宁省锦州人，1975年出生，身高1.75m，体重65kg，是中国首位世锦赛兼奥运会女单双料冠军，首位卫冕奥运会羽毛球女单金牌的运动员。33岁的她在北京奥运会夺得女单冠军后宣布退役。现为中国羽毛球队教练。

张宁1985年进入辽宁锦州市体校；1989年进入辽宁省体校，同年进入辽宁省专业队；1990年进入国家少年队；1991年进入国家队。2006年荣获德国、马来西亚、中国台北、日本、中国公开赛女单冠军，中国香港、全英公开赛女单亚军，中国澳门公开赛、中国大师赛女单四分之一决赛亚军，尤伯杯冠军成员，世锦赛女单亚军，多哈亚运会女团冠军；2007年苏迪曼杯冠军，世锦赛女单半决赛，新加坡、瑞士超级赛女单冠军，中国大师赛、丹麦超级赛女单亚军，进入全英超级赛、中国超级赛、法国超级赛女单半决赛，进入印尼超级赛、日本超级赛女单四分之一决赛；2008年北京奥运会女子单打金牌。

第二节　羽毛球基本技术

一、握拍

羽毛球运动是运动员手持球拍往返击球方式进行的，所以握拍方式就成了初学者首先要掌握的基本技术。学会正确的握拍方式是掌握合理、准确、全面的击球技术的前提条件，错误的握拍会妨碍正确技术的学习，因此，初学者从一开始就应该重视学习正确的握拍方法。握拍法可以分为两种，击打持拍手同侧的球用正手握拍法，击打持拍手异侧的球用反手握拍法。

（一）正手握拍法

以右手握拍为例，先用左手拿住拍的腰杆，使拍面与地面垂直，然后右手虎口对准拍柄侧面内沿，以握手式握住拍柄，小拇指、无名指和中指并握，食指稍分开，大拇指与中指接近，拍柄末端与小鱼际肌平齐，如图 10-1 所示。

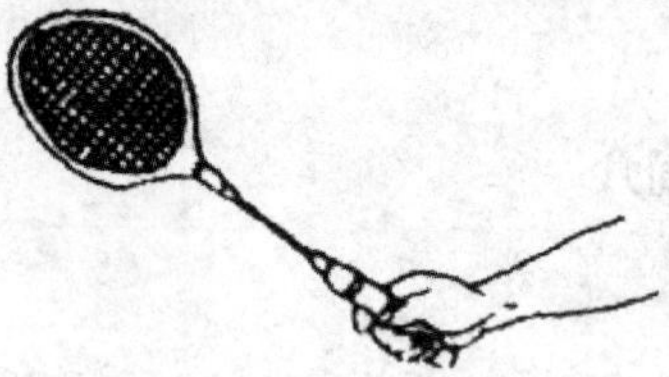

图 10-1 正手握拍法

（二）反手握拍法

在正握拍法基础上，拍柄稍外转，食指收回，拇指第二指节的内侧顶贴在拍柄内侧的宽面上，并注意把柄端靠近小指的根部，使手心留有空隙，如图 10-2 所示。

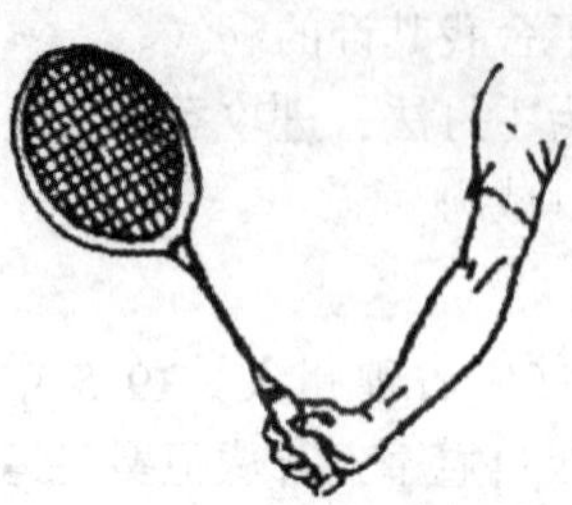

图 10-2 反手握拍法

（三）握拍法的关键点

无论是正手握拍还是反手握拍，都要遵循以下的技术要点。第一，握拍的时候要放松手腕手指以及前臂，不能持拍太紧。只有击球瞬间是握紧拍柄的，击球完毕后，要恢复到前臂、手腕手指放松状态。第二，握拍要灵活，在做不同的击球时，需要快速灵活地对握拍姿势进行调整，击球才能达到最好的效果。第三，羽毛球比赛从发球开始到成“死球”往往要运用不同的击球方法，当击完一次球后，就应该恢复到正手持拍姿势，为下一次击球的握拍做好准备。

二、发球

发球是羽毛球运动的一项重要的基本技术。发球质量直接关系到比赛中能否取得主动权，高质量的发球会给接发造成困难，迫使对方只能做出防守性的回击甚至造成接发失误，直接得分；质量差的发球会使接发获得进攻的机会，使自己在一开始便失去场上的主动权。

（一）发球基本技术学习

1. 发球站位与准备姿势

单打在中线附近，离前发球线 1m 左右；双打可稍站前一些。

持拍手同侧肩斜对球网，持拍手同侧脚在前，脚尖向网，另一脚在后，脚尖向侧方。两脚前后分开，站立的距离与肩同宽，身体重心落在后脚上。准备发球时，右手握拍向右后斜举。肘微屈，左手持球使球托冲下，放在腹部右前方，双眼注视对方的位置和准备接球的情况。

2. 正手发高远球

球的运行轨迹又高又远、下落时与地面垂直、落点在对方场区底线附近的球叫高远球。单打比赛时，常采用这种发球迫使对方退到最远的底线去接发球。如果发出的高远球质量好，就可在一定程度上限制对方一些进攻技术的发挥，使对方在接高远球时不容易马上组织进攻。

准备发高远球的时候，站位是在离前发球线 1m 左右、发球场区中线附近，面对球网，左脚在前，右脚在后，两脚之间自然分开。身体重心放在右脚上面，身体自然地微微向后仰，右手向右后侧举起，肘部稍弯曲，左手拿球，手臂自然地在胸前弯曲。发球的时候，左手把球举在身体的靠右前方并放下，使球自由落体落下；右手同时由大臂带动小臂，从右后方向前，往左前上方挥动，大臂开始挥动的时候，身体重心由右脚慢慢地移到左脚。当球落到击球人手臂向下自然伸直能触到球的部位的一刹那，握紧球拍，利用手腕的力量，向前上方鞭打用力击球，当把球击出的同时，手臂向左上方挥动；击球之后，身体重心也由右脚移至左脚，身体微微向前倾，球拍顺势向左上方挥至异侧肩上，如图 10-3 所示。

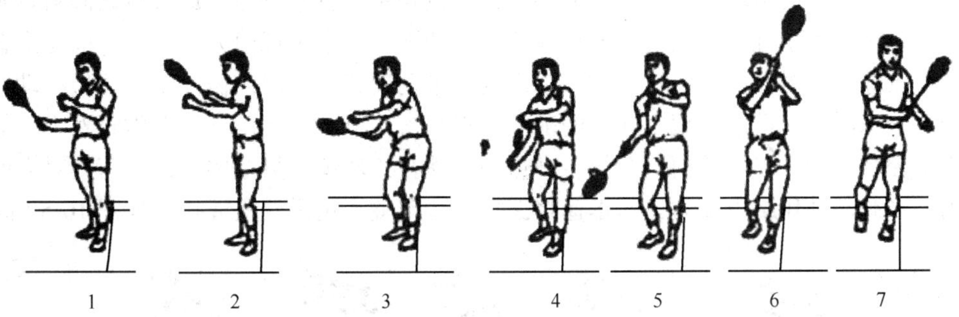

图 10-3　正手发平高远球

3. 正手发平高球

以正手持拍的方法持拍发球，发出的球的弧线比高远球低，但在接发不能拦截到的高度飞向后发球线附近的发球区内落下，称为发正手平高球。

平高球速度比高远球快，往往能迫使接发匆忙向后场移动接球，球的最高的高度也低于高远球，从而限制了接发的击球技术。

正手发平高球的方法与发正手高远球的方法相近，由于平高球飞行的弧线比高远球低，所以在拍击球时要更多运用前臂带动手腕发力；球与球拍接触瞬间，球拍后仰程度小于发高远球时，拍面略向前推送击球。

发平高球的关键在于掌握好击球时拍面的仰角，避免出球太高缺乏攻击力、出球太低而被拦截。击球力量要适当，在不出界的情况下要尽量快地到达对方的后场。

4. 正手发网前球

单打比赛时，如发高球，怕遭到对方球速较快的直接攻击，或为了主动改变发球方式借以调动对方时采用发正手网前球。准备姿势同发高远球。击球时，握拍要放松，大臂动作要小，主要靠小臂带动手腕向前切送，用力要轻。击球时应注意手腕不能有上挑动作，控制击球力量，不能太用力，要使球的落点在对方前发球线附近，发出的球要贴网而过避免对方扑球，如图 10-4 所示。

图 10-4　正手发网前球

5. 反手发网前球

反手发球的特点是动作小、出球快、对方不易判断。发反手网前球站位站在靠近前发球线后发球区中线的附近，也可以站在前发球线及场地边线附近的地方。准备姿势面向球网，两脚与肩同宽，持拍手同侧脚在前，脚尖对网，另一脚在后，脚尖侧后点地，重心放在前脚上；为了提高击球点，右脚可适当提踵；持拍手异侧手持球，球头自然倾斜置于反拍面前，持拍手反手握拍自然屈肘放至体前拍头朝下，两眼正视前方，成发球前的准备姿势。左手放球的同时，右手前臂以肘为轴内旋，带动展腕由后向前做回环半弧形挥动，准备击球。击球时，尽可能在规则允许的范围内提高击球点，手腕由外展至内收发力，靠手腕和手指控制力量，以斜拍面向前轻轻推送切击球托，使球尽量贴网飞过并落入对方前发球线内，以制动动作结束发力，并迅速将握拍姿势调整为正手放松握拍，如图 10-5 所示。

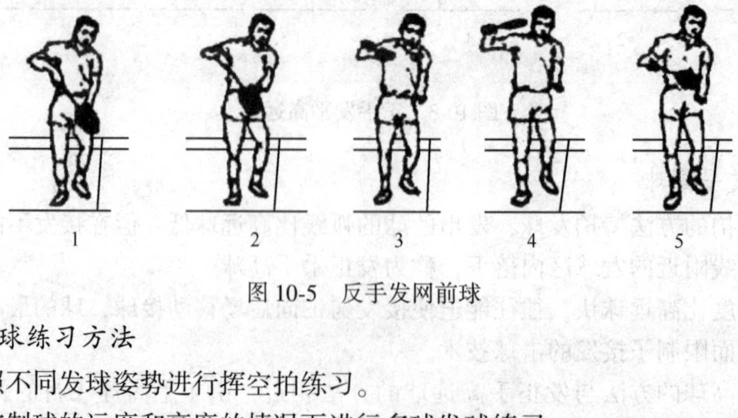

图 10-5　反手发网前球

（二）发球练习方法

（1）按照不同发球姿势进行挥空拍练习。

（2）在控制球的远度和高度的情况下进行多球发球练习。

三、接发球

发球方通过各种不同弧线的球占得比赛的先机，以此控制比赛，而接发方则后发制人，来达到反控制的目的。

不论是单打还是双打，都应选择一个合理的接发球站位。一般情况下，单打的接发球站位离前发球线约 1.5m 处。在右发球区应站在靠中线的位置，在左发球区则站在中间稍偏边线位置，主要防备对方发球攻击反手部位。双打接发球时站位可靠近前发球线，因双打的后发球线距前发球线比单打短，发高远球易被扣杀。所以，双打接发球主要精力应放在发前球上。

接发球的准备姿势为单打接发球应左脚在前，后脚在后，侧身对网，重心在前脚，后脚脚跟稍提起，收腹含胸，持拍于右身前，两眼注视对方。双打接发球准备姿势基本同单打，但重心可以随意放在任何一只移动脚上，球拍高举在肩上，注意力要高度集中，如图 10-6 所示。

图 10-6 接发球

四、击球技术

（一）击球技术学习

击球依据动作特点分为高手击球、网前击球和低手击球。

1. 高手击球

高手击球具有击球点高、速度快、力量大、主动性强、进攻威力大等优点，是快攻打法的最基本技术。高手击球有高远球、吊球、杀球。

（1）高远球。以较高的弧线将来球击到对方场区底线附近叫击高远球。击高远球是一切高手击球动作的基础。高远球的特点是球的弧线高、滞空时间长，它的作用是逼迫对方远离中心位置退到底线去接球，一方面可减弱对方进攻的威力，为己方进攻寻找机会，另一方面在己方被动情况下，有较多的时间来调整站位，摆脱被动局面。击高远球技术又分正手和反手两种姿势。正手击高远球（见图 10-7），羽毛球上手击高远球技术中的基础，是以正手持拍的方式进行击球。整个技术环节分为以下四个步骤。首先，侧身架拍。两脚开立肩宽，重心在后脚上，持拍手正手持拍、大小臂自然弯曲成锐角，将球拍举在同侧肩上方，拍面正斜向网，另一只手臂自然举起，使肩部打开，两眼注视来球方向。然后，转身倒拍。躯干转成正面对网，持拍手倒拍背在身体后，肘关节夹紧耳朵并且大臂向上伸。再次，高点击球。击球时，由准备动作开始，大臂后引，随之关节上提明显高于肩部，将球拍后引至头后，自然伸腕（拳心朝上），然后在后脚蹬地、转体和腰腹的协调用力下，以肩为轴，大臂带动小臂快速向前上方甩动手腕，在手臂伸直的最高点击球。最后，鞭打随挥。击球后，随着身体重心由后脚移到前脚，持拍手臂顺惯性往前下方挥动并收拍至体前完成整个动作。

图 10-7 正手击高远球

反手击高远球（见图 10-8）是用反手持拍的方式击出高远球。反手击高远球的方法，以右手持拍为例，身体转向左后方，背对网，身体重心在右脚上，使球在身体的右肩上方落下。击球前，反手持拍于胸前，拍面朝上。击球时，以大臂带动小臂，通过手腕闪动、自上而下地甩臂将球击出。在最后用力时，利用两腿蹬地、转体等协调全身用力传至手臂，拇指顶动拍柄用力并配合甩臂动作，在右肩的最高点击球。

图 10-8 反手击高远球

（2）吊球。将对方击来的高远球从后场还击到对方的网前区叫吊球。吊球是调动对方，打乱对方阵脚，组织战术配合的一种击球战术。后场进攻时，同高远球、杀球结合运用，并做到三种击球的前期动作一致时，常可造成对方判断发生困难。吊球可分为正手吊球、头顶吊球、反手吊球。

正手吊球以正手持拍的方式用正拍面吊球，它和击正手后场高远球的方法相似，不同点在于击球点向前移至持拍手同侧肩的正前方，击球瞬间，以手指揉搓拍柄使拍面稍稍向前倾斜，用拍面切擦球托。以右手持拍为例，如果要吊左斜线球，应该做前臂稍外旋至腕屈收，拍面向左下方斜切击球托右后侧；如果要吊直线，前臂要稍内旋，腕稍屈，拍面切击球托的后部；如果吊右斜线，在击球瞬间，小臂旋内，翻腕，拍面切击球托的左后部，如图 10-9 所示。

1　2　3　4　5　6

图 10-9　正手吊球

反手吊球是用反手持拍的方式用反拍面吊球，它的方法与反手击后场高远球的方法相似，不同处也在于触球时拍面的掌握和力量运用。吊直线球时，用球拍反面切削球托的后中部，向对方右网前发力；吊斜线球时，用球拍反面切削球托的左侧，朝对方左网前发力。

(3) 杀球。杀球是把高远球在尽量高的击球点上斜压下去。其击球力量大，球飞行路线直，下落快，杀球是主要进攻技术。杀球技术分正、反手的头顶杀球。运用手腕、手指控制拍面斜倾角度，用力方向和用力大小，可击出长杀球、短杀球、杀直线、杀斜线等。

以右手持拍为例，正手杀球是在自己右侧上空的高球，以正手持拍法用正拍面杀球。正手杀球的动作过程和击高远球相似，技术不同点在于，首先，杀球的击球点在前上方，击球前，腰腹要形成反弓，然后充分利用收腹及肩为轴手臂快速有力的鞭打动作发力去击球。击球瞬间，手臂放松以最大的速度鞭打用力，通过最后用力点在前臂到手腕的闪动，握紧拍柄用正拍面用力向下击打球托，使球以快速向下的直线落入对方场区，如图 10-10 所示。

1　2　3　4

图 10-10　正手杀球

反手杀球是在自己左侧上空的高球，用反手持拍的方式用反拍面杀球。由于背肌收缩力量远小于腹肌收缩的力量以及肩关节的柔韧程度，反手杀球的力量和速度都逊于正手杀球，由于背对网击球，使球的落点也较难控制。

反手杀球的技术过程和反手击高远球相似，不同在于击球点在身后上方，击球瞬间前臂向后幅度更大，手腕要瞬间翻腕以斜向后方的拍面角度去击球。

2. 网前击球

这是一项可以调动对方，使战术多变的击球方法。在防守力量加强、步法更加灵活的情况下，网前技术往往成为解决战斗的有力武器。网前击球时，握拍要灵活，充分利用腕、指的力量主制球路和落点。击球点要高，步法要快，各技术的动作一致性要强。网前击球有搓球、推球、钩球、扑球、放网前球、挑后场等。

（1）放网前球。当对方击来的网前球用球拍拍面轻托一下，使球向上弹起以贴网的高度过网后就朝网下坠落至对方网前，称为放网前球。通常有接杀球、接吊球放网，接对方发网前球时的放网，和将对方运用搓球、勾对角线球击到网前的来球，再放网回去等。放网前球往往是球员没有能及时赶到较高的位置上击球而被动使用的，质量高的放网前球可以扭转局面。放网前球有两种，正手放网前球和反手放网前球。

正手放网前球（见图 10-11）：当对方将球击至自己正手网前时，以正手握拍法，用球拍轻轻切托，将球向上弹起恰好一过网就朝下坠落。首先侧身向球的方向移动，上身稍前倾，最后一步是持拍手同侧脚向来球方向，以跨跳的弓箭步到网前，身体重心要提高，持拍手前上方举，稍上仰，斜对网伸向来球，触球时，正拍面朝上轻托球托的底部，靠手腕控制球拍向前上方轻轻发力，使球以刚刚越网的高度贴网落入对方网前。放网对挥拍力量的控制很重要，力量、速度和拍面角度的大小，主要取决于来球离网的远近和速度的快慢。来球离网远，速度快些，则放球的力量要大些，反之则力量要小些。

图 10-11 正手放网前球

反手放网，是以反手持拍去击来自持拍手异侧的来球。击球前的动作要领同正手放网前球动作基本一致，不同在于是反手持拍，跨步的方向是持拍手的异侧。以反面迎球，击球时，主要靠小臂的前伸、外旋和手腕由内收至外展的合力，轻托底部把球轻松过网。

（2）搓球。搓球是放网前球技术的发展，是一种主动进攻的前场技术。搓球时击球点较高，利用搓、切和挑的动作摩擦球的底部，使球沿横轴翻滚越过网顶，给对方回击造成困难，以创造进攻的机会。搓球有正手搓球和反手搓球。

正手搓球（见图 10-12）：侧身对右边网前，正手握拍。球拍随着前臂伸向右前上方斜举。当球拍举至最高点时，前臂向外旋转，手腕由后伸至稍内收闪动，握拍手的食指和拇指夹住拍，中指、无名指和小指轻握拍柄，使球拍在手腕和手指的挥摆用力下，搓击来球的右下底部，使球旋转翻滚过网。

反手搓球（见图 10-13）：击球前前臂稍往上举，手腕前屈，手背约与网同高，而拍面低于网顶，反拍面迎球。搓球时，主要靠前臂的前伸外旋和手腕由内收至外展的合力，搓击球的右侧后底部，使球侧旋滚动过网。

图 10-12　正手搓球

图 10-13　反手搓球

（3）挑后场。挑后场是把对方击来的吊球或网前球挑高回击到对方后场去，这是在比较被动的情况下采取的一种防守性技术。挑后场有正手和反手挑后场两种。

正手挑后场（见图 10-14）：正手握拍举在胸前。右脚向右前跨出一大步，左脚在后，侧身向右，重心在右脚上。同时右臂向后摆，自然伸腕，使球拍后引。然后以肘关节为轴，屈臂内旋，并握紧球拍，用食指及手腕的力量，将球向前上方击出。

图 10-14　正手挑后场

反手挑后场（见图 10-15）：反手握拍举在胸前。右脚向左前方跨出一大步，重心放在右脚上。同时右肩向网，屈肘引拍至左肩膀，然后以肘关节为轴，握拍经体前由下往上，用拇指第一指节压住拍柄的宽面，用力将球击出。

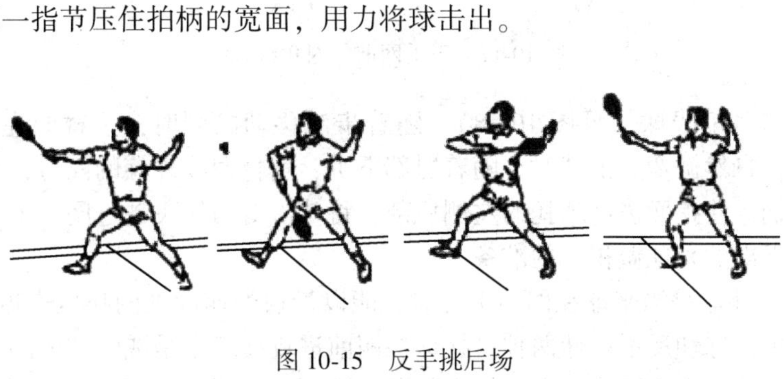

图 10-15　反手挑后场

（4）推球。在网前较高的击球点上，用推击的方法往对方底线击出弧度较平、速度较快的球称为推球。由于击球点到过网的距离较短，球的弧度平直快速，在控制好落点的情况下有很强的进攻性。

推球的启动方法与搓球相似，在击球瞬间，拍面竖起来。正手推球时，由前臂内旋，用腕部的转动和手指的力量向前快速推击；反手推球时，由前臂外旋，用腕部的转动和手指的力量向前快速推击。推球的关键是要找好击球点，尽量抢高点击球，其次是控制拍面的竖起角度，高点击球可以使拍面立起来，如果球已经落到网上沿以下，拍面就要向后仰，最后发力应该是迅速的，拍面摆动幅度应该小，如图 10-16 所示。

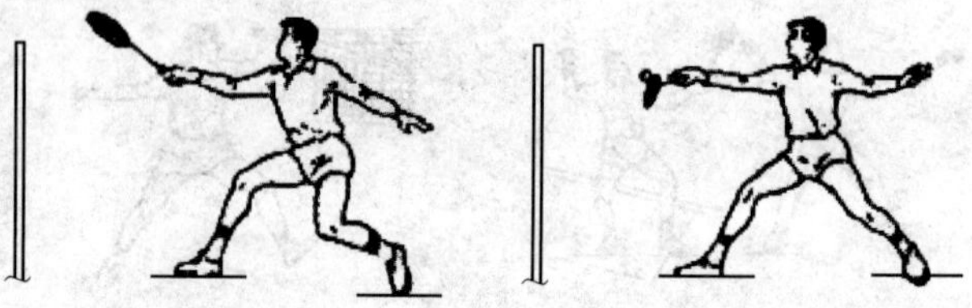

图 10-16 推球

（5）钩球。在网前，用屈腕或伸腕的动作调整球拍角度，用轻巧的力量将球回击到对方斜对角的网前区域称为钩球。钩球是一种技巧性较高的技术，它与搓球、推球等交替运用常常能达到较佳的战术效果。

正手网前勾对角线球（见图 10-17）：勾球一般采用并步加蹬跨步上网的步法。在步法移动同时，球拍随着前臂往右前上方举起。前臂前伸的同时，稍有外旋，手腕微后伸，这时的握拍稍有变化——将拍柄稍向外捻动，使拇指贴在拍柄的宽面上，食指的第二指节贴在与其相对的另一个宽面上，拍柄不触及掌心。击球时，靠前臂稍有内旋往左拉收，手腕由稍后伸至内收，球拍拨击球托的右侧下部，由手腕和手指控制拍面角度，击球后，球拍回收至胸前。

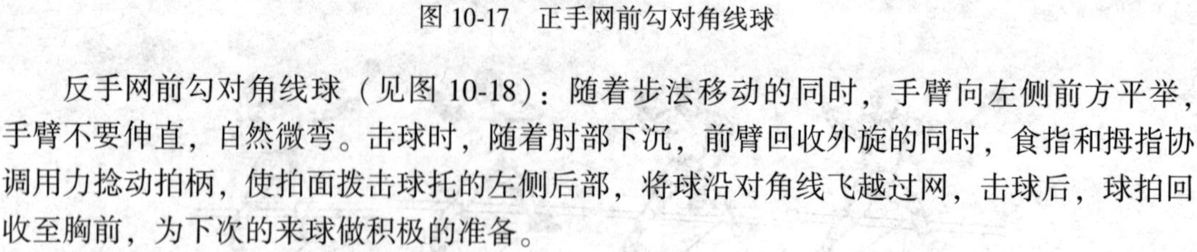

图 10-17 正手网前勾对角线球

反手网前勾对角线球（见图 10-18）：随着步法移动的同时，手臂向左侧前方平举，手臂不要伸直，自然微弯。击球时，随着肘部下沉，前臂回收外旋的同时，食指和拇指协调用力捻动拍柄，使拍面拨击球托的左侧后部，将球沿对角线飞越过网，击球后，球拍回收至胸前，为下次的来球做积极的准备。

（6）扑球。扑球是当来球在网顶上方时，能以最快的速度上网扑压来球的技术动作。扑球可分为正手扑球和反手扑球两种。扑球在网前进攻技术中是威胁较大的一种技术，它的关键在于反应快、出手迅速，一经做出判断，即要求起动快并采用蹬跨步或跳步上网，同时出手快，抓住来球在网顶的最高点机会出手，快速把球向下扑向对方场区，如图 10-19 所示。

图 10-18　反手网前勾对角线球

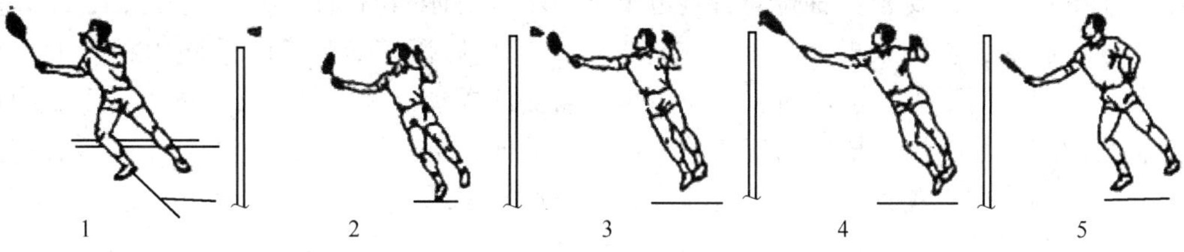

图 10-19　扑球

3. 低手击球

击球点低于头部高度的击球称为低手击球。没有高手击球的进攻威胁大，属于防守性的技术，难度较大，如发挥得当，可具有防中有攻的效果。低手击球有抽球和接杀。

（1）抽球。抽球击球点在肩以下，以躯干为纵轴发力，做半圆式的挥拍击球动作。抽球是应付对方长杀、半场球以及平球对攻的反攻技术。抽球可分为正、反手抽底线和半场球。

正手抽底线球（见图 10-20）动作要领：准确判断来球，快速移动步法，左脚蹬地，右脚向正手底角跨出，侧身向网，上体向右后倒，重心在右脚；正手握拍，手臂向右举拍，大臂与小臂约成 120°，准备击球时，小臂外旋伸腕，球拍后引拍面稍后仰；击球时，主要靠小臂带动手腕、手指“抽鞭”式向前挥拍，小臂由外旋到内旋，腕部由伸到屈闪动击球；向前上方用力击球成高远球，向前方用力击球则成平球。

图 10-20　正手抽底线球

反手抽底线球（见图 10-21）动作要领：准确判断来球，快速移动步法，左脚蹬地，右脚向反手底角跨出，上体前倾背对网，重心在右脚；反手握拍将球拍举于左肩上方；击球时，大臂带动小臂、手腕和手指沿水平方向快速向后挥拍，手臂基本伸直时，小臂外旋，手腕后伸用力“闪”动击球；向后上方用力击球成高远球，向后方用力击球则成平球。

图 10-21 反手抽底线球

正手平抽球动作要领：右脚向右侧迈出一小步，上体稍向右侧倾，正手握拍，手臂向右侧上摆，屈肘，左脚跟提起。准备击球时，小臂稍后摆带有外旋，手腕由稍外展至后伸，使球拍引至后下方；击球时，小臂急速向右侧前挥动，并由外旋转为内旋，手腕由后伸至伸直闪腕，手指握紧拍柄高速挥拍击球，由后向右侧稍平地抽压过去；击球后，持拍手顺势向左侧挥摆，左脚向左前方迈一步，准备迎击来球。

反手平抽球动作要领：右脚向左前跨一步，上体左转，右手反手握拍向左身前收，屈肘并稍上抬，小臂内旋手腕外展，球拍引向左侧；击球时，小臂在向前挥拍的同时外旋，手腕由外展到伸直闪腕，手指握紧拍柄，拇指前顶，迎球挥拍，击球托的底部；击球后球拍顺势盖过去，并随身体的回动收回到右侧前。

（2）接杀（见图 10-22）。接对方杀球时肘击球动作，属防守性技术，如运用得当，常能转守为攻或反击得利。接杀球通常用挡网前球、抽球和推后场等几种回击技术。

图 10-22 接杀

挡网前球是指运动员把对方杀来的球，借用来球力量及用手腕、手指力量，“反弹”式地把球回击到对方的网前场区内的击球方法。

正手挡直线网前球：接球前用接杀球的步法移至右场边线，身体右倾，手臂右伸，前臂外旋、手腕外展；击球时，前臂内旋稍翻腕带动球拍由右下向前上方推送击球，把球挡向直线网前；可以在击球时前臂由外旋到内收，带动球拍由右向前切送挡直线网前；击球后，身体左转成正面对网，然后右脚上前一步，球拍随身体向左转收至体前。

反手挡直线网前球技术同正手。首先用接杀球的步法移至左场区边线，身体左转前倾，右肩对网，右肘弯曲，手腕外展，引拍至左肩前上方。击球时，借对方来球的冲力，以前臂带动球拍由左上方向左前方用拇指的顶力挥拍轻击球托，把球挡回直线网前。击球后，身体右转成正面对网，球拍随着身体的移动收至体前。

(二) 练习方法

网前击球技术的练习方法。

(1) 按照放、挑、搓、推、钩、扑的练习顺序进行挥拍无球练习，注意体会击球点和击球瞬间拍面和球的接触方式，以及手指、手腕发力的感觉。

(2) 一个人抛球，一个人练习的多球练习方式。最开始，只做原地单个技术练习；进一步做原地正手各种网前技术练习和原地反手各种网前技术练习；再做正反手同一技术练习；最后做正反手各种网前技术练习。

(3) 一个人抛球，一个人练习一步多球。

(4) 两人对打方式，一个人喂球，一个人练习。

五、步法

快速、准确的步法是正确击球的基础。我国运动员的身体是中等身材，灵巧、速度快而弹跳力好，为适应快攻打法初步形成了步法体系。基本步法有蹬步、跨步、腾跳步、垫步等，加上原有的蹬转步、交叉步、并步、小碎步和单足跳步等，组成了上网、后退、两侧移动等综合步法。

(一) 步法的学习

1. 上网步法

根据来球的远近，可采用两步、三步或一步上网。最后一步要求与持拍那只手同侧的脚在前，身体重心落在前脚上。上网步法可分正手上网步法和反手上网步法。

(1) 正手上网步法 (前交叉蹬跨步，见图 10-23)。起动时，右脚先向来球方向迈一步，接着左脚向同一方向迈一个交叉步，紧接着左脚蹬地、同时右脚向网前跨出一大步，准备击球。

(2) 反手上网步法 (前交叉蹬跨步，见图 10-24)。起动时，身体向左转，右腿向左前方迈出一步，接着左脚再向同一方向迈一步，脚落地时，左脚蹬地，右脚向左侧网前跨出一大步，准备击球。

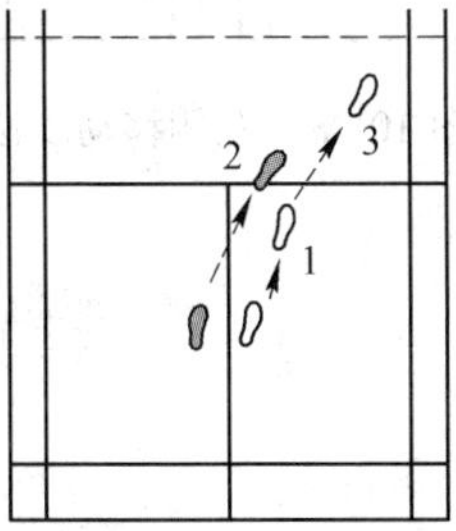

图 10-23　正手上网步法

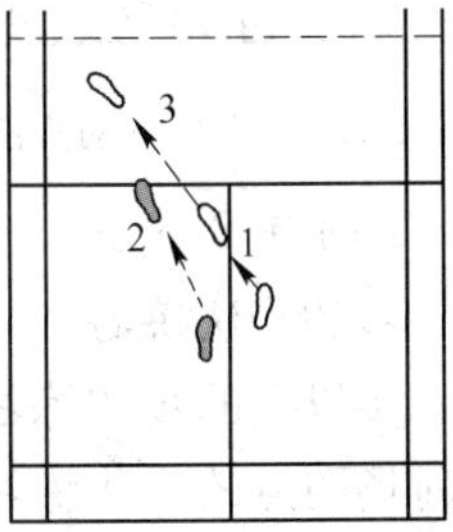

图 10-24　反手上网步法

2. 后退步法

不论哪种后退步法，后退时都要求先迈右脚，最后一步左脚在后，重心在右脚上。按后退击球方法，后退步法分为正手后退步法、头顶后退步法和反手后退步法。

(1) 正手后场后退步法 (并步，见图 10-25)。起动时，侧身并步后退，右脚往右后方退一步，左脚往右脚并一步，紧接着右脚再后退一步，身体重心放在右腿上，侧身形成击球准备姿势。

（2）头顶后退步法（交叉步，见图 10-26）。起动时，右脚向右后蹬转，使右肩对着左区，接着右脚向左后方后退一步，左脚紧接着向后方做一个交叉步，然后右脚再往左后方退一步，身体重心放在右腿上，形成击球准备姿势。

图 10-25　正手后场后退步法

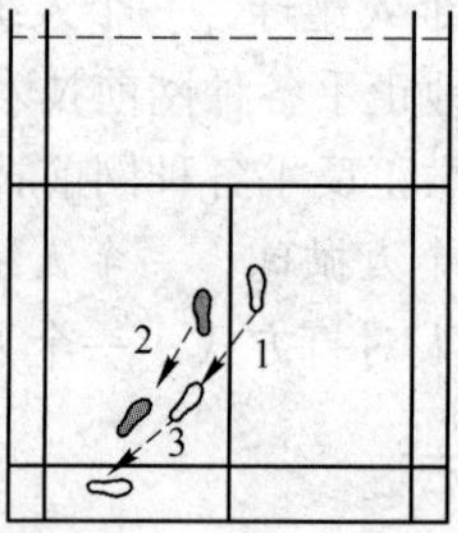

图 10-26　头顶后退步法

3. 两侧移动步法

为了接对方击向身体左右两侧的球，要掌握两侧移动步法。

（1）右侧移动步法（见图 10-27）。左脚蹬地，右脚向右侧跨出一大步，身体向右倾，准备击球。如果接边线球，则左脚先向右侧迈一步，然后左脚蹬地，右脚向右侧跨出一大步，身体右倾，准备击球。

（2）左侧移动步法（见图 10-28）。右脚蹬地，左脚向左侧跨出一大步，身体向左倾，准备击球。如果接边线球，则左脚先向左侧迈一步，然后左脚向左后蹬转，转到背侧对网时，右脚向左侧跨出一大步，身体右倾，准备击球。

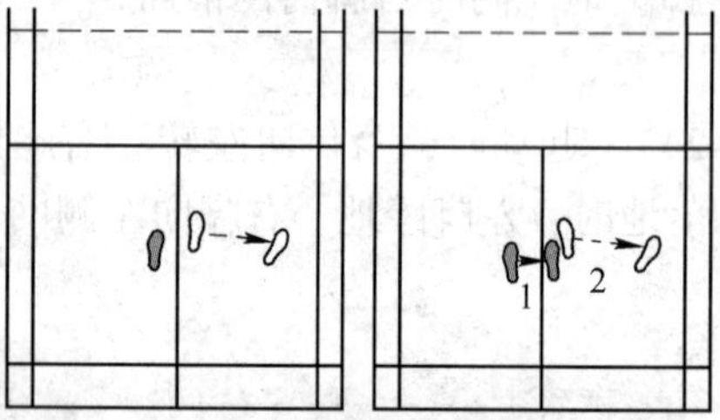

图 10-27　右侧移动步法

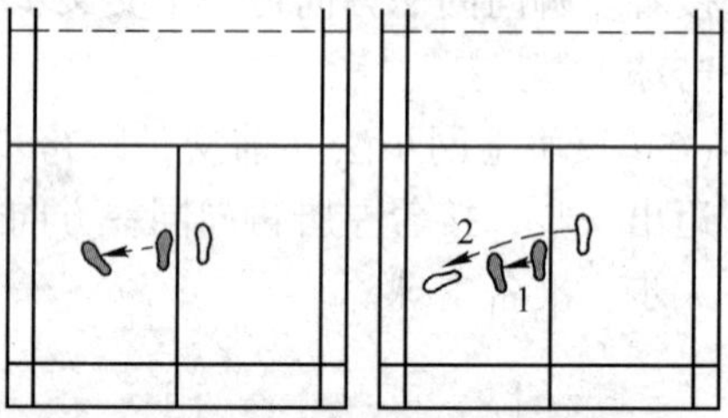

图 10-28　左侧移动步法

（二）步法的练习方法

（1）做一步的步法练习。

（2）做一步以上的步法练习。

（3）做前场两点的步法练习。

（4）做后场两点的步法练习。

（5）做中场两点的步法练习。

（6）做前后场四点的步法练习。

（7）做全场六点的步法练习。

（8）看信号做全场不定点的步法练习。

第三节 羽毛球基本战术

一、单打基本战术

（一）拉吊突击战术

该战术对移动步伐慢、技术不全面、情绪容易急躁的选手较为有效。运用此战术时要求回球线路的角度要大，落点变化多，尽量把对手调动开。

（二）发球抢攻战术

发球抢攻战术是根据对方击球的线路和质量，有意用多变的发球，争取从第一拍开始，就掌握场上主动，为自己创造进攻机会。这种战术对经验不足、防守步伐薄弱的选手较为有效。一般以发网前小球、平快球为主，争取第三拍的主动。运用好该战术，要注意观察对方接发球的特点，避开对方的特长。

（三）下压进攻、控制网前战术

该战术以速度、力量控制争取主动，然后通过点杀、轻杀技术控制网前，再配合平高球突击对方底线，创造中后场进攻机会。该战术对付个头高、步伐慢、网前出手慢、接下手球能力差的选手效果较好。

（四）压反手底线战术

该战术反复用高球、平高球、推球等技术，将球击到对方反手底线处，造成对方被动，当对方注意力集中到后场反手时，突然进攻正手或以快吊点杀进攻前场。此战术对初学者较为有效。

二、双打基本战术

（一）双打基本站位

双打基本站位分前后站位和平行站位两种。当本方发起进攻时，要一人在前站位封住网前，另一人在后场进攻，但两人站位不要在一条直线上；当对方进攻时，两个人应分两边平行站位，各自守住自己一边场地的来球。但实际比赛中，不可能一边总是处在进攻，一边总是处在防守，这就要求转换要快，我方进攻处于前后站位时，遇到我方选手在网前放高球或从后场起高球时，该选手应后退或直线跑位，成平行站位阵形。当处于平行站位时，任何一名选手接网前吊球后，应移动到网前准备封杀，另一选手应回撤到后场。

（二）双打基本战术

（1）以发网前小球，并结合平快球，掌握对方接发球的习惯线路和弱点，封网扑杀。

（2）攻中路战术。当对方平行站位时，将球回击到对方中线处，使其出现接球上的争抢或互让。

（3）攻人战术。两人集中力量，攻打一人，运用该战术可有两种方法：一种是攻击弱者，不让其有调整的机会；另一种方法是先盯住弱者，攻几拍后，突然攻强者，因为强者为保护弱者，站位常出现空当。

第十一章 武 术

中国武术在华夏大地上延绵了数千年，历史悠久并植根于民间。它来源于人们的生产实践、军事战争和社会活动。在中国文化的长期熏陶和滋养下，中国武术被赋予了鲜明的民族文化内涵，世代相传，历久而不衰，逐渐成为中华民族传统体育项目。

中国武术具有多彩的形式、丰富的内容、深邃的文化意蕴，具有健身、防身、修性、竞技、娱乐等多方面社会功能，无愧为中华民族的文化精粹，不仅为广大群众喜闻乐见，而且得到世界上越来越多的人的青睐。

第一节 武术运动概述

一、武术的沿革与辨析

武术源于古代狩猎和战争，是搏斗技术与经验的总结。人类早期在与大自然的生存斗争中自觉或不自觉地掌握了一些防卫和攻击技能，为武术的形成奠定了基础。《兵迹》中说："民物相攫，而有武矣"。《礼记》说"孟冬之月，天子乃命帅讲武，习射御角力"。当时把射御、角力、手捕、击刺等，泛称为"武"。在不同的历史时期，它所涵盖的内容不尽相同。类似今天武术的内容有角觝、相扑、角力、手搏、击剑、刺枪、打拳和使棒等。

使用"武术"这一概念是近代的事，古代文献记载中如商代有"拳勇"、春秋有"技击"、汉代有"武艺"等提法。汉代以后，较广泛采用"武艺"一词。"武艺"在《辞源》中："指骑、射、击、刺等军事技术"。

"武术"这一词汇最早出现在南朝梁武帝长子萧统所编《文选》中，但不具有今天武术概念所具有的含义，文中有诗句为"偃闭武术，阐扬文令"（南朝宋·朱颜年《皇太子释奠会》），其意指停止武战，发扬文治，并非是今天武术的概念。后人将"武术"一词作为自卫强身之术的专门用语，清末民初时得以广泛应用。

处于半封建半殖民地的近代中国，面对西方文化的冲击，一度出现了提倡"国粹"的思潮，武术被誉为"国术"，与"国画""国货""国乐""国药"等相匹配。新中国成立后，被正式确立为体育运动项目，明确称为"武术"。

从"技击"到"武艺"，从"武艺"到"武术"，都离不开攻防格斗的本质特征。从古代战争中总结出来的技击之术（击刺格斗方法），可以直接用于战争搏杀，连同骑马、驾车、射箭，以及后来的挽硬弓、举石鼎等臂力训练，都属于"武艺"——古代军事技术，并曾作为武举考试的内容之一。这些军事武艺不仅在军队中，而且有些内容也逐渐散入民间、步入宫廷，乃至学校，同时具有了竞技性、娱乐性以及教育性等功能，其表现方法也有所变化。它所面对的不再是战阵，在方法上也就有所区别，一如"兵枪"与"游枪”，前者为战阵实用，后者为行家较技。当徒手搏击的拳术层出不穷、日益壮大时，武术与军事技术明显分野。有人将其区分为“阵战武艺”和“日常武艺”，两者既相一致，又相区别。阵战武艺由车战发展到步骑战，以群体为主，强调集体性、实用性，以杀伤为主旨，重视骑射、兵械直接运用，日常武艺以个体为主，向技艺多样性、复杂性演绎，以胜负为旨，更注重拳械技巧和方法的多变。应当说武术技术是古代军事技术中的一部分，历史愈久远，武术与军事技术结合得愈紧密。随着历史的推进，武术与军事技术逐渐分家。今天的武术主要是活跃在民间的古代“日常武艺”的传承和延续，尤其是明代以来的拳家们的流传。

二、武术——传统技击术

武术在古代并不是作为体育形态出现的，远在春秋战国时期，便有以技击为生的游侠剑客，近代则有保镖护院的镖头教头、江湖卖艺的艺人，乃至以教拳谋生的拳师，以一种技击术来体现其社会价值。应当说技击之术不是一个国家、民族所特有的。人类的防卫意识和人体运动学原理决定了技击术在缘起之初是近乎相同的，只有在后来的发展中，不同的地理环境、不同的经济文化、不同的民族性格造就了五光十色的各种技击术，如拳击、角力、击剑、柔道、跆拳道、合气道、泰拳、自由搏击、剑道、相扑、桑勃等，不一而足。长期以来中国人民以自己的思维方式、行为准则、价值观念和审美情趣，经历代宗师的砥砺揣摩、千锤百炼，形成了具有民族性格的技击术——中国武术。

中国武术在技击方法上表现得十分丰富多变，有踢、打、摔、拿、击、刺等。踢法中有勾、踩、弹、蹬、踹、铲、点、撩、挂、摆、缠、丁、拐、错等；打法有冲、劈、挑、砸、贯、抄、盖、鞭、崩、钻、扫、挂、撩、栽、扣等拳法，以及劈、砍、切、截、削、推、按、拍、摔、扇、塌、掖、穿、插、挑、抹等掌法，还有许多勾法、爪法、肘法、桥法（以上臂和前臂进行攻防），以身体进攻的挤、撞、抖、靠等法；摔法中主要有棚、巩、揾、别、切、滑、抱、合等；拿法有三十六拿和三十六解，以及各种器械方法。不同的击法又有不同的劲力要求与技巧变化，各拳种流派又有许多独到的方法与风格，从而形成了一个林林总总、丰富多彩、气象万千的庞大技术体系。在运动形式上，既有对抗形式的搏斗运动（散手，太极推手，长、短兵对抗等），又有势势相承的套路运动，两者既相交融又相区别；在技击理论上也颇为丰富，诸如“阴阳变化”“奇正相生”“刚发柔化”“后发至先”“得机得时”“胆气为先”和“守柔处雌”等战略战术思想，既富哲理又很实用。

在古代传统养生中，人们为了抵御大自然侵袭、防病健身所出现的导引术、气功，诸如五禽戏、八段锦、易筋经等都可以称为中国传统健身术或者体育养生方法，但不属于中国武术的范畴，其主要区别在于它们的肢体运动不是以攻防技击为主旨，而是以养生为目的的。两者相互影响和渗透，诸如八段锦、易筋经中虽有类似武术动作的形态，太极拳等也结合了导引气功中的一些方法，但两者在概念上不应混为一谈。

三、武术——传统文化

仅仅把中国武术视为一个体育项目、一种专门技能，还远远不能包容和理解中国武术。任何体育项目虽然都具有文化意义，但却没有一个体育项目像武术那样具有浓郁的民族文化特征，具有博大的文化包容量和负载能力。

武术在民族文化的摇篮中不断汲取传统哲学、伦理学、养生学、兵法学、中医学、美学等多种传统文化思想和观念，使之理论内涵丰富、寓意深刻，注重内外兼修、德艺兼备。诸如武术的整体运动观、阴阳变化观、形神观、气论、动静说、刚柔说、体用说、尚武崇德说等，都从不同侧面折射出民族文化光彩，成为中国传统文化巨大系统中的一个子系统。

中国武术之所以能称为武术文化，不仅在于它广博的内涵、多元的功用，还在于它强大的生命力和独立性。尽管历史上武术曾遭外敌入侵以及多次“禁武”的厄运，却都没有因此而消亡。它与多种文化形态虽有着千丝万缕的联系，乃至相互渗透和影响，都没有被同化、被改变，说明它具有的文化延续能力和独立完整的文化体系。同时，从武术文化中，我们还能看到它所反映的中国文化的基本精神。比如强调“武以德立”“德为艺先”，反映出民族的以“仁”为核心，注重人际关系和谐的伦理观念；行侠仗义、除暴安良反映了刚健有为、入世进取、匡扶正义、不畏强暴的爱国主义传统；追求个人技艺的纯熟、神韵和意境，正是成就内在人格完美的传统审美情趣；主张“轻力”“尚巧”、以巧智取、顺势借力的技击原则，反映中国人礼让为先、有理有节、刚强而不狂野、功力扎实求内在的竞争特点，以及崇尚自然、体现“天人合一”思想，重视血缘关系的宗法观念等。

四、武术的体育属性

古代武术在为军事服务的同时，也具备了强身壮体的功能。明代战将戚继光认为“拳法似无预于大战之技，然活动手足，惯勤肢体，此为初学入艺之门也”（《纪效新书·拳经捷要篇》），说明拳术可作为军事训练内容用以提高士兵的身体素质。

武术在民间的流传，主要用以自卫、健身、修性和娱乐，社会功能是多元的，真正向体育方面转化则是近代的事。在西方文化进入中国后，面对西方体育的冲击，出现了“土洋体育”之争，武术在中西文化碰撞后实现了交融，从师徒的口传身授方式向学校体育教育转化，并逐步进入体育比赛之中。新中国成立后，武术被正式确立为体育运动项目之一，属于民族传统体育类。

武术向体育归宿后，它的健身与竞技功能获得了空前的发挥。武术的技击性被寓于体育之中，就套路而言，是以演练的形式来提高人的身体素质和攻防技能，进行功力和技巧等方面的较量；同时从健身和审美的角度、动作的幅度和要求看，虽与实用的技击术略有一些距离，但仍不失原意，既保留了技击特性，又符合了体育竞技与健身的要求。散打运动在技术形态上与实用的技击术基本一致，摒弃了实用技击中致人伤残的技术，并用规则限制了一些违禁动作，严格规定了击打部位和护具等，对运动员加以保护，仍然体现了武术的体育特征。

与以西方体育为中心的现代竞技体育相比，武术具有自己的特点。西方体育对人体解剖学观点加以分解，遵循人体运动原理，具有科学性；中国武术从整体运动观出发，强调“内外合一”“形神兼备”，讲究“内三合”“外三合”，注重心、神、意、气与动作的协调配合，更有助于人的身心健康。

竞技武术作为武术运动的一部分，正在逐步与奥林匹克运动接轨，做到既符合现代体育竞技一般原则，又保留独特的运动形式和方法。

综上所述，我们可以概括地说，武术是以攻防技击为主要技术内容，以套路演练和搏斗对抗为运动形式，注重内外兼修的民族传统体育项目。

第二节 武术的特点与价值

一、武术的特点

（一）技击特点

武术是由人的技击自卫术发展而成的，技击特点是其技术上最主要的特点，在武术流传的过程中始终保持着此特点，并全面围绕着这个特点发展。武术不仅有对抗性练习，还有套路练习；不仅有单人练习，还有双人和多人练习，且拳种丰富，器械多样，汇集了中华大地上不同地域、不同民族所使用的不同器械进行攻防技击的技术，这是其他的体育项目所无法比拟的。武术正是具备了这样的特点，有此本质属性，才得以区别于其他体育项目。

在以冷兵器为主要兵器的时代，武术的技术来源于技击实践，经过不断的加工、提高，然后再用于技击实践。随着火器逐步发展，武术的直接的技击价值逐步减小，但武术仍然保持了技击这个技术特点，在近代各拳种中不仅在技术上仍无一例外体现了各种技击的做法和力法，并且在各自的拳理中也反复强调技击的理论。如太极拳这种轻灵舒缓的拳种，其动作和传世的拳谱也都充分体现了武术的这一基本特点，并且发展了独特的技击对抗性的推手运动。

武术的技击特点使武术形成了自己的完整技术体系，即包括套路练习和对抗性练习以及相关的训练方法。这个特点还是决定武术动作规格的基本依据，武术的力法讲究刚柔相济，这同样是由其技击特点所决定的。清吴殳在《手臂录》中说“攻为阳，守为阴”，攻时奋力突进，力法主刚；守时随人而动，力法主柔，且攻中有守，守中有攻，攻时刚中有柔，守时柔中有刚，刚柔相济，不可偏废，是各拳种共同的要求。虽然今天武术的技击价值已不能和冷兵器时代同日而语，而且随着竞技武术技术的发展，武术套路技击特点也有所淡化，但技击特点仍将作为武术技术的最基本特点而长期存在。

（二）武术的民族文化特点

武术产生并发展于中国，因而深受中国传统文化的影响，其各方面都带有浓厚的中国传统文化色彩，这表现了它的民族文化的特点。

1. 中国传统文化背景决定了武术套路的产生

从广义上看，武术是一种自卫的技击术，就技术而言武术套路是为了便于传授、记忆和训练而产生的。但世界上各个国家和民族都有各自的技击术，他们和中国人有相同的人体结构，使用相似的技击器械。他们的技击术也和中国武术一样要遵循相同的人体运动规律和器械运动规律，所以每个技击动作也必然是相同或相似。为什么在其他民族，特别是西方各民族没有产生像中国武术这样完整、丰富的套路，并流传至今呢？这显然与中国的传统文化背景有关。

武术套路是一种高度程式化的运动形式，而各种形式的中国传统文化都无一例外，对

“道”的追求是武术套路产生的思想基础。中国人追求“道”，而“道”有原则、方法、方式、路数之义。这种对道的追求在一定程度上表现为对程式性的追求，以武术技术的形式表现出来则出现了武术的套路。其次，崇礼是武术套路产生的伦理道德基础。中国人崇尚“礼”，礼指某一个时期的典章制度，也包括人们的行为规范、规矩、仪节，它影响到中国人的政治、伦理、道德、礼仪、民俗和人们的生活习惯，进而影响到人们的思维方式。这样就使得中国人上至国家大典，下至百姓生活细小的仪节都要有一定的规格和程序，使人们的一举一动高度程式化，这也就促使武术演练出现了套路的运动形式。最后，中国人重师承，尊师敬祖，而程式化的套路又便于传承，这更使武术套路便于延续和发展。

2. 刚健有为的民族文化精神

中国传统文化的基本精神包含很多方面，而刚健有为的精神尤为重要，它是中华民族的心理要素，包括自强不息、厚德载物两个方面。

刚健有为的民族文化精神在武术中得到了充分的体现。武术是一种人体运动，且是一种技击术，必然崇尚勇武，追求制胜。传为宋人调露子所撰的《角力记》中说“夫角力者，宣勇气量巧智也。然以决胜负，骋矫捷，使观者远怯懦，成壮夫，已勇快也。”无论是对习者还是对观者都传达了一种勇武顽强、一往无前的强者争胜的精神。即使是以动作轻柔缓慢为技术特点的太极拳也是如此。清武禹襄在《太极拳解》中说：“气以直养而无害，劲以曲蓄而有余。”他所说的“直养而无害”的气，正是孟子所说的“至大至刚，以直养而无害”的“浩然之气”。陈鑫说：“何为气，即‘天行健的’一个‘行’字……即乾坤之正气，亦即孟子所谓‘浩然之气’。”可见，习武者无论是外在的技术，还是内在的心态，都体现了一种积极的、刚健有为的精神。精于武术的明代学者颜元大声疾呼：“一身动则一身强，一家动则一家强，一国动则一国强，天下动则天下强。”此呼声至今使人感到发聋振聩。

3. 注重和谐

中国传统文化的最高价值原则是和谐，这一原则认为宇宙是一个和谐的整体的世界观以及重和谐的思维方式共同对中国传统文化产生了深远的影响，决定了中西文化的基本差异。重和谐的思想就是希望达到“天人合一”和“物我合一”，注重人与自然、人与社会及人与自我身心内外的和谐统一。由于注重人与社会的和谐，因此习武者尚武而不随意用武，在解决人与人之间矛盾时讲究先礼后兵，遵循《论语》中“礼之用，和为贵”的思想。

注重个人身心动作和谐，强调“内三合”和“外三合”。关于内外相合的理论在武术不同拳种中或直接论，或间接提到，可以认为它是中国各拳种的一个共同要求。武术所强调的“合”，其实质就是协调、和谐。所以武术的“合”不仅是动作上下内外协调的技术要领和要求，更是武术的一种重要理论，是由中国传统文化重和谐的价值观所决定的。

4. 注重形神兼备

一个武术动作或一系列武术动作，总是由人体的四肢、躯干的不同运动方式来完成的，这就构成了外在的“形”，并且还要通过这个外在的“形”来表现出内在的“神”。而中国人往往把主体内在情感的表现放在中心位置。无动作外在的形，就无从表现内在的神；若徒有动作外在的形，而缺乏或不能很好地表现内在的神，其动作也必然是一个肤浅的、缺乏内在力度的形。形神的问题不仅是一个技术问题，它原是中国传统哲学中的重要范畴，后来晋代画家顾恺之将其运用于画论，使之有了深刻的美学意义，指出形的描画是为了写神，不仅要追求外在形的美，更要追求内在神的美。此后在许多不同的中国传统文化领域里都以形神兼备作为要旨，武术也必然从中吸收了营养。所以说，形神兼备不仅是画论，也是拳理，是中国传统文化特点在武术中的反映。

5. 注重整体的思维方式

中国文化强调整体思维方式，即在对“对立统一”这个宇宙根本规律的把握上，更注重对立面的统一和协同，强调从统一的角度去观察事物，强调事物的整体性和过程性，这是中国传统哲学天道观的重要特点。把这种观点运用于方法论上就是整体思维，这种思维方式在武术中就表现为既注重每一个动作的规格和细节（正如孟子所说的“不以规矩，不能成方圆”），又更注重单个动作之间的衔接以及全套动作演练的功力和气势。动作的衔接要顺畅，全套的演练要气韵生动、气势连贯、一气呵成。王宗岳说太极拳“如长江大海，滔滔不绝也”，正体现了太极拳演练时整体上气势宏大的要求。所以，从演练的整个过程中去评价技艺的优劣是非常重要的。

6. 既重外练又重内练

所谓“外练”，主要指由人体骨骼、关节、肌肉所组成的运动系统，以及由运动系统完成的各种动作。

论及“内练”，常涉及“精、气、神”的问题，这和中国的养生术有关。《老子》中说：“是谓深根固柢，长生久视之道。”《吕氏春秋》中认为“精气日新，邪气尽去，及其天年，此之谓真人。”道教的经典《太平经钞》中说：“精气神三者混一，则可延年长生。”为肉体成仙而求长生固是妄说，但其养生的理论却有科学的道理。在武术的动作要领中通常要调整呼吸，使呼吸和动作相互配合：长拳技法中要求“气宜沉”，并有“提沉聚托”四种呼吸方法；太极拳要求“宽胸实腹”“意注丹田”；南拳要求“沉气实腹”“发声呼喝”；形意拳要求“松胸实腹，呼吸自然”；八卦掌的“三病”之一就是“努气”，即“憋气”。各拳种都把运气调息和动作配合放到了一个很重要的位置，不仅是为了动作更加自如，而且是为了通过呼吸运动，进而使循环系统和其他内脏器官得到锻炼。在武术理论中把“精、气、神”加上力和功，与“手、眼、身、法、步”相对应起来，作为训练的要求，这是养生理论和武术理论及训练方法相互结合、相互渗透的结果。

中国传统哲学强调人与自然的和谐、统一；西方哲学强调人与自然的对立、斗争。中国人重内、重合；西方人重外、重分。中国武术之所以重视和谐，重视形神兼备，重视内练和外练相结合，都是中国的哲理在拳理中的反映。

二、武术的价值

（一）武术的观赏价值

武术以可供观赏性来丰富人们的文化生活。体育是一种人的身体活动，所有的体育活动都有运动员表演和观众观赏这样一个互动的过程。武术既是一种人的身体活动，具有人体运动的一般审美价值，又是一种武技，能表现人在攻防技击时的技巧和能力，因此它具有一种技击性的神秘色彩和审美价值。同时，武术既有单练又有对练，既有套路训练又有对抗性练习，使它可以满足人们的不同欣赏需要。并且在其产生的过程中得到了加工、改造、提高，因而它又具有一定的艺术性。所以武术有其特殊的观赏价值。此外，因为武术在中国有广泛的群众基础，存在于民间，所以在各种喜庆集会活动中常有武术表演，这就使武术对丰富人民的文化生活具有更重要的作用。

各种类型的有组织或自发的武术表演活动一直持续到现在。在农村，每逢冬季农闲或庙会、春节、赶集时，常有武术爱好者表演，在南方还常与舞狮舞龙相结合，不收钱物，不较胜负，又异于卖艺，演者观者都自得其乐。这种季节性的民间武术表演已成一种民俗时尚，是中国民间文化生活的一部分。

此外，还有许多有组织的武术比赛或表演，也都吸引了大量的观众，其中有许多武术爱好者，观看的目的在于观摩、学习，而一般观众则是在观赏的过程中得到一种精神上的满足和享受。

（二）武术的教育价值

教育价值体现了武术在学校教育中的作用和地位。中国在秦朝以前的学校教育中都重视有关军事武技的教学内容。《周礼》中说："乃教之六艺"，即礼、乐、射、御（驭）、书、数。其中，射、御都是和军事、攻防有关的技术。《孟子》中说："设为庠序学校以校之。庠者，养也；校者，教也；序者，射也。"其中，"序者，射也"是说序的意思是习射练武。秦以后虽然文武分途，并有重文轻武的倾向，但对于国家来说，文事武备不可或缺。

特别是明清之际的思想家、教育家颜元，提倡实践，重视实用。他不仅自己学习武术，擅长拳法，而且在他所主持的漳南书院的授业课程设置中就有武备课。在漳南书院中"而习礼、歌诗、学书计、举石、超距、击拳，率以肄三为程，讨论农兵，辨商今古。"学子们在学习各种功课的同时，还要跑跳、举重和练习技击的技术，在当时这是难得一见的生动活泼的"学校"生活场面。可见，武术这种传统体育是学校教育中很重要的一部分。

新中国成立以后，武术在学校教育中的地位进一步得到加强。多年来，武术始终是各级学校体育课的必修内容之一，在开展校园体育活动、丰富学校生活、增强学生体质方面都起到了重要作用。特别是武术作为一种民族的传统体育活动，在举国上下为振兴中华而努力奋斗的背景下，对提高民族自信心有着重要的作用。

武术是一种武技，学习武术对人还有一种武德的教育作用。武德可以理解为掌握武技的人所应具备的道德，是习武者为把握社会、实现社会价值而建立的自我约束与精神自律的体系。在学习武术时注重武德，可以增强人的社会责任感，为自我修养的提高、维护社会的正常秩序起到积极的作用。

（三）武术的经济价值

发展体育运动的最终目的是为了促进经济的发展，因为体育和经济的发展有一种内在的联系。经济发展需要健康的劳动力，体育的发展需要足够的物质和财富上的保证，同时，体育本身就是一种产业，体育事业的发展能够直接带动经济的发展，这也就决定了体育在整个国民经济中的地位。所以在我国，体育是国民经济中的一个独立的部分，有其独立的职能。由于武术是我国的一项传统的体育项目，它拥有广泛的群众基础，因此它在促进经济发展中又有其特殊的价值。

武术是一种精神产品，是一种社会享受的消费品，它和其他体育项目一样以劳务的形式为社会服务。

当武术以精神产品提供给社会的时候，提供这种精神产品的人也就提供了劳务，这种劳务可以创造财富，具有价值，可以进行交换，这种交换就为社会创造了财富。

在人的社会生活中，物质产品是不能缺少的，精神消费也同样是不可缺少的。特别是随着人们物质生活水平的提高，对精神产品的需求也随之提高，对体育的需要也逐渐增加，武术作为一种精神产品也表现了它的经济价值。同时，随着武术运动的发展，与武术相关的器材、服装等用品的消费也越来越多，虽然这不是武术本身所创造的价值，但却和武术的发展有着直接的关系。

第三节　武术的流派与分类

所谓武术流派，是指由于不同的技术特点和风格而形成的武术派别。从动态发展的眼光来看，武术流派与现代武术的各种运动形式实质上都是对武术的不同分类方法。早期武术流派受到当时武术发展水平和人们认识武术的局限，从不同角度对武术流派进行划分；而现代武术运动是按照现代体育的运动形式对武术进行分类的，两者既相互联系又相互区别。

一、关于武术流派的不同说法

流传于中华民族各地区的不同流派和不同风格的武术，凝结了不同历史时期中国人民的智慧。历史上关于武术流派，较有影响的主要有以下几种说法。

（一）“长拳”“短打”之类

明代戚继光在《纪效新书》中介绍了当时流行的拳法有“长拳”“短打”的分类，记载了“势势相承”的宋太祖“三十二式长拳”，还有“张伯敬之打”“李半天之腿”“千跌张之跌”和“鹰爪王之拿”等不同流派。明代程宗猷《耕余剩技·问答篇》记载：“长拳有太祖温家之类，短打则有绵张任家之类”。后来人们将遐举遥击、进退急速、大开大合、松长舒展的拳术称为长拳类；而贴身近战、势险节短、动作幅度小、短促而多变的拳术称为短打类。

（二）“内家”“外家”之说

清初黄宗羲撰《王征南墓志铭》中提到：“少林以拳勇名天下，然主于搏人，人亦得以乘之。有所谓内家者，以静制动，犯者应手即仆，故别于少林为外家”。明清之际的内家拳仅是一个拳种，外家拳仅指少林拳。到民国期间发展成“几主于搏人”“亦足以通利关节”者，概称“外家拳”；凡注重“以静制动”“得于导引者为多”，概括称为“内家拳”。后来有把太极、形意、八卦归为内家拳的说法。

（三）“黄河流域派”“长江流域派”之划法

民国初年《中国精武会章程》等书中，使用了“黄河流域派”“长江流域派”，以江河流域分派。曾流传于不同区域的武术，风格特点迥然各异，因而划分为不同的流派。

(四)“南派”“北派”之分

按地域划分的派别，见于民国时期陆师通《北拳汇编》等书使用的“南派”“北派”的分法。此说法在民间广为流传，以流传地域为基础，并受地理环境气候的影响。我国南方流传的武术拳法多，腿法较少，动作紧凑，劲力充沛；而北方流传的武术腿法丰富，架势开展，动作起伏明显，快速有力，素有“南拳北腿”之称。

(五)“少林派”“武当派”之别

少林派因以少林寺传习拳技为基础而得名。少林拳源自嵩山少林寺僧众传习的拳术，后来逐步发展为与少林拳系特点相近的拳技归为少林派。少林派拳技有少林拳、罗汉拳、少林五拳等。俗称内家拳为武当派，以黄宗羲撰《王征南墓志铭》为据“有所谓内家拳者……盖起于宋之张三丰。三丰为武当道士”。清末又有人称太极拳传自明代武当道士张三丰，此后遂将内家拳、太极拳、八卦掌、形意拳称为武当派。1928 年成立的中央国术馆，曾一度依这种民俗分类和称谓，将该馆教学内容分为“武当门”和“少林门”。现有人将流传于武当山地区一带的武术称为“武当派”。

历史上的这些流派不同的说法，在某种角度上起着分类作用，虽然受到当时武术发展水平和人们认识武术的局限，但却对人们研究武术技术特征、武术分布区域和促进武术的发展与传播起到了一定作用。

二、武术流派的发展

武术流派的发展大致有三种情况：其一，类同合流，壮大拳派，流派在发展过程中，将一些技法特征相同或相类似的拳种归为一类，形成较大的拳派，传统的少林拳派就属此类情况；其二，繁衍支系，发展拳派，各式太极拳的繁衍，即属此类情况；其三，融合诸家，创立新派，如蔡李佛拳、五祖拳以及形意拳、八卦拳等，这种现象尤多。

武术流派在漫长的历史过程中，虽然受到封建时代小农经济以及宗法制度等的影响，使技术流派蒙上宗派、行、帮、教门等色彩，但武术技术流派在中国武术发展的历史长河中仍然起着积极的作用。流派体现了不同技术特点的风格，流派组成了不同的门类，流派延续了古老的技艺，使武术几千年来得以生生不息。

第四节 太 极 拳

一、太极拳概述

太极拳是武术的主要拳种。“太级”一词源自《周易·系辞》：“易有太极，是生两仪”，含有至高、至极、无穷之大意。太极拳这个名称是取意，因为太极拳拳法变幻无穷，含意丰富，所以用中国古代的“太极”“阴阳”这一哲学理论来解释和说明。

关于太极拳的起源及其创始人，民间有几种不同的说法。根据考证，太极拳源于明末清初。据《温县志》的记载，明崇祯十四年（1641），陈王廷任河南温县“乡兵守备”，明亡后隐居家乡耕田习拳，如《遗词》所说：“闷来时造拳，忙来时耕田，趁余间，教下些弟子儿孙，成龙成虎任方便……”。从陈王廷的《拳经总歌》中可以了解到，他所创造的太极拳受明朝将军戚继光所编著的《拳经三十二势》的影响很大。陈王廷将《拳经三十二势》中的二十九势编入了太极拳套路，如《拳经三十二势》以“懒扎衣”为起势，而太极拳各套路起势也均以谈动作为起势。甚至陈王廷的《拳谱》和《拳经总歌》的文辞也与《拳经三十二势》相仿。

太极拳运用传统中医经络学说，拳势动作采用螺旋缠绕式的伸缩旋转方法，要求以腰为轴，内气发源于丹田，通过缠绕运动，到达任督两脉和布于周身，从而达到“以意用气，以气运身”的境界。在练习时，要求意识、呼吸和动作三者密切合为一体，这就使太极拳成为内外统一的拳术运动。

太极拳在长期演变过程中形成了许多不同风格和特点的传统流派，其中流传较广和具有代表性的有以下五式。

（一）陈式太极拳

有老架和新架之分，历经几代传习，现代流传较广泛的传统套路为一路（老架）、二路（炮棰）。第一路拳，动作柔多刚少，以棚、捋、挤、按手法为主；第二路拳，动作刚多柔少，用劲以采、列、肘、靠为主。此外，还有动作小巧紧凑的小架（赵堡架）。陈式太极拳运动特点是：刚柔相济，手法螺旋缠绕且多变，呼吸要求“丹田内转”，套路架势宽大低沉，且有发劲、震脚和跳跃动作。

（二）杨式太极拳

河北永年人杨露禅幼年扶师于陈家沟陈长兴习拳，成年后返京传习太极拳，终经其孙杨澄甫修改发展，成为当代最为流行的大架子杨式太极掌。其特点是：动作舒展和顺，速度平衡均匀，架势中正圆满，结构严谨庄重，具有套路演练气派大的风格。

（三）吴式太极拳

北京大兴人全佑，初从杨露禅习太极拳，后拜师杨露禅子杨班侯学杨式小架太极拳。其子吴鉴泉在传承杨式小架太极拳的基础上使拳术柔化而连绵不断，逐渐形成了吴式太极拳流派。其特点是：拳架紧凑而开展，斜中寓直，动作轻松自然，以柔化著称。

（四）武式太极拳

河北永年人武禹襄，初从师杨露禅习陈式老架太极拳，后又随陈青萍学陈式新架太极拳，经多年演练，自成一派独特风格。其特点是：姿势紧凑，动作小巧，步法虚实分明严格，出手不过足尖，左右手各管半个身体，胸腹部在进退旋转中始终保持中心位置。

（五）孙式太极拳

河北定州人孙禄堂，精通形意拳和八卦掌，后向郝为真学习武式太极拳。孙禄堂将形意拳和八卦掌精华融入太极拳中，从而逐渐形成了自为一体的孙式太极拳。其特点是：进退相随，动作敏捷，舒展圆活，每转变方向时以开合动作相接，故又被称为开合活步太极拳。

从20世纪50年代开始，太极拳得到了蓬勃发展，先后有二十四式等太极拳套路问世。20世纪90年代，又有四十二式太极拳竞赛套路和各式流派的太极拳竞赛套路出现。为适应全民健身需要，八式和十六式的简化型太极拳得到了推广。同时，中国传统的太极拳运动在世界各地也得到广泛的传播。

二、技法特点

（一）虚灵顶劲竖项

经络学说有以头为百脉之宗的说法。练习太极拳时要求头顶部百会穴轻轻上提，好似头顶上有绳索悬着，从而感觉有虚灵顶劲之意，也称顶头悬。虚灵顶劲可使头部自然垂直，有利于练拳时的控制平衡和中枢神经对器官机能的调节等。

要保持虚灵顶劲姿势不松塌和不强硬，颈项要端止竖起，颈项的自然放松能使头部左右转动时自然灵活，达到头正、顶平。做到虚灵顶劲，才能精神饱满、意会贯注，保持练习时的动作沉稳和扎实。

（二）沉肩坠肘坐腕

上肢的三大关节为肩关节、肘关节和腕关节。练太极拳时在松肩的前提下要求沉肩坠肘，沉肩坠肘有利于躯干的含胸拔背，同时会有身体重心下沉的内劲感觉。沉肩坠肘动作要保持肘下的回旋余地，不要把臂紧贴胸部或体侧，还要有微向前合抱的感觉。

坐腕是腕关节向手背一侧自然屈起，无论在定势动作还是运转动作中，都须注意坐腕要求。坐腕对各类手法的劲力都有积极作用，如腕部松懈则前臂无力。掌握自然伸展的舒指与坐腕相配合，既有动作形象美感，又有臂部的劲力体现。

（三）含胸拔背实腹

含胸是胸廓略向内微屈，使胸部有舒宽的感觉。太极拳的含胸拔背是对身体姿势的基本要求，不是随动作变化而变动的。它既能使胸腔上下径拉长，横膈肌有更大向下舒展余地，有利于腹式呼吸的深长，又能有助于身体重心的下沉。拔背是当胸向内微含时，背部肌肉往下松沉，两肩中间脊背鼓起上提，同时略向后上方拉起，使背部肌肉产生一定张力和弹性。

横膈肌运动所产生的腹式呼吸，使腹部肌肉逐步得到锻炼，腹部渐渐充实圆满，尤其是下腹部的充实，更有益于气沉丹田的要求。腹部随练习会时松弛时紧张，但始终保持松弛的状态和感觉。含胸拔背实腹相互作用，练拳时保持着躯干的基本姿势。

（四）松腰敛臀圆裆

腰是身体转动的关键部位，对动作变化、重心稳定等都起主要作用。练习时，对腰部的要求是松而沉。腰部松沉时要注意腰部能直竖，以有利于正神贯顶的要求。虽然太极拳流派风格不一，如吴式太极拳的野马分鬃动作，身体姿势倾斜，但仍保持腰部脊柱直竖，也称作斜中寓直。

敛臀是在松腰的基础上使臀部稍做内收，同时和含胸拔背互相作用。敛臀时，放松臀部和腰部肌肉，使臀部肌肉向外下方舒展，然后向前、向内收敛，好似臀部把小腹托起。此举有利于气沉丹田的要求。

当两胯撑开，两膝有微向里扣的感觉时，就能起到圆裆的作用。胯关节是协调腰腿动作的主要关节，如果胯关节紧张，腰腿就很难相顺相随。圆裆和松胯的相配合能使腰部灵活并起到臀部内敛的作用。

（五）心静体松意注

太极拳练习的重要原则是心静意注。也就是说，练拳时思想集中，肢体放松，以意念引导动作的变化和运行。心静体松意注，要求在未练拳之前即肢体放松，端正姿势，思想上摒除其他干扰杂念，处于无思无意状态。动作开始后，更应精神集中，用意念来引导动作，做到以意导体，意动形随。需要强调的是，体松并非肢体绵软无力，而是要消除拙力和肢体僵硬，按照动作的虚实变化，做到全身不该用力之处不用力，逐步达到以松入柔，积柔成刚，刚柔相济。体松是一种达到练习太极拳刚柔相济的手段和方法。

（六）呼吸深长自然

太极拳练习时的呼吸，采用腹式呼吸来加深呼与吸的深长。腹式呼吸应配以意识引导动作，自然和均匀地、有意识地将气送至小腹，也就是常说的“气沉丹田”。太极拳练习的基本姿势都促使腹式呼吸达到深长的要求。“拳式呼吸”一般是指练习时动作的开合屈伸、起落进退、虚实变化等结合一呼和一吸。呼吸与动作变化的配合应该是十分自然的，而不应该牵强地固定某动作必须是吸或者某动作必须是呼。所以，“拳式呼吸”是在呼吸自然的前提下进行的。掌握正确与动作自然相配合的腹式呼吸方法，可使练习时肢体更放松，注意力更集中，动作更圆活和沉稳。

（七）势势意连形随

太极拳讲究一动无有不动，而且始终以意念引导动作。每当一个动作完成时，意念中就有下一个动作出现，要有意连形随的感觉。例如两手向前按时，先要有向前按的意向，然后动作随即跟着前去。意念不中断，上一个动作和下一个动作之间不产生停顿，保持着势势相连，绵绵不断。整个套路练习从头到尾给人一种连贯圆活的感觉，又好似有行云流水的舒畅感。太极拳练习基本上是缓慢的匀速运动，在意念领先的前提下，通过不断练习，能够达到势势意连形随的境地。

就陈式太极拳而言，有发劲、震脚和跳跃动作，动作与动作之间似乎与其他流派太极拳不一样，有停顿现象。但同样以势势意连形随的要求去衡量，就会有一种特有的动作节奏感悟，而不是简单的动作停顿。

（八）轻沉虚实兼备

太极拳是一种轻灵、缓慢、沉稳的拳术。动作如抽丝般徐缓不躁，又稳又静；迈步如猫行般轻起轻落，起步和落步都要有轻灵的感觉。即所谓一举动，周身都要轻灵，故有运劲如抽丝、迈步如猫行之说。轻灵和沉稳是相对独立而又统一的。太极拳的基本身体姿势和气沉丹田的腹式呼吸使身体重心下沉，无论是行步还是定势，步型步法既轻灵又沉稳。

太极拳以阴阳转换理论做指导，在每一势和每一动中，始终有着阴阳转换，即虚与实的转换。例如云手，左脚虚右脚实时，左脚向侧跨步；左脚实右脚虚时，右脚向左脚并步。身体重心也随着步型步法的虚实变化而不断转换位置，不会有滞迟沉重的感觉。同时虚实等的变化贯穿整个套路之中。阴阳本身就是一对矛盾，而不断地转换就形成了不停顿的运动。太极拳的轻灵、沉稳、虚涵、扎实也在不断地练习过程中转换和变化，达到统一和谐的境界。

第十二章 操类运动

第一节 健美操

一、健美操运动概述

健美操是近几十年发展起来的一项新兴的体育运动项目，它起源于传统的有氧健身操，是以有氧运动为基础，以健、力、美为特征，融体操、音乐、舞蹈为一体的大众健身方式，也是竞技运动的一个项目。通过徒手、手持轻器械和在专门器械上进行的健身操练习，可达到健身、健美和健心的目的，并具有竞技性、娱乐性和观赏性。从2005年起，国际上将健美操统一命名为“Aerobics gymnastics”。

健美操作为一项独立的体育项目兴起于20世纪60年代末和70年代初。源于人们对健康、健美的追求，是体操、音乐、舞蹈逐步结合与发展的产物。从服务于大众健身需要的现代健身健美操的诞生，到高水平竞技健美操的出现，经历了一个飞速发展的过程。

19世纪末20世纪初，欧洲出现了许多体操流派，他们在理论和实践上的创新对健美操的发展起到了推波助澜的作用。而20世纪80年代初，随着遍及全球的健身热和娱乐体育的发展，健美操以其强大的生命力风靡世界。美国是对世界健美操的发展有着重要影响的国家，代表人物影视明星简·方达根据自己的健身体会和经验，撰写了《简·方达健身术》一书，自1981年出版后，引起了世界的轰动。她的现身说法，促进了健美操在世界范围内的推广。与此同时，自1985年开始，美国正式举办一年一度的健美操锦标赛，并确定了竞赛项目和规则，使健美操发展成为竞技性运动项目。

健美操不仅在美、英、法等国家迅速发展，而且在一些发展中国家和地区也得到不同程度的开展。苏联早已把健美操列入大、中、小学的体育教学大纲。在亚洲地区，日本、菲律宾、新加坡等国家也建有许多健美操活动中心及健身俱乐部。人们开始将健美操作为主要健身方式，由此形成了世界范围内的“健美操热”。

世界性的健美操热是于20世纪70年代末传到我国的。当时北京、上海、广州等地相继举办了各种健美操培训班，随后通过各种新闻媒介对国外各种健美操的介绍，逐步推动了健美操在我国的广泛开展。

1984年，原北京体育学院成立了健美操研究组。接着，上海体育学院成立了健美操教研室，率先开设了健美操课程。一些大专院校也根据国家教委对高校体育教学的要求，逐步开设了健美操普修或选修课。从而把我国的健美操从社会引向了学校。

1986~1988年，健身健美操和竞技健美操在我国得到了长足的发展。继1986年4月在广州举行的我国首次“全国女子健美操邀请赛”后，1987年5月在北京又成功地举办了首届正式的竞技健美操比赛——“长城杯”健美操邀请赛。为了有组织、有计划地推进全国大学生健美操运动，1992 年 2 月，在北京成立了中国大学生体育协会健美操、艺术体操协会。1992 年 9 月，中国健美操协会在北京正式成立，标志着我国健美操运动进入到一个崭新的发展阶段。

二、健美操的分类与特点

（一）建美操的分类

健美操的内容丰富、形式多样、种类繁多，按照不同的目的和任务，可将健美操分为健身健美操和竞技健美操两大类，见表 12-1。

表 12-1　健美操运动分类

健身健美操		竞技健美操
徒手健美操	轻器械健美操	特殊场地健美操
一般健美操	哑铃健美操	水中健美操
搏击健美操	踏板健美操	固定器械健美操
健身街舞	橡皮筋健美操	功率自行车
拉丁健美操	健身球健美操	

1. 健身健美操

健身健美操是一种有氧运动，也称有氧健身操。它以健身为目的，通过在有氧供能的条件下，按照一定的顺序全面锻炼身体的各个部位，来提高有氧代谢能力，增进健康，健美形体，焕发精神，娱乐身心。为了保证一定的运动负荷和锻炼的全面性，其动作多有重复（可持续中低强度的全身性运动达 1 个多小时），并均以对称的形式出现，也可使用器械增加锻炼效果。因健身健美操主要是面向大众，故也称大众健美操。健身健美操动作比较简单，讲究针对性和实效性，节奏感强，强度和难度相对较低，而且练习时间也可长可短，也可以根据个体情况而变化，所以为社会不同年龄、性别、职业、基础的人所喜爱和选用。近年随着人们对健身娱乐的需求越来越强，出现了多种时尚的徒手健美操和健身舞，进一步丰富了健身健美操的练习形式。

2. 竞技健美操

竞技健美操是在健身健美操的基础上发展起来的，其重要目的是“竞赛”。竞技健美操有特定的竞赛规则和评分办法，其成套动作必须展示连续的动作组合、柔韧性和力量，并在综合运用七种基本步法的同时，高质量完成各类难度动作。竞技健美操对人的身体素质、技术能力和艺术表现力都有较高的要求，是展示人体健、力、美的竞赛项目。其参赛人数、比赛场地和成套动作的时间等方面都有严格的规定，在动作设计上也要求更加的多样化，并严格避免重复动作和对称动作。

（二）健美操运动特点

健美操与其他体育锻炼方式相比较，具有以下几个主要特点。

1. 健身美体的实效性

健美操是以人体解剖学、人体生理学、体育美学、体育心理学等多科理论为基础，以健身美体为目的的健身运动。与其他体育项目相比，健美操运动讲究健美大方，强调力度和弹性，趋向以不停顿地连续走、跳、跑，使练习者消耗过剩的脂肪，增强肌肉力量，提高协调灵敏性，表现健美的体姿。可以说健美操对塑造人健美的体形，培养健美的体态，提高人的协调性和弹跳能力，培养人的审美意识都有较大作用。

2. 强烈的时代感和律动感

健美操把基本体操、现代舞蹈和有节奏感的音乐巧妙地融为一体，是具有鲜明特色和强烈时代节奏感的新型体育项目。其动作素材多为富有时代感的现代舞蹈、时尚体操，其音乐多取材于迪斯科、爵士、摇滚等现代音乐。是在音乐伴奏下的体育项目，旋律更加激昂振奋，节奏鲜明强劲，体现了鲜明的律动感，充满着青春活力，深受广大青年和学生的喜爱。

3. 高度的艺术性

健美操是一项追求健与美的运动项目，隶属体育的范畴，强调艺术性。与同样具有艺术性的体育项目相比，健美操比起健美运动更具动感和弹性（非静止造型），比艺术体操更强调健美和力度（非柔美和连绵不断），比基本体操更讲究多变与活力（非完全对称和“横平竖直”）。参加健美操锻炼，不仅使练习者锻炼了身体，增强了体质，而且从中得到了莫大享受，提高了审美意识和艺术修养。

4. 广泛的适用性

健美操能够健身美体，符合现代人追求健美身心的需要。在激昂振奋的音乐声中，舒活筋骨，自娱自乐，能给人们带来欢乐奔放的情感体验。健身健美操的动作套路形式多样，节奏有快有慢，套路有长有短，动作有难有易，运动负荷和运动强度的大小可任意调节，适合于不同行业、不同年龄、不同性别、不同体质的人锻炼，各种人群都能从健美操的练习中找到适合自己的方式，并得到乐趣。此外，健美操锻炼对场地、器材条件要求不高，练习起来简便安全，适合不同地区、不同条件的人群开展，具有广泛的适用性。

三、健美操的基本动作

健美操运动的基本动作是由基本步法和上肢基本动作两部分所组成。其中，基本步法是组成动作组合的最小单位。

（一）基本步法

表 12-2 为健美操基本步法。

表 12-2 健美操基本步法

类别	原始动作形式	低冲击力形式	高冲击力形式	无冲击力形式
交替类	踏步	踏步、走步、V 字步、一字步、漫步	跑步	
迈步类	侧并步	并步、迈步点地、迈步吸腿、迈步后屈腿、侧交叉步	并步跳、小马跳、迈步吸腿跳、迈步后屈腿跳、侧交叉步跳	
点地类	点地	脚尖点地、脚跟点地		
抬腿类	抬腿	吸腿、摆腿、踢腿	吸腿跳、摆腿跳、踢腿跳、弹踢腿跳、后屈腿跳	
双腿类			并腿跳、分腿跳、开合跳	半蹲、弓步、提踵

1. 踏步

动作要领：传统的低强度步伐。两腿原地依次抬起，交替落地，要求落地缓冲，脚尖过渡到脚后跟，两脚尖平行，方向朝前。

技术要点：上体保持正直，收腹立腰，抬腿时腿屈于体前，落地时踝、膝、髋关节依次有弹性地进行缓冲。

易犯错误：上体控制不够（如出现身体前后晃、左右摆等）；下肢动作弹性不够。

纠正方法：收腹立腰，并腿屈膝弹动；先放慢踏步动作，体会屈膝弹动技术；再以正常速度练习踏步动作；练习踏步的不同形式（如并步、V 字步、踏点步等），充分感受步伐的弹性。

2. 走步

走步是指不同方向踏步移动身体。

3. 一字步

一字步动作要领：一脚向前一步，另一只脚并与前腿，然后再依次还原。

4. 漫步

漫步动作要领：左脚向前踏一步，屈膝，右脚稍抬起然后落回原处，接着左脚再向后踏一步，右脚同样稍抬起然后落回原处。

5. V 字步

V 字步动作要领；一脚向侧前迈一步，紧接着另一脚向相反方向侧前迈一步，屈膝，然后依次退回原位。

6. 后踢腿跑

动作要领：相对于踏步是高强度动作。一腿跳起落地，另一腿的小腿极大限度向后屈膝踢起，要求髋和膝在一条直线上；两腿依次经腾空落地，落地缓冲，脚尖过渡到脚后跟。

技术要点：上体保持正直，摆动腿极大限度地屈向臀部，保持膝、踝弹动有力。

易犯错误：上体前倾，跑跳蹬地无力，勾脚尖，小腿后屈幅度不够。

纠正方法：先联系原地并腿立定跳，体会小跳时身体在空中收腹立腰的感觉；然后再练习单腿小跳，后踢腿跑时支撑腿踝关节立起用力下压，另一腿后踢时，小腿尽可能后屈靠臀部；绷脚面，两腿交换时注意屈膝缓冲。

7. 弹踢腿跳

动作要领：一腿跳起落地，另一腿先屈膝，然后向前下方弹踢伸直腿部，膝关节和髋关节运动要有控制的延伸，脚尖绷直，要求屈膝落地缓冲。

技术要点：上体保持正直，摆动腿后屈至臀部，然后向前下方踢腿，在腿部伸直的瞬间膝关节和踝关节运动要有控制的延伸，注意膝关节充分屈伸。

易犯错误：上体前倾，收髋，起始动作为向前下方的踢腿，摆动腿弹踢时松弛无控制，摆动腿踝关节松弛。

纠正方法：单手扶把杆（扶墙）练习擦地；原地练习弹踢腿，体会小腿的制动，绷脚面，脚趾扣紧鞋底；

8. 吸腿跳

动作要领：一腿跳起落地，另一腿屈膝向上抬起，小腿垂直于地面，脚尖绷直；大腿高度不低于腰部。大腿的高度不同，动作的强度也不同。

技术要点：上体保持正直，摆动腿屈膝抬起，大腿与躯干的夹角应小于 90°，摆动腿尽可能靠近胸部；小腿自然垂直于地面，脚面绷直，支撑腿伸直。

易犯错误：大腿与躯干的夹角大于 90°，摆动腿小腿未垂直地面，勾脚尖。

纠正方法：做吸腿动作时摆动腿屈膝高抬靠胸部，上步吸腿，支撑腿伸直，摆动腿小腿自然下垂，控制好重心，手扶把杆（扶墙）收腹立腰，练习上步吸腿动作。

9. 踢腿跳

动作要领：一腿跳起落地，另一腿直膝向前或向侧加速上踢，支撑腿可轻微弯曲。

技术要点：直腿高踢，绷脚尖，脚尖应高于肩部，两腿夹角大于 145°；支撑腿伸直，膝关节在整个动作过程中充分伸展，上体保持正直。基础练习时，踢腿高度不需要很高，但要有控制。

易犯错误：身体姿态变形，如含胸收腹等，腿踢高度不够，未超过肩部，支撑腿膝关节弯曲，重心下降，摆动腿膝盖弯曲，姿态难看，勾脚尖。

纠正方法：做一些柔韧练习（例如体前屈、正、侧压腿等练习），练习原地并腿跳，体会腰腹、腿部的肌肉的控制感觉，把杆或扶墙练习擦地、踢腿动作，体会直角绷脚尖。

10. 开合跳

动作要领：由并腿跳起成分腿落地，分腿时，髋部外开，屈膝缓冲，膝关节弯曲的方向与脚尖方向相同；然后再跳起并腿落地，脚可平行落地或外开。

技术要点：双腿跳起成分腿落地时，髋部外开，两脚自然分开稍宽于肩，膝关节自然弯曲缓冲，膝关节的投影点不能超过脚尖。要求起跳有力，落地缓冲，身体在空中有控制，并腿跳时大腿内侧肌肉主动内夹收紧。

易犯错误：两脚分开距离小于肩宽，膝关节内扣，落地没有缓冲，两脚落地时依次而未同时。

纠正方法：原地练习两侧分腿半蹲，两脚尖距离要稍宽于肩，膝关节和脚尖向外，扶把练习开合跳。

11. 弓步跳

动作要领：上体正直，并腿跳起两腿前后分开成弓步，两脚尖向前并平行，脚后跟可以不着地，重心在两腿之间。

技术要点：屈腿的膝关节的投影点不能超过脚尖，另一腿膝关节伸直，落地时注意膝、踝关节的缓冲，两脚尖向前并平行。

易犯错误：后腿弯曲，两脚不在平行线上。

纠正方法：扶把练习吸腿后放成弓步，反复练习弓步后腿踝关节立刻接下压动作（或弓步后腿脚后跟踢起、下压动作），要求膝关节伸直，体会脚部肌肉控制，力量向下延伸的感觉。

（二）上肢基本动作

1. 自然摆动

屈肘或直臂前后摆动，可以同时或依次摆动。

2. 绕、绕环

以肘或肩为中心，直臂的摆动。

3. 臂屈伸

臂由屈到伸的动作。

(三) 基本手型

1. 掌（见图12-1）

并掌：大拇指关节弯曲内扣，其余四指并拢伸直，手腕伸直，使手臂成一条直线，腕关节和掌关节适度张开。

开掌：五指用力伸开，并伸直。

立掌：手掌用力上屈，五指自然弯曲。

并掌　开掌　立掌

图12-1　掌型

2. 拳（见图12-2）

实心拳：四指卷握，大拇指末关节压住食指、中指的第二关节处。

空心拳：四肢蜷曲，大拇指末关节压住食指、中指的末关节，拳成空心状。

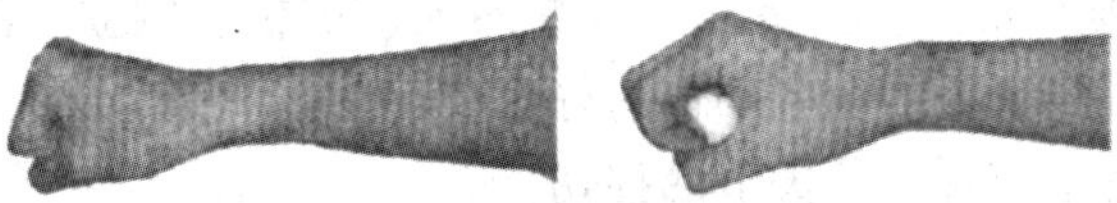
实心拳　空心拳

图12-2　拳型

3. 其他手型（见图12-3）

(1) 西班牙舞手型：五指分开，小指内旋，拇指稍内收。

(2) 剑指：食指和中指并拢伸直，拇指、无名指、小指并拢内收。

(3) V指：拇指与小指、无名指弯曲，食指和中指伸直并尽力分开。

(4) 响指：无名指与小拇指屈握，拇指与食指、中指摩擦后，中指击打大鱼际处产生响声。

四、健美操编排的基本方法及原则

(一) 目的

人类的活动是围绕着自身生存与发展而进行的，健康水平与提高人体各种机能与能力，防病、治病，健美操的主要功能是改善人体各循环系统的运行状况，健美操创编的目的是为

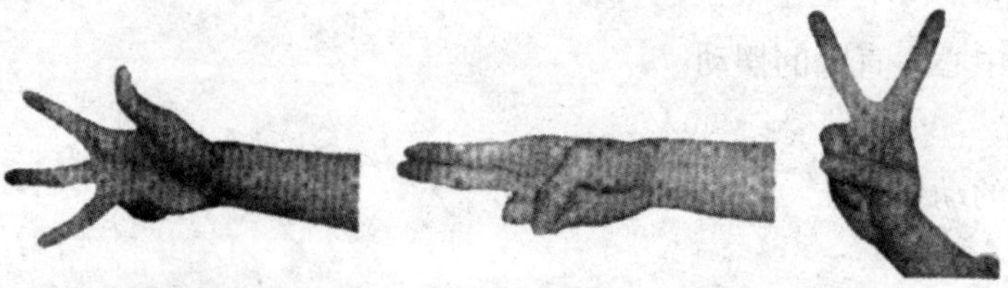

图 12-3 其他手型

了提高并改善人体的健康水平，从而使人们的生活质量有所提高。健美操发展人体运动基本素质，塑造健美形体，营造良好的精神状态，调节身心，提高人对外界事物的适应能力。

（二）依据

健美操的创编是依据有氧运动理论，在健美操七种基本步伐的基础上加以变化并结合徒手体操、舞蹈动作的特点发展起来的。健美操健美身心的效果则取决于健美操本身的质量，只有创编出具有较强锻炼功效、运动负荷及难度适宜又富有魅力的健美操，才能激发人们锻炼的兴趣，使其全身心地投入练习，并取得良好的效果。因此，健美操的创编就显得非常重要。

（三）原则

1. 健康性原则

有氧健身操锻炼的目的是促进身心的健康发展，因此练习手段和运动负荷设计都必须建立在运动科学理论基础上，保证有氧健身操设计的练习健康和安全，避免不合理、有伤害性的动作，避免关节的过度强力屈伸，以及违反人体运动生理解剖结构的动作，如快速绕头、无控制的快速爆发屈伸、跪转、无缓冲落地、拱桥、倒立、滚翻、手翻以及空翻等。应以低冲击和高冲击交替的组合动作为好，成套动作中完全或大部分集中采用高冲击动作是不可取的，容易造成踝、膝关节的损伤。

一套操在动作部位、路线、方向、幅度、节奏等方面设计上，要使身体各部位关节和肌肉群得到充分、全面的锻炼，通过步伐组合变化，培养身体的灵敏性和协调性。注意考虑人体左右两侧部位的肌肉群均衡发展，保持组合动作的对称性和重复性，以及动作和数量的相同性。

2. 针对性原则

有氧操的编排应针对不同锻炼对象的年龄、性别、职业、文化程度、身体状况、运动能力、接受能力、爱好以及生理和心理等特点，有所区别，因人而异。

少年儿童处于生长发育阶段，各器官功能不完善，肌肉力量弱，容易兴奋，模仿力和表现欲强，应选择天真活泼、轻松欢快，形象简单、富有童趣的动作。成套时间要短，运动强度必须符合少年儿童阶段有氧运动指标。在发展有氧能力基础上，注重培养协调性、灵活性、节奏感以及正确的身体姿态。

青年人处于发育的不断成熟阶段，体力和精力充沛、旺盛，因此应加强发展有氧能力、肌肉力量及健美形体。选择热烈奔放、舒展健美、富有时代感和活力感的动作，力求动作力度强、幅度大、速度快、变化大、时间长。其中，男性多注重通过持器械的有氧操来发展肌肉的力量和耐力；女性则侧重选择舞蹈化以及表现力较强的动作，来塑造美的形态和提高动作表现力。

中老年有氧操在编排上要注重提高心肺功能、关节的灵活性和协调性，以延缓衰老。应选编一些简单易学的低冲击走步类型的动作，运动强度、持续时间和动作速度都应降低，避免大起大落和高冲击动作。

3. 科学性原则

根据日本神户女子大学补园一仁教授在"关于长寿与健身，增强体质新理论"一文中把心率作为衡量运动负荷的一种方法，合理的运动负荷应控制在健身区域内，而运动者平均心率达到本人最高心率的60%~80%时为健身区域标准，保证运动中氧的供能以达到良好的锻炼效果。最高心率计算公式为：220-年龄=最高心率。此外，设计有氧健身操的运动负荷应符合人体运动合理的生理曲线。运动负荷应由小到大、由弱到强，使运动心率变化由低到高，波浪式逐渐上升与下降。

（四）方法与步骤

1. 创编前的准备工作

（1）明确目的任务。当创编者要进行创编时，首先是制定目标，明确创编的目标、任务和要求。1）健身性健美操就要按照锻炼的功能去选择动作，考虑对象的客观条件和锻炼的效果等。2）竞赛性健美操就要考虑竞赛类型、规则要求、对象的客观条件和预期的成绩等。3）考虑成套动作的风格、特点，它决定着成套动作的个性与艺术价值。

（2）了解健美操发展动向。学习最新的音像资料，了解规则及健美操的发展动向，研究健身健美操的运动特点。

2. 制订编操的总体方案

（1）素材的选择与确定。通过音像资料的学习，把平时学习与积累的素材进行加工、整理，确定适合目标动作的风格特点，如健身操哪些动作具有锻炼价值、针对性强又容易被接受，初步确定所采用的素材动作。

（2）设计操的结构顺序。开始部分—主体部分—结束部分。如操化组合—地面动作—配合动作—难度动作—高潮部分的安排及整理等动作。

（3）音乐的选择与剪接。音乐是健美操的灵魂，音乐的选择首先是符合健美操的特点，根据创编的目标选择音乐的风格，确定音乐的速度、长度，根据音乐的长短起伏确定成套的结构与动作组合。

（4）按创编原则组合动作。在确定目标、成套结构和选择适宜的素材之后，就可以组合动作，也就是把单个动作串联起来，形成组合动作，再根据结构顺序创编其他动作组合。

（5）按成套顺序完成成套动作的组织。当基本动作组合完成之后，可以按结构框架把动作组合排列起来，审视其中连接是否流畅，如有空缺再用动作填充和修改。

3. 编排记录

根据健身健美操的原则，按照总体方案逐节设计动作，并用速记和简图的方法记录下来。

4. 练习与修整

按设计好的动作进行练习，在练习过程中进行多方面的检查，对整套操的结构顺序、连接是否流畅，以及合理性和艺术性做全面检查，并对运动量和运动强度进行测试，看是否达到健身的生理负荷。根据测试结果，练习者的反馈信息及创编者的观察研究，对操进行适当的修改调整。

5. 撰写文字说明与绘图

将修改整理好的操，用文字和图示的方法记录和绘制出来，以便长期保留、推广、研究、出版和交流。

第二节 啦 啦 操

一、啦啦操运动的发展概况

啦啦操，原名 cheer leading。其中，cheer 的部分，有振奋精神、提振士气的意思。啦啦操来源于早期部落社会的仪式。为激励外出打仗或打猎的战士们，他们通常会举行一种仪式，仪式中有族人欢呼以及手舞足蹈的表演来鼓励战士，希望他们能凯旋。啦啦操是体育运动中的一个新兴项目，起源于美国，遍布美国的 NBA、橄榄球、棒球、游泳、田径、摔跤等比赛现场，至今已经有 100 多年的历史。最初为美式足球呐喊助威的活动，发展到现在成为世界范围内的一项体育运动，受到全世界人民的喜爱。

啦啦操运动是在音乐的衬托下，通过队员舞蹈动作的完美完成及高超的技能技巧展示，集中体现青春活力，追求团队荣誉感和健康向上精神的一项体育竞技活动。啦啦操运动始于 1900 年的美国校园，最早出现在校园体育比赛中，是观众为本队表现呐喊的表演的一种形式。随着大学校园中学生啦啦操运动的发展，尤其是明尼苏达大学啦啦操队首先将体操技巧和舞蹈动作融为一体，极大丰富了啦啦操的内容，使其更具表演性和观赏性。1980 年美国举办了首届全美啦啦操大赛，标志着啦啦操运动已成为一项体育竞技运动，并使啦啦操运动划分为技巧型啦啦操和舞蹈型啦啦操两大类。中国大学啦啦操运动开始于 2001 年，经过短短几年的发展，中国学生啦啦操水平得到了迅速的提高，并在越来越多的学校中得以开展。

啦啦操本身的竞争性导致了啦啦操自身的演化和发展。啦啦操拥有巨大的社会价值，具有广泛的社会适应性，能得到广泛的社会支持。此外，健全的运行机制也是促进啦啦操发展的主要原因。

二、啦啦操运动的基本知识

（一）啦啦操的分类

技巧啦啦操：是以团队的形式出现，结合 Dance（舞蹈）、Cheer（口号）、Partner（舞伴特技，是指托举的难度动作）、Tumbling（技巧）、Basket Toss（轿子抛）、Pyramid（叠罗汉）、Jump（跳跃）等动作技术，配合音乐、服装、队形变化及标示物品（如彩球、口号板、喇叭与旗帜）等要素，体现团队精神。

动感啦啦操：融健美操、舞蹈、音乐等各种技巧动作于一体，通过队形变换以及队员综合素质的体现，为主场队员加油助威，是渲染赛场气氛的一种体育运动形式，是力与美的完美结合，是团队精神的高度体现。

舞蹈啦啦操：爵士舞等其他舞蹈元素，运用手臂动作的延伸和表现，使啦啦操动作更加丰富多彩，生动活泼，更具有感染力。

（二）啦啦操的功能

啦啦操是一个团队项目，它分为技巧啦啦操和舞蹈啦啦操两种，技巧啦啦操主要是完成托举、抛接、翻腾和金字塔这四类技巧难度为主。而舞蹈啦啦操主要是完成各种不同类型的舞蹈动作为主，如花球、街舞和爵士等。但不管是技巧还是舞蹈啦啦操，它们都需要队员们共同去完成，因此，它们共同的功能就是培养学生们的团队意识，增强大家相互协作的能力，提高学生之间的责任心和责任感，增进队员之间的信任感，以及队员们的服从能力和克服一切困难、完成任务的坚强毅力等。

（三）啦啦操的音乐

啦啦操的音乐是由主题音乐与背景音乐搭配而成，一首最佳的啦啦操音乐，必须是音乐的元素、音效、旋律丰富，节奏平稳完整，技术含量高。混合音乐要光滑，多首音乐组合，音乐之间的过渡要流畅。

动作与音乐是啦啦操的灵魂，是啦啦操特有的内容，二者缺一不可。只有将啦啦操的每一个动作、每一个造型、每一个表情变化都融会在音乐中，通过身体的自然动作来表现音乐的内在感情和深邃意境，才能使啦啦操产生水乳交融的审美效果。

三、啦啦操的基本动作

（一）啦啦操常用的几种手型

啦啦操中的手型有多种，它是从芭蕾舞、现代舞、迪斯科、武术中吸收和发展的。手型是手臂动作的延伸和表现，运用得好，会使啦啦操动作更加丰富多彩、生动活泼，更具有感染力。

（1）并拢式：五指伸直，相互并拢；大拇指微屈，指关节贴于食指旁。

（2）分开式：五指用力伸直，充分张开。

（3）芭蕾手式：五指微屈，后三指并拢、稍内收，拇指内扣。

（4）拳式：握拳，拇指在外，指关节弯曲，紧贴于食指和中指。

（5）立掌式：五指伸直，手掌用力上翘。

（6）西班牙舞手式：五指用力，小指、无名指、中指自掌指关节处依次弯曲，拇指稍内扣。

（二）啦啦操的基本动作

啦啦操的基本动作有统一的动作规格要求其动作的速度及力度。

（1）拍手。两手臂胸前击掌，双手位置略低于脸。拍手时应注意稳、准、狠，集体练习时，节奏应高度一致。

（2）高 V 字动作。手臂侧上举（略前倾）举成 V 字，手臂伸直用力，注意手腕平直，是手臂的延长线。

（3）倒V字动作。同高V字动作，但方向向下。

（4）T字动作。两臂侧平举（略前倾），手臂伸直，手腕平直，大拇指向前。

（5）断T字动作。由T字动作屈肘，大小手臂在一个水平面上。

（6）冲举动作。一只手臂上举（小拇指向前），伸直并靠向头，另一只手臂放于腰间。

（7）短剑动作大臂贴紧身体，小臂竖直屈肘，注意手臂及手腕的平直。

（8）底线得分动作。两只手臂上举（小拇指向前），伸直并靠向头，手腕平直。

（9）烛台动作。两手臂前举，保持手腕的平直，拳心向里，拳面向前。注意两手臂应朝正前方不能有夹角。

（10）正L动作、反L动作。一个冲举动作，半个T字动作，开口朝左为正L动作，反之则为反L动作。

（11）左斜线动作、右斜线动作。一个手臂是高V字动作的一部分，另一个手臂是倒V字动作的一部分。举起右臂、放下左臂为右斜线动作，反之则为左斜线动作。

（12）K字动作。腿为侧弓步，弓腿一侧手臂高V字动作，另一侧手臂朝屈腿方向做斜下冲拳，与身体组成K字图形，注意脸朝向前方。

（三）啦啦操组合动作

1. 组合1

准备：两脚并拢，双手握拳，手臂自然下垂；

动作一：右脚向右迈一步，同时左臂T字动作，右臂断T字动作；

动作二：右脚并拢左脚，手臂动作同动作一，但方向相反；

动作三：左脚向左迈一步，同时左臂高V字动作，右臂断T字动作；

动作四：左脚并拢右脚，手臂动作同动作三，但方向相反；

动作五、六：右脚向后迈步，左腿前弓步，两臂后举，拳心相对；

动作七、八：右脚并拢左脚，两臂胸前击掌2次。

2. 组合2

动作一：踢左腿同时右臂胸前平屈，左臂垂直于右臂竖直屈肘；

动作二：同动作一，方向相反；

动作三：右脚向左迈一步，双臂伸直由下经上做大绕环；

动作四：短剑动作；

动作五：T字动作；

动作六：右腿侧弓步，左臂K字动作，右臂放于腰间；

动作七：提左膝，同时两手臂上举，两手掌重叠；

动作八：两脚开立，两手臂放于腰间。

3. 组合3

动作一：右脚并拢左脚，两手臂大臂T字动作，左臂前臂向上竖直屈肘，右臂前臂向下屈肘，立即做；

动作二：同动作一方向相反，立即还原成动作一的动作；

动作三：右脚向右脚尖点地、微屈，身体稍向左转，同时右臂侧平举；

动作四：烛台动作；

动作五：保持烛台动作，同时依次耸左、右肩；

动作六：提右膝，两臂自然下垂；

动作七：右腿前弓步，断 T 动作；

动作八：左腿向前一步前弓步，高 V 字动作。

4. 组合 4

动作一：踢右腿，两臂平直交叉于腹前；

动作二：向左转体 90°，同时提右膝，两手臂断 T 动作，随后右脚并拢左脚，左腿向前弓步，两手臂自然下垂；

动作三、四：K 字动作；

动作五：两脚开立，右臂断 T 字动作，左臂自然下垂；

动作六：高 V 字动作；

动作七：右腿前弓步，两手臂竖直屈肘于胸前，两小臂交叉晃动两次，五指分开，掌心向内；

动作八：还原成准备姿势。

第十三章 游 泳

第一节 游泳运动概述

一、游泳运动的起源与发展

古代游泳是与人们的劳动生产、娱乐和战争等活动联系在一起的。据考证，居住在江、河、湖、海一带的古代人类，在严酷的生存条件下被迫不断与水发生联系，在长期征服自然和改造自然的过程中，人们逐渐地掌握了游泳技能。随着人类生活的稳定和提高，游泳又与娱乐紧密地联系在一起，进而形成古代游泳——泗、涉、潜等多种形式。

现代游泳起源于英国，17 世纪 60 年代流行于约克郡地区。19 世纪 30 年代，室内游泳池相继出现于英国各大城市。1837 年，在英国伦敦成立了第一个游泳组织，同时举办了英国最早的游泳比赛。1869 年，在伦敦成立了大城市游泳俱乐部联合会（现英国业余游泳协会前身）。竞技游泳作为体育项目正式固定下来。1896 年第一届奥运会就开设男子游泳项目。1912 年第五届奥运会女子游泳也被列为奥运会正式项目。1952 年国际泳联决定将蛙泳与蝶泳分开。从 1957 年 5 月 1 日起，国际泳联只承认在 50m 标准池中创造的世界纪录。

竞技游泳运动是由欧美传入我国的。随着群众性游泳活动的广泛开展，各级各类的训练网点不断建立，竞赛制度逐渐完善，我国游泳运动水平迅速得到了提高。1953 年在莫斯科举行的第 1 届世界青年联欢运动会的游泳比赛中，吴传玉获得男子 100m 仰泳冠军，这是新中国获得的第一个国际游泳比赛冠军。1957 年至 1960 年间，我国著名运动员戚列云、穆祥雄、莫国雄 3 人，先后 5 次打破男子 100m 蛙泳世界纪录。20 世纪 80 年代后，我国的游泳水平显著提高，尤其是女子短距离项目，多次在世界大赛上夺得冠军。在 2012 年伦敦奥运会上，中国游泳健儿创造了游泳史上的奇迹。中国游泳队共获 5 金、2 银、3 铜。孙杨、叶诗文成为双冠王，孙杨更是一人独揽 2 金、1 银、1 铜。中国游泳队员精彩表现极大地激励了国人，在全国掀起了一股学习游泳的热潮，各大游泳馆报名人数激增。

二、游泳运动的特点与锻炼价值

游泳是将水浴、空气浴和日光浴三者结合的运动，它不仅是广大青少年喜爱的运动项目，也是一项老幼皆宜的体育活动。由于游泳是在水中一边呼吸一边进行全身活动的运动，在水中不能像在陆地上那样自然地呼吸，生理环境也产生了巨大的变化，同时又要克服水的阻力，因此，游泳运动能增强心血管系统、呼吸系统、神经系统和消化系统的功能，促进人体正常生长发育和新陈代谢，提高全身的协调性、肌肉力量和耐久力，增强耐寒能力。游泳对于身体瘦弱和许多慢性病患者还是一种有效的体育医疗手段。

游泳在生产、科研和国防建设上有很高的实用价值。例如，从事水利建设、防洪抢险、渔业、水下考古、水下侦察、水下摄影等都需要掌握游泳技能。

三、国内外主要游泳赛事简介

（一）国外主要游泳赛事简介

1. 奥运会游泳比赛

1896 年第 1 届奥运会就开设了男子游泳项目，1912 年第 5 届奥运会女子游泳也被列为奥运会正式项目。到 2016 年第 31 届奥运会，游泳比赛共设有自由泳、仰泳、蛙泳、蝶泳、个人混合泳、接力游泳和公开水域的男、女 10 公里马拉松游泳等 35 个项目（男子 18 项，女子 17 项），成为奥运会比赛中仅次于田径的第二金牌大户。

2. 世界游泳锦标赛

世界游泳锦标赛是由国际泳联总会主办的最高级别国际性游泳赛事，1973 年举行第 1 届，1978 年至 1998 年间举办间隔年数屡有变化，自 2001 年起恢复每 2 年举行一届。第 18 届世界游泳锦标赛于 2019 年 7 月 12 日至 7 月 28 日在韩国光州举行。

（二）国内主要游泳赛事简介

1. 全国游泳锦标赛

全国游泳锦标赛由国家体育总局游泳运动管理中心主办，每年举行一届，是全国游泳界最高水平的赛事，各省（市）、自治区都会派出最强的专业阵容参赛，其中包括国家队队员。

2. 全国大学生游泳锦标赛

全国大学生游泳锦标赛由中国大学生体育协会游泳分会主办，每年举行一届，参赛运动员均为全国高校统一招生且具有正式学籍的在校本科生和研究生。截至 2019 年底，共举办了 19 届。

第二节　竞技游泳

一、蛙泳

蛙泳是模仿青蛙游泳动作的一种游泳姿势，也是最古老的一种泳姿，适合于长时间、长距离的游泳。

（一）腿部技术

蛙泳的腿部动作是推动身体前进的主要动力之一。它的主要动作环节可分为收腿、翻脚、蹬夹水和滑行四个阶段，这四个环节是紧密相连的完整动作。

1. 陆上模仿练习

（1）坐撑模仿蛙泳腿：坐在凳上或池边，上体稍后仰，两手体后撑，两腿伸直并拢，髋关节展开，做蛙泳腿的收（腿）、翻（脚）、蹬夹（水）、停的动作。

（2）俯卧凳上做收、翻、蹬夹、停的动作：由分解到连贯的完整动作，要求边想边做。亦可由同伴帮助体会和纠正动作，重点体会外翻和蹬夹水的路线及动作节奏。

2. 水中练习

(1) 固定支撑做蛙泳腿的练习。手扶支撑物，身体平卧于水面，髋关节展开两腿放松伸直并拢，做收、翻、蹬夹、停的动作，由分解到连贯的完整动作，也可做双人练习。

(2) 蛙泳腿和呼吸练习。腿部动作基本掌握后，再做腿和呼吸的练习，当蹬夹结束两腿伸直时，抬头吸气，随后低头没入水中闭气再收腿。此练习既练腿又练呼吸，应反复多练。

(3) 滑行做蛙泳腿的练习。蹬边（池底）滑行后做蛙泳腿，要求两腿蹬水后漂浮的时间要长一些，注意蹬腿效果和动作节奏。

(4) 游动支撑做蛙泳腿：扶板的近端，两臂伸直，面部浸入水中，做蛙泳蹬腿动作，以后可以加上呼吸动作。

(二) 手臂技术

蛙泳手臂划水动作可以产生很大的推动力，掌握合理的手臂划水技术，并且使之与腿和呼吸动作协调配合，能有效提高游进速度。它的主要动作可分为开始姿势、滑下（也可叫作“抱水”或“抓水”）、划水、收手和向前伸臂几个阶段。这几个阶段也是紧密相连的完整动作。

1. 陆上模仿练习

站立、上体前倾，两臂前伸，掌心向下，做蛙泳划水动作。开始划水时抬头吸气，伸臂时，低头闭气及呼气。

2. 水中练习

(1) 站立水中划臂。两脚开立站于齐胸深水里，上体前倾，两臂前伸，做原地及走动的小划臂练习，划水时，体会水对手掌的压力（水感）。手每划一次水，两臂在体前伸直并拢稍停片刻，主要体会划水路线。

(2) 俯卧滑行小划臂练习。臂和呼吸配合：臂的动作同上，由走动到俯卧滑行做臂与呼吸配合。要求：划臂开始抬头吸气（早吸气）或划水结束时抬头吸气（晚吸气）。

(三) 手腿配合

(1) 陆上模仿手臂与腿的配合练习：两脚左右开立，两手臂伸直并上举，按节奏做外划、内划下蹲（表示收腿）、向上伸臂站起（表示蹬腿）的练习。

(2) 水中滑行做臂和腿分解配合：先划一次臂，再蹬一次腿，建立先臂后腿的动作概念。

(3) 臂和腿连贯配合：在上述练习基础上，过渡到划水腿不动，收手又收腿；先伸臂再蹬腿，臂和腿伸直漂一会儿的连贯配合。配合游时要注意节奏，先伸臂再蹬夹腿而后漂一会儿（伸、蹬、漂）。

在上述两个练习的基础上，加抬头动作，由臂和腿配合两次，呼吸一次，逐渐过渡到臂和腿配合一次吸气一次。开始时可重复游较短距离，逐渐加长距离。

二、自由泳

自由泳是四种竞技游泳技术中速度最快的一种姿势，在游泳比赛的自由泳项目中

（不规定泳姿的比赛），运动员大都采用这种姿势。

（一）腿部技术

大腿动作除了产生推动力外，主要起着维持身体平衡的作用，它能使下肢抬高以及协调、配合双臂有力地划水。

自由泳腿的打水动作，几乎与水平面成垂直方向进行，从垂直面看，两腿分开的距离为30~40cm，膝关节弯曲的角度约为160°角。腿部动作练习如下：

（1）池边坐撑模仿打腿，两腿伸直，绷脚尖（脚尖指向前方），做直腿上下交替打水练习。打水幅度30~40cm。

（2）俯卧池边模仿打腿，两腿放于水中，先做直腿慢打水，充分体会打水动作，再逐渐加快打水速度。

（3）手扶池边水中打腿，两臂前伸扶池壁，低头看池底，头与躯干成一条直线，做快速直腿打水。

（4）扶板打腿，两臂伸直扶浮板，身体平卧水中做打腿练习，在直腿打水的基础上逐渐放松膝关节和踝关节，过渡到鞭状打水。

（二）手臂技术

自由泳的臂部动作是推动身体前进的主要动力。它分为入水、抱水、划推水、出水和空中移臂等几个阶段，这几个阶段在划水动作中是紧密相连的一个完整动作。

1. 陆上模仿练习

（1）站立模仿练习：两腿开立，上体前倾，模仿自由泳划臂动作，由直臂过渡到屈臂。着重体会手入水和空中移臂及划水路线，空中移臂强调臂放松，大臂带小臂前移，入水时要求用拇指和食指在肩前斜插入水，先练单臂再做两臂交替划水练习。

（2）臂与呼吸配合：同侧臂开始划水时呼气，推水时转头吸气，吸气后头迅速转回，手再入水。

2. 水中练习

站在浅水中，做陆上练习。

（1）扶板做自由泳分解练习。一臂扶板打腿，一臂划水。基本掌握后再做两臂轮流划水。

（2）自由泳完整配合练习。蹬壁滑行，打几次腿后做前交叉配合练习。刚开始练习距离15m左右为宜，基本掌握后再逐渐增长距离。

（三）配合技术

1. 两臂配合技术

根据划水时两臂所处的位置，可以把手臂的配合技术分为三种：即前交叉、中交叉、中前交叉和后交叉。一般优秀运动员采用中前交叉的技术。

2. 两臂和呼吸的配合技术

自由泳的呼吸和手臂的配合为：一次呼吸 N 次划水（$N>2$）。吸气时，头随着肩、身体的纵向转动转向一侧，使头在低于水面的波谷中吸气。此时，同侧臂正处在出水阶段。移臂时，头转向正常位置。同侧臂入水时，开始慢慢呼气，并逐渐用力加快呼气的速度。

3. 呼吸、手臂和腿的配合技术

此技术是产生推进力的主要来源，因此在配合中，呼吸和腿的动作都应该服从于手臂动作的需要。呼吸、手臂和腿的配合比例主要有三种：1∶2∶2（即一次呼吸，两次手臂动作，两次打腿的动作）；1∶2∶4；1∶2∶6。也有极少数优秀运动员采用1∶2∶8的技术。

三、仰泳

仰泳是人体仰卧在水中进行游泳的一种姿势。其动作结构和自由泳基本相同，由打腿、划臂、呼吸配合、出发和转身等若干动作组成。

（一）腿部技术

在仰泳技术中，腿部动作是保持身体处于较好角度、水平姿势的因素之一，并且踢水动作不但可以控制身体的摆动，而且能产生一定的推进力。仰泳的腿部动作是以下压动作和上踢动作组成，即直腿下压，屈腿上踢。初学者应先做直腿打水，充分体会大腿的动作，再做屈腿上踢和直腿下压动作，以防出现打水时膝关节露出水面（骑车式打水）或小腿过低（打不出水花）。

（1）池边坐撑打水练习。两腿自然伸直，绷脚尖，脚稍内旋（内八字脚），做大腿带动小腿的上下交替打水。要求上踢时将水花踢向前上方。

（2）双手握水线打水练习。身体自然平直地仰卧水中，两耳没入水中，两眼看天花板，小腹贴住水线做打水练习。重点体会身体在水中的正确姿势。

（3）扶水线打水练习。重点体会展髋、平浮的身体姿势和屈腿上踢、直腿下压动作。上踢时要踢出水花，但脚和膝关节不能露出水面。

（4）仰卧抱板打水练习。双手将板放在腹前，腹部贴紧板，板的下沿在大腿的上1/3处（防止出现骑车式打水动作），做打水练习。

（5）徒手打水练习。仰卧水中，两臂放于体侧，两腿做鞭状打水动作。该练习熟练后，可做两臂伸直并拢，两手相叠，头夹在两臂之间，做打水练习。

（二）手臂技术和配合技术

（1）站立单臂划手模仿。多做出水—空中移臂—入水—划水的模仿练习。强调出水、空中移臂的动作，建立正确的动作概念。

（2）仰卧池边单臂划手模仿。重点体会划水动作。初学者可先做直臂划水，再做屈臂划水。

（3）站立双臂划手模仿。可先做分解划手，即一臂划完，再划另一臂。然后再做两臂轮流划水，重点强调动作的节奏。

（4）扶水线划水练习。划手时应积极地不停顿打水，保持正确的身体姿势和头部位置。

（5）完整配合练习。两臂做不停顿的轮流划水。

四、蝶泳

蝶泳技术是在蛙泳技术动作基础上演变而来的。最初腿部动作模仿蛙泳的蹬夹水，两臂对称由前往后划水出水面经空中前摆，从外形看，动作好像蝴蝶展翅飞舞，所以人们称它为“蝶泳”。后采腿部动作又模仿海豚波浪式摆动动作，所以又称为“海豚泳”。

(一) 身体姿势与腿部技术

(1) 站立模仿。并腿站立，模仿蝶泳的躯干与腿的动作，先分解后连贯，重点体会蝶泳腰腿动作的顺序：挺髋；屈膝、屈髋；提臀、伸膝。

(2) 单腿站立。重点体会腰部带动腿的打水动作。先做直腿打水，腰部有动作后再屈膝做鞭状打水。

(3) 滑行打蝶泳腿。头和肩要保持在水面上。要求上抬放松，下打用力。

(4) 扶板打蝶泳腿。要求臂和肩不要上下摆动，使腰腹发出的力能向大小腿传递。

(5) 蝶泳腿蛙泳手练习。两次打腿，加一次蛙泳划手并呼吸。

(二) 手部技术与完整配合技术

1. 陆上模仿练习

(1) 模仿蝶泳划臂动作，重点体会划臂路线、转肩和移臂动作。基本掌握后再加入呼吸动作。

(2) 完整配合模仿练习。将完整配合分为两部分：入水一低头一打腿；推水一抬头一打腿。

2. 跳跃划水练习 (浅水池)

站立水中，身体前倾，屈膝并快速蹬离池底，身体向前上方跃起，两臂同时向后划水。落下时，两臂快速前移低头入水。

3. 单臂配合练习

一臂前伸，另一臂划水的同时与打腿动作协调配合，吸气时可采用侧吸气。要求在做入水动作时潜深一些。

4. 多腿练习

划 1 次手，打 4 次腿，基本掌握后再逐渐减少打腿的次数，过渡到 2 次打腿和 1 次划手。

第三节 游泳基本战术

游泳比赛的战术一般可分为比赛游程中的体力分配战术、出发战术和转身战术等。能否达到预期的效果，关键在于运动员能否根据比赛中的实际情况恰当地应用战术。

一、游程中体力分配战术

在短距离游程的比赛中，越来越多的优秀运动员更重视后程加速。后程加速战术，从理论上来说是克服白肌纤维的惰性，使之逐渐发挥更大的肌力，从而获得冲刺时的优势。

二、出发战术

恰当的起跳是可以争取 0.1~0.2s 的时间，对比赛成绩影响很大。因此，在赛前的裁判实习或练习时，运动员要测算裁判发令到枪响的时间，争取掌握最佳的起跳时间。

三、转身战术

转身战术的关键点主要有以下三个方面：

(1) 游近池壁不减速，甚至还加速，手触壁的时间正是臂划水前伸的时间。

(2) 旋转的速度快。

(3) 蹬壁有力，流线型好。

转身后滑行时尽量水平放松，且距水面不要太深，以免影响上浮出水时间。

四、终点抢边战术

游近池壁时要加速，精准地判断好到池壁距离。最后一个动作抢边时，臂尽量前伸用手指触边，不要用整个手掌去触边。抢边时头部要保持水平，以便臂的前伸。

五、接力比赛的战术

在自由泳接力比赛中，成绩最好的运动员放在第一棒，成绩第二好的运动员放在最后一棒，但当了解对手的情况时也可以改变棒次排列。

接力比赛中前一棒运动员的触壁和下一棒运动员的起跳时间能否衔接好，也是接力比赛中很关键的一环。最好的衔接时间是在池中游进的运动员手触边的一瞬间，出发台上的运动员脚离台。

总之，战术应根据项目的编排、预决赛的时间、运动员的实力以及对手的特长等实际情况做合理、科学的安排。

第十四章　时尚休闲体育

第一节　台　　球

一、台球运动的发展概述

台球运动早在600多年前就已出现。据考证，最早的台球桌出现于公元1400年，当时球桌无袋，桌面上只有两个白球。后来人们发挥自己的智慧，将台球桌发展为今天落袋式台球球台的结构。

现在的台球已有俄式落袋台球、英式落袋台球、开伦台球、美式落袋台球和斯诺克台球，其中斯诺克最为普遍，而且被官方认可，已成为一项比赛项目。

台球于19世纪末传入中国，最初在中国的上层社会流传，21世纪30年代，中国部分城市，如上海、天津、北京每年都举办台球比赛。1960年我国举办了第一次全国比赛。1986年中国台球协会成立，负责举办全国比赛，组织国内外球员的技术交流。同年，上海举办了全国第一次国际水平的比赛。在多年实践中，中国人发挥自身的智慧，将当时较为主流的美式台球、英式台球及花式九球各自的优势特点融合为一体，并以“和为贵”的中国文化为主旨又赋予了更多的娱乐与智慧元素，将台球的尺寸、进球开口（十个）、台球的数量、规格、构造及规则等进行改进，由于其结合了世界各国的文化，很快便发展成为今天风靡的中式斯诺克台球。

二、台球运动的组织机构

1940年世界台球联盟成立，它是国际台球活动的组织机构，总部设在比利时的首都布鲁塞尔，行政中心设在西班牙的巴塞罗那。世界台球联盟负责世界性的台球比赛。全世界许多国家都开展有台球活动，并建立有台球协会。加入世界台球联盟的国家已有三十多个，都是该联盟的会员国。

美国台球协会成立于1948年，是美国各种台球运动的最高统辖机构，会址在芝加哥。该协会于1965年又设立了一座台球名人馆，保存台球史上的重要资料及杰出人物的光荣档案。

三、台球运动器材

（一）台球用球

最早使用的台球是实心球，球的表面光滑，耐撞击且不留痕迹，有一定弹性，由木材、黄铜等材料制成，后来用象牙作为台球材料。1868年，当时被誉为美国塑料工业之父的海亚特，用化学方法研制成功塑胶台球，这项发明促进了台球运动事业的发展。因此，海亚特也被美国台球协会选进了名人馆。

通常落袋式台球用球的直径是40~42mm，重量为200g。撞击式台球用球直径是65~68mm，重量为325g。

球的数量因打法的不同而有别：少的用3个球，多的用22个球。如英式斯诺克台球比赛用22只球，其中主球为白色，15只为红色，6只为彩色（黄色、绿色、棕色、蓝色、粉红色、黑色各一只），每只球的直径为52.5mm，重量为146g。还有美式号码台球共有16只球。其中主球为白色，1~7号为全色，8号为黑色，9~15号为间条彩色。美式8球比赛时使用全部球，美式9球比赛时只使用1号球到9号球。每只球的直径为57mm，重量为160g。

（二）台球桌

台球的球台可分为撞击式球台（开伦球台）、美式落袋球台和英式落袋球台。这些球台都是用优质硕木材制成的，台盘上面铺有绷紧的绿呢，台边四周衬有橡胶制成的衬边，表面也覆有一层绷紧的绿呢或其他深色的毛呢。在球台四周的木边上有呈圆形或棱形的标志点，台球桌两长边等距分布7个标志点，在两条短边上各等距分布3个标志点。

1. 撞击式球台

撞击式球台，又称开伦球台。标准的开伦式球台长约2.85m，宽约1.56m，高约0.75~0.8m（见图14-1）。台桌不设球袋，在台面上根据不同游戏的要求划不同的标志线。

2. 美式落袋球台

美式落袋球台附有球袋，在长边上和角上共有6个网袋。标准的美式落袋球台长约2.75m，宽约1.37m，高约0.75~0.8m之间（见图14-2）。

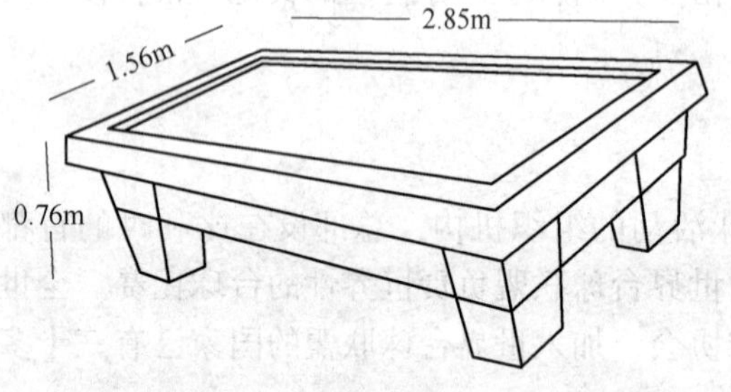

图14-1 撞击式球台

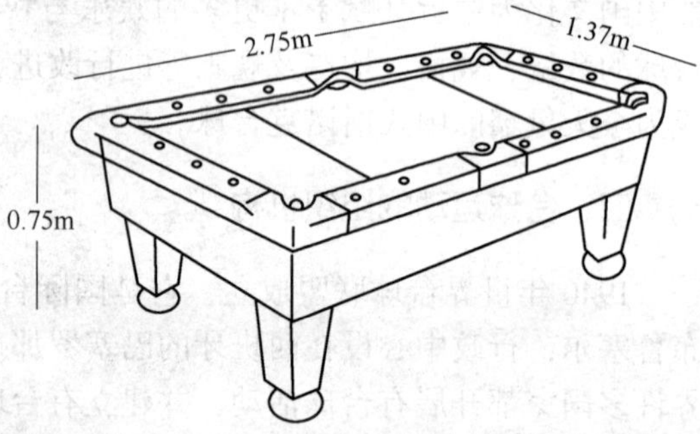

图14-2 美式落袋球台

3. 英式落袋球台

英式落袋台球和斯诺克台球都是在英式球台上进行的。标准的英式球台长约3.65m，宽约1.82m，高约0.85m（见图14-3）。

（三）球杆

台球的球杆要选用硬质木料，要求木料笔直、不易弯曲。一般球杆的重量在380~600g之间。球杆的长度大多为137~147cm。落袋式台球的球杆细而长，一般杆头的直径为8~10mm，杆尾的直径为28mm。撞击式台球的球杆杆头的直径为10~12mm，杆尾的直径为32mm。按规定，球杆的长度允许参赛者根据个人的习惯及身材的不同选用。历史

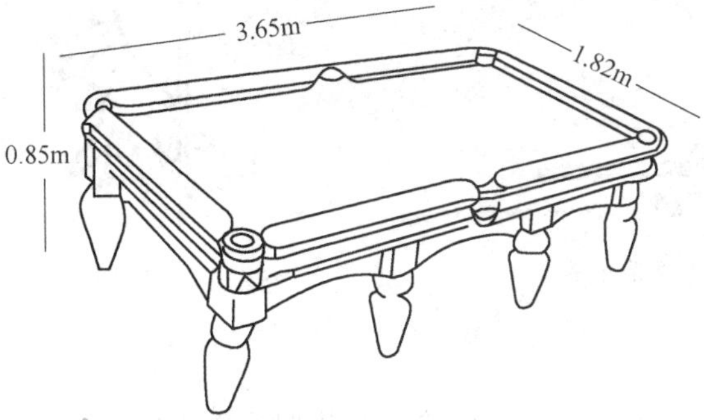

图 14-3　英式落袋球台

上，许多世界台球名将常常选用 137. 16mm 长度的球杆，所以台球界将这一长度视为神奇的球杆长度。

球杆有一段式和二段式两种。一段式球杆是完整的一根，而二段式可以卸开成两截。完整的球杆分为：杆尾、杆后部、中轮、杆前部和杆头。

四、台球运动的基本技术

（一）击球技术基础

击球技术基础主要包括：身体姿势、握杆、架杆手势、瞄准点、发力击球五个因素。

1. 身体姿势

以右手握杆为例，如图 14-4、图 14-5 所示。

2. 握杆

握杆的方法是用拇指、食指在虎口处轻轻夹住球杆，好像一个吊环，其余三指虚握球杆，注意不可紧握。出杆击球时，手腕要灵活自由，前后摇摆，产生腕力击球，如图 14-6 所示。

图 14-4　右手握杆侧面

图 14-5　右手握杆正面

图 14-6　握杆

3. 架杆手势

通常把用手作支撑球杆的支架称为手杆架或架杆。

（1）卧手支架手势，如图 14-7 所示。

（2）翘手支架手势，如图 14-8 所示。

图 14-7 卧手支架手势

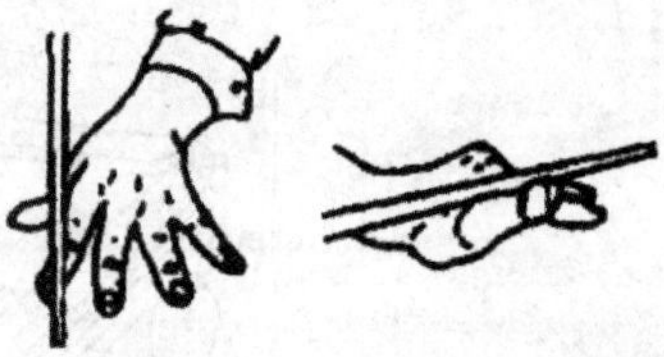

图 14-8 翘手支架手势

4. 瞄准点

击打目标球入袋时，主球与目标球撞击的位置称作入球点。A 球为目标球，B 球与 A 球相切，且 A 球与 B 球的球心连线是目标球 A 的入球线路，那么 B 球的位置就是入球点，只要将主球击打到 B 球位置，目标球 A 就可以入袋。

5. 发力击球

击球前的准备动作很重要，它可以提高你的注意力，使肌肉和神经都为向前击球做准备，同时还可调整瞄准点。击打前，上体应尽量前俯，下颌贴近球杆，目测主球被击打后的路线。上体向下压，右上臂尽量抬高，肘高于臂，右前臂在垂直于地面的平面内前后摆动球杆，手腕不要向外或内翻，挥杆开始时前臂斜向后方，挥杆接触主球时前臂应垂直于地面，触球后继续向前移动 10cm 左右。注意右手腕不要向前上方摆动，否则容易造成挑杆。

（二）台球运动技术

台球运动的基本技术主要包括直线球、跟杆、缩杆、定位球、旋转球、击球入袋等。初学者可以先掌握前面几种，等有了基础后可进行后面几种技术的学习。

（1）直线技术。直线技术是台球技术中最基本的一种，它指用球杆水平撞击球的中心，球受到撞击后立即直线向前滚动，当碰到台案边后，仍按原线路返回。如果在练习时，不管用多大的力量击球，球始终原路返回，这就说明已经掌握了直线技术。

（2）跟杆球技术。跟杆球技术在台球运动中也是比较常见的。它的击球效果会因为击球力量和击打主球的撞击点不同，而改变主球向运杆方向移动距离的长短。

（3）缩杆球技术。缩杆球技术是使主球向运行方向相反的方向运动（逆旋）的一种打法。一般初学者在打缩杆球时比较容易出现失误。因为在球杆放低后会出现杆头下滑，也就是跳球现象，有的从击打主球撞点位置看，似乎很低，但球的旋转效果很不理想。

（4）定位球技术。定位球就是用球杆击打主球中心下面的撞点，产生一定的下旋力量，用以抵消自身前进的上旋力量，给主球施加向后的力量，而停留在原目标球的位置。定位球能给下一杆击球创造条件，或给对方制造障碍球，当击打袋口附近的目标球时，采用定位球技术可防止主球因跟进而落袋。

（5）侧旋转技术。侧旋转技术在比赛中的使用有很多，如打出理想的旋转，可以使主球、目标球得到不同方向的分离。通常侧旋球技术有左旋球、右旋球，还有伴随上旋、下旋的左右旋球。这都是通过击打主球不同撞点（中心左、中心右、左上、左下、右上、右下）产生的效果。

（6）跳球技术。主球从障碍球上方跳过击打到目标球称为跳球。由于击球的力度和击球的方向把握上较难，建议当台球运动的技术达到高水准时再练习和使用。

第二节　轮　滑

一、轮滑运动发展概况

轮滑运动，是一项脚上穿有轮子的鞋，在坚实、平整的地面上滑行，融健身、竞技、娱乐、趣味、技巧、艺术、休闲、惊险于一体的体育运动项目。

轮滑运动是从滑冰运动过渡而来的，溜冰鞋是最早于公元1100年用骨头装在长皮靴脚掌上帮助猎人能在冬天进行打猎的工具。公元1700年，苏格兰人为了能在夏天模拟出冰上溜冰，于是用长木条贴在鞋底。据有关资料记载，轮滑是在十八世纪由不知名的荷兰人发明的。最初有位荷兰的滑冰运动员，为了在不结冰的季节继续进行训练，尝试把木线轴安在皮鞋下，试图在平坦的地面上滑行，他的试验在不断失败和改进后终于取得成功，创造了用轮子鞋“滑冰”的历史，从此轮滑运动在欧洲诞生、兴起并得到了较快的发展。

1860年，比利时有一位乐器制造工人约瑟夫·默林，他手工制作了一双轮滑鞋，但是当他把自己的杰作带到英国伦敦的世界博览会上，并展示给热情的伦敦观众时，却由于无法刹车直至撞到了一面大镜子才停止滑行。双排轮滑是由美国的詹姆斯·普利姆普顿于1863年发明的，他创新地将4个轮子每两个排列在一起，并用轴连接起来，滑行起来具有更多的优越性，深受大家的欢迎。1866年，詹姆斯在纽约投资开办了第一个室内轮滑场，并组织了纽约轮滑运动协会，首次将轮滑运动正式列入体育运动的正式比赛项目。

1884年美国的理查森和雷蒙德发明了滚珠轴承，对改进轮滑技术起了极大的推进作用。

1980年，明尼和苏达两位热爱冰上曲棍球的兄弟为了在夏季也能够继续练习，便将轮子装在刀底座之内，产生了第一双单排轮滑鞋。这种由轮子排列成一条直线的溜冰鞋正式的名称为In-Line Skate，成为今天单排轮滑的正式名称。

1924年4月21日，德国、法国、英国和瑞士四国的代表，相约在瑞士的蒙特勒市成立了世界上最早的国际滚轮溜冰联合会。1952年，国际滚轮溜冰联合会正式更名为国际轮滑联合会。目前国际轮滑协会有98个成员协会，使得轮滑运动向正规化、国家化进一步发展。

1980年9月，国际轮滑联合会第36次例会正式接纳中华人民共和国轮滑协会为该联合会的会员。1987年1月1日，我国根据国际通用名称，将这一运动正式更名为“轮滑”。初步估算，目前我国参与这项运动的人数不少于1000万人。

为进一步推动、发展轮滑运动，促进这一群众性体育运动蓬勃开展，我国于1980年正式成立中国轮滑协会，并于同年加入了国际轮滑联合会，于1986年加入亚洲轮滑联合会。目前由中国轮滑协会主持管理的运动项目主要包括花样轮滑、速度轮滑、轮滑球和极限轮滑（滑板）四个单项。目前，我国的花样轮滑在亚洲处于领先地位。

二、轮滑运动特点

轮滑作为一种娱乐项目于19世纪末传入我国，但作为一种体育项目来发展还是在20世纪80年代初。作为体育项目，轮滑在我国还处于发展阶段，但作为一种休闲运动，却早已在全国各地普及了，深受青少年的喜爱。具体地讲，它有如下特点：

(1) 娱乐性。轮滑有很强的娱乐性和趣味性，通过这项运动，借助半机械性轮滑鞋在路面上展示自己体能与风采，可使人们从平时紧张、压力繁重的学习和工作中解脱出来，达到身心放松的目的。

(2) 健身性。轮滑是一项全身性运动，它能促进心脑血管系统和呼吸系统机能的改善和代谢作用的加强，能增强臂、腿、腰、腹等肌肉的力量和身体各个关节的灵活性，特别是对人掌握平衡能力有很大帮助。研究表明：轮滑运动能够有效地保护关节，并且运动负荷较小，对身体素质要求低。

三、轮滑技术动作

(一) 陆上模仿练习

陆上模仿练习是指在正式穿上轮滑鞋进行练习前，不穿轮滑鞋在地上做正确轮滑的姿势和滑行动作的模仿练习。这样可以帮助初学者掌握正确的动作，少走弯路，避免在滑行中过多地摔跤。

1. 基本姿势

初学滑行的站立姿势：上体稍前倾，头保持正直，大腿屈成 140°角左右，小腿稍前弓成 80°角左右，两脚间距 20cm 左右，身体重心放在脚心与脚掌之间，两脚均衡用力，全身自然放松。

2. 练习方法

做好基本姿势后，两脚支撑静止蹲 10s，在此基础上，可做重心移至一个脚上静止蹲 10s，然后重心移至另一脚上静止蹲 10s，两脚交替进行。

(二) 初步滑行

首先要从站立和维持身体平衡开始。初次穿上轮滑鞋站立时，会因为脚下的轮子的前后滚动，使身体出现前俯后仰的状况，很容易摔跤。因此学习掌握轮滑，应从正确站立开始，掌握好平衡，逐渐提高重心的移动和平衡的能力，随后进一步学习直线滑行、转弯、刹停的动作方法。

1. 基本姿势

(1) 上体前倾大约成 60°~70°夹角左右，正视前方 10m 处。

(2) 大腿与躯干成 140°夹角，小腿前弓成 80°角（见图 14-9)。

图 14-9 初步滑行的基本姿势

（3）背部放松，稍含胸，两肩稍向内含，臀部稍向后坐。

（4）两腿弯曲呈半蹲状，两臂配合两腿协调动作。

站立要求：头、膝盖、脚尖三点直线不倒。

2. 基本站立

（1）丁字站立。两脚成丁字站立，前脚跟靠住后脚的足弓处，两膝微屈，重心稍微偏于后脚上，上体稍前倾。由于两脚成丁字靠住（见图 14-10），脚下轮子不能滑动，使站立稳定。

（2）V 形站立。两脚尖自然分开，脚收回脚跟靠拢（见图 14-11），上体稍前倾，两膝微屈，两臂自然下垂于体侧，重心落在两脚中间，可以防止两脚的轮子前后滑动，使得站立稳定。

（3）内刃站立。两脚分开略比肩宽，用轮子的内刃着地（见图 14-12），两脚平行，重心落在两脚中间。两手臂端在体前，有利于稳定站立。

（4）平行站立。两脚同肩宽，脚尖稍内扣，三点直线不到踝（见图 14-13），两脚平行，膝部稍屈，上体前倾，身体重心落在两脚中间。

图 14-10　丁字站立

图 14-11　V 形站立

图 14-12　内刃站立

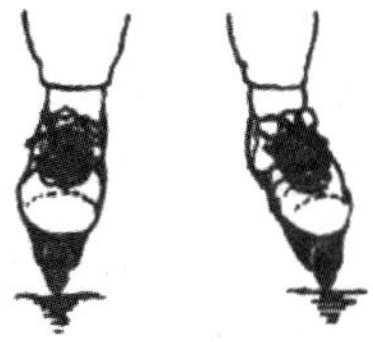

图 14-13　平行站立

在学习并掌握了原地站立后，就可以进一步学习适应轮滑鞋，准备起动滑行了。第一次穿上轮滑鞋之后，往往急于想滑跑，这不免要摔跤。穿好轮滑鞋之后，应该单膝跪地，双手撑扶前立腿膝盖，慢慢站起，使身体重心尽量落在轮鞋形成的长方形的支撑面内，做好站立姿势。逐渐体会身体在滚动的轮子上如何维持平衡，从而开始学习滑行的进程。

3. 注意事项

（1）身体重心向左脚或右脚的移动要及时。

（2）初练时，步子宜小不宜大。

（3）要及时移动身体重心。

（4）每次蹬地要注意保持向侧后方。

（5）浮足收腿靠拢滑足要及时。

4. 练习方法

（1）原地站立。两脚成内刃站立，两腿稍弯曲，两臂端在体后，上体稍向前倾，但不要低头弯腰，两眼要向前看。

（2）原地移动重心。两脚平行站立，上体向一侧移动，逐渐将重心完全移到一条腿上支撑（见图 14-14），两脚不离地，平稳片刻，上体再依照前述方法向另一侧移动，反复练习。

（3）原地两脚交替前后移动。两脚平行站立，在原地做两脚交替前后移动，体会轮

图 14-14 原地移动重心

子在脚下的位置和滚动时的感觉。

（4）原地踏步。两脚成丁字站立，原地做身体重心向左移至左脚，提起右脚（稍离地面），然后右脚轮子着地，脚跟靠脚弓。原地移动重心向右移至右脚，提起左脚。依次两脚交替提起、放下，逐渐加快速度至正常走路节奏，体会轮子在脚下的位置，控制身体重心，维持平衡。

（三）直线滑行

初步掌握基础滑行技术后，应进一步学习滑行技巧。基础滑行是两脚交替进行的，间隔短，基本没有单脚支撑滑进的过程，重心移动很小，几乎是直线前进的；而滑行时单脚支撑滑时间长，重心移动较大。事实上，滑行时身体由于倾斜在轮滑鞋的一侧或另一侧，即使用外刃进行滑行，轮滑并不是沿着直线，而是形成弧线轨迹向前滑进的，这才是正确的滑行技术。

直线滑行有四个重要动作：蹬地动作、收腿动作、重心移动及摆臂动作。简单地说，蹬地要有力，重心移动要及时到位，收腿要快，要干净利落，蹬摆协调。

1. 基本姿势

（1）上体前倾大约 30°角左右，目视前方 10~12m 处。

（2）背部自然放松稍收胸，两肩稍向内含，臀部稍向后坐。

（3）两腿弯曲半蹲，两臂配合两腿协调动作。

2. 蹬地动作

（1）蹬地脚与前进方向呈 15°左右的开角。

（2）蹬冰动作要在滑动中进行，也就是说边滑边蹬地。滑行速度越快，蹬地应越向侧方，这样才能找到有力的支点，蹬地要充分利用身体的力量。

3. 收腿动作

（1）大腿要带动小腿，膝关节要弯曲，腿部要放松。

（2）收腿动作既要放松又要快速，要沿着最短路线收腿靠拢滑足。

（3）浮腿收回着地，首先外刃着地，时间短是过渡，随后过渡到平刃着地，使身体从外倾摆动到垂直状态，接着内刃着地结束，使身体摆动自如。

4. 重心的移动

（1）身体重心移动要彻底且恰到好处，鼻、膝、脚三点正好落在一条垂线上。

（2）重心集中在支撑腿上，利用重心增加蹬地力量。

5. 摆臂动作

（1）肩关节放松，摆动时以肩关节为轴。前摆手臂自然弯曲，前摆手不要过鼻，后摆向侧后。摆动时两臂贴住身体，利用惯性交替摆动。

（2）两臂的摆动与全身动作要协调配合。

6. 完整动作

全身配合是完成滑行技术和高速度滑行的重要因素。这四个动作既有分解又有机地连成一体。每个环节都要做得利落，衔接恰当，两腿交替反复进行，这样滑行速度必然加快。

（1）两腿之间的配合。惯性滑进时浮腿收腿，单支撑蹬地时浮腿摆动，双支撑蹬地时浮腿着地。

（2）上体和腿的配合。即上体随着两腿交替移动而不断地转移重心，使整个身体重心集中压在蹬地腿上，充分利用身体重心增加蹬地力量。

（3）两臂和两腿的配合。滑行时两臂的摆动必须协调地配合两腿的用力，以增强轮子的蹬地力量和加快重心的移动，提高滑行频率。直线滑行是保持滑动平衡的过程，练习要注意：左脚向左斜侧方向蹬地面，右脚向右斜前方滑行。左脚蹬地后随即将重心移向右脚，左脚离开地面变成浮足，并及时向右脚靠近，以便准备下一个滑步。右脚蹬地时左脚滑行方法与上相同：两腿弯曲，重心下降，两臂于体侧斜摆动，借以帮助维持身体的平衡。

7. 注意事项

（1）身体重心向左脚或右脚的移动要及时。

（2）每次蹬地要注意保持向斜侧方。

（3）浮足收腿靠拢要及时到位。

8. 易犯的错误

（1）蹬地面偏向后，出现滑脱现象。

（2）两脚交替轮换时，重心的移动不及时。

9. 练习方法

（1）单蹬双滑。右脚轮子蹬地，将重心推送到向前滑进的左腿上。右腿轮子蹬地后，迅速与左脚并拢成两脚同时滑进。当速度减慢时，再用左脚轮子蹬地，将重心推送到向前滑进的右脚上，左脚蹬地后迅速与右腿并拢成两腿同时滑进。

（2）单蹬单滑。上体前倾两臂要自然下垂或双手互握，两脚稍分开，成外八字站立，重心放在右腿上，用右脚轮子蹬冰，左脚向前滑行。伴随蹬冰动作的结束，将重心推送到左腿上，左腿成半蹲屈支撑惯性滑进，继续向前收回右腿，同时左脚轮子蹬冰。伴随左腿蹬冰动作的结束，将重心推送到成半蹲屈支撑惯性滑进的右腿上。

（3）前双曲线滑行。两脚平行站立，左脚以内刃向侧后蹬地（四轮不离地），身体重心在右脚上，向右滑双脚曲线，然后右脚用内刃向侧后方蹬地，重心偏向于左脚，向左滑双脚曲线，依次连续进行。该动作主要体会身体重心的移动与蹬地动作的协调配合，感受滑曲线时流畅的滑行感觉。在双脚曲线滑行的基础上，身体重心逐渐移至单脚上，成单脚滑行，慢慢减少双脚滑行过程，直至单脚支撑滑行，另一脚在滑行脚后举起。

（4）单脚向前直线滑行。两脚成丁字形原地站立，左脚在前，右脚在后，两腿稍弯曲，用右脚内刃蹬地，重心慢慢移至左腿，右腿蹬直后右脚蹬离地面，成左脚向前滑行。然后收入右脚在滑足侧面落地后，左脚蹬地重复上述动作，成右脚单脚向前滑行。两脚交替向前直线滑行。整个滑行中，两手向侧分开帮助维持身体平衡。

（四）转弯滑行

转弯滑行分为惯性转弯滑行和弧线转弯滑行。

1. 惯性转弯滑行

当向前滑行有一定速度后，身体向转弯方向倾倒，利用惯性转弯滑行的动作方法。向前滑行时，两脚平行稍靠近，向左转弯时，左脚在前，右脚在后，重心在两腿之间的前三分之一处。转弯时身体重心向左倾斜，倒向两脚着地点的左侧，鼻、膝、踝成一条直线也向左倾斜，使两只轮鞋的左侧着地，身体借助惯性就会自然地向左转弯。如做向右转弯时，动作方向相反。

2. 弧线转弯滑行

为了在转弯时不减速，就必须通过压步动作产生加力。

（1）基本姿势。1）重心要牢固地控制在支撑腿上，形成稳固的支撑；2）身体向弧线中心倾倒，支撑腿与地面夹角为70°左右。

（2）蹬地动作。1）上体放松，髋关节伸展，重心及时、果断向弧线内侧偏离移动；2）伸髋蹬地时，压低膝、踝关节，重心压在支撑腿上。

（3）收腿动作。1）左腿蹬地时，右腿收腿，大腿带小腿，越过支撑腿；2）右腿蹬地时，左腿收腿，大腿带小腿，靠近支撑腿；3）收腿时，借助反弹力迅速屈膝放松浮腿，浮腿和支撑腿之间形成10°左右夹角；4）浮腿着地时，前轮先着地然后过渡到全轮着地，着地点在身体倾倒后的重心投影点上。

（4）摆臂动作。1）右臂摆动幅度大，左臂摆动相对右臂小，方向偏向左；2）左臂摆动，大臂贴身前后摆动；3）弧线滑行左、右臂的摆动，必须协调配合蹬地腿的伸展用力。

（5）完整动作。全身配合是完成弧线转弯滑行技术和创造高速度弧线转弯滑行的重要因素。这三个动作既有分解又是有机连成一体的。身体倾倒要做得及时、果断，交叉压步衔接恰当，重心稳定，两腿交替反复不断蹬地，这样弧线转弯滑行速度必然加快。1）上体和腿的配合，即上体随着两腿交叉蹬地过程中，重心要平稳地沿着圆弧运动，使整个身体重心集中压在蹬地腿上，充分利用身体重心增加蹬地力量，加快蹬地频率；2）两腿的配合，由于没有惯性滑进阶段，两腿必须不断交替蹬地；3）两臂和两腿的配合，滑行时两臂的摆动必须协调地配合两腿的伸展用力，以增强轮子的蹬地力量，提高滑行频率。

（6）注意事项。1）身体倾倒要及时，重心要平稳地沿圆弧运动；2）每次蹬地要注意保持沿圆弧切线方向；3）浮足收腿靠拢要紧贴支撑腿，着地及时到位。

（7）练习方法。1）陆上向左移步。上体前倾两膝关节弯曲、两脚与肩同宽、重心放在右脚上，左脚向左跨半步，重心移到左脚上，右脚向左脚靠拢。成开始姿势，重复练习。2）原地向左交叉步。上体前倾，两腿半蹲，将重心放在左腿，右腿侧出伸直，推着右腿向左腿的左侧前方迈出大半步。当右腿落地时身体重心从左腿移到右腿上。左腿伸直，然后左腿从右腿的右方收回向左侧迈出大半步成开始动作。在原地做右脚从左脚轮滑鞋前上方压步成右脚在前，左脚在后的弧线转弯滑行姿势，反复练习。3）圆弧右腿蹬地转弯滑行。从站立姿势开始，左脚支撑，右脚向右侧蹬地，左脚支持向前滑行一段，两脚并拢。在左脚没有做下一次蹬地动作时，左脚先向左稍微改变一下方向，接着右腿再做一次蹬地动作，按上述动作反复练习。4）圆弧左前交叉步转弯滑行。在圆弧上向前滑行获得速度后，右脚蹬地，左脚沿弧线滑行。身体向左倾斜，两腿弯曲。右脚蹬地结束后，用大腿带动小腿，越过支撑脚，右脚着地后向左前方滑出，同时左腿蹬地，两脚交替蹬地反复练习。5）圆弧右后交叉步转弯滑行。背对滑行方向后滑，左脚蹬地，同时身体倾向右侧，两腿弯曲，右脚沿弧线滑行。左脚蹬地后抬起，在右脚前方落地沿弧线向后滑行。同时右腿蹬直，用大腿带小腿靠近支撑脚，跨向圆弧内，两脚交替蹬地反复练习。

（五）停止技巧

在掌握了一定的滑行方法，获得一定的滑行速度后，就应该学习停止滑行的动作。通过学习刹停法能更好地掌控滑行方向和速度，以适应在滑行中发生的各种情况，避免冲撞等意外伤害事故的发生。刹停动作有以下五种方法。

（1）制动块停止法。向前滑行的停止方法，利用直排轮滑鞋后端装有制动块，在向前滑行的过程中，只要将重心移到没有制动块的腿上，用有制动块的脚前伸摩擦地面，前后脚平行滑行，前脚翘起做主支撑，重心前移，平稳加力，就可以停止下来。停止时，两臂前侧举以维持平衡。

（2）丁字停止法。单脚向前滑行开始，浮足在滑行脚的后跟处成丁字形放好后，将浮足慢慢放在地面上以后轮内侧轮柔和地压紧地面，减缓向前滑行速度，直到停下来为止。

（3）双括弧停止法。在向前滑行时，两脚同时做逆时针（或顺时针）方向急转，左脚以外刃、右脚以内刃与滑行方向成90°角压紧地面，同时身体向左急转，重心移到左腿上，两膝弯曲，两臂前侧伸，即可使身体停止下来。

（4）正滑转倒滑停止法。从正滑变倒滑后，支撑腿在左腿上，支撑体重，右腿向后撤出，在滑足后成为丁字形，一次性支撑住或滑弧停住，前脚支撑，两臂前伸平衡。

（5）内“八”字停止法。在获得一定的向前滑行速度后，两脚平行分开站立，随后脚尖内转，两脚以轮子内侧柔和地压紧地面，两腿弯曲，上体稍前倾、臀部下蹲，两臂前伸维持身体平衡，就会逐渐减速至停止。

第三节 跳　绳

跳绳是一项非常有效的有氧运动，在外国，跳绳与游泳一起被称为最完美的体育运动。跳绳不受人数、场地、时间、季节、年龄的限制，只要有一块小空地，一条绳子，一人、两人或多人都可玩起来，而且运动量可自由控制，是一种锻炼方法十分简便的民间运动项目。

一、起源

当“女娲引绳在泥中，举以为人”时，绳子便伴随着人类一起生活了。祖先们拿它来记事，用它来捆扎收获的农作物、搬运东西或驱使牛马等家畜。绳子是人类生活中重要的工具之一，又因为绳子像盘曲的蚊龙，中华民族又是龙的传人，所以人们对绳子的崇拜贯穿于人类史（“绳”与“神”谐音）。

早在南北朝时，我国就出现了跳绳运动，距今已有1500多年的历史。隋唐时称跳绳为“透索”，宋朝时称跳绳为“跳索”，明朝时称跳绳为“跳白索”，清代出版的《有益游戏图说》一书中，称跳绳为“绳飞”。民国时称为“跳绳”，并于1939年在福建省沙县举行的国民体育表演会中，设有跳绳个人表演。这一时期，城乡小学上体育课或课外活动，都开展跳绳运动。

二、世界跳绳运动

目前，全世界的跳绳运动发展很快，已经发展成为一个世界性的体育竞技项目。许多国家和地区都已将跳绳列为本国运动会的正式比赛项目，并定期举办全国性的跳绳比赛。如英国、法国、加拿大、美国、日本、韩国、新加坡、澳大利亚等。在国际上，很多国家和地区都建立了全国性和地区性的跳绳运动组织。20世纪90年代，国际跳绳联盟宣告成立，至今该联盟已经举办过六届世界跳绳锦标赛。

国际跳绳联盟总部设在加拿大蒙特利尔，理事会设在比利时首都布鲁塞尔。有欧洲跳绳联盟EUROPE、美国跳绳联盟PAN-AMERICA、太平洋跳绳联盟OCEANIA、非洲跳绳联盟AFRICA、亚洲跳绳联盟ASIA。

第一届亚洲跳绳锦标赛于2001年在首尔体育大学举行，第二届于2004年在泰国曼谷大学举行，第三届于2005年在马来西亚吉隆坡举行，第四届于2007年在印度首都新德里举行，第五届于2009年7月在中国香港举行，第六届于2011年7月在韩国的木浦市举行。第七届于2013年7月在新加坡举行。第八届于2015年7月在马来西亚吉隆坡举行。第九届于2017年7月在韩国仁川举行。第十届于2019年7月在中国香港举行。

三、我国跳绳运动

（一）中国跳绳健将

1. 王守中

王守中人称中国“绳王”，年过七旬，来自北京，中国五摇跳第一人。2002年4月12日创造了71根绳142人摇，同年7月11日创造吉尼斯世界纪录。百人网绳跳世界纪录至今无人能破。创造“交错绳”“短飞飞”“波浪绳”“外手换棒”“平行转”等几百个跳绳花样。

2. 胡安民

西安也有一位“跳绳王”——胡安民。他总结出“跳绳的四个基本功”，即“双踏罗”“一鼓两响”“前后打”和“蹲下式”。特别是“前后打”，其使以往只能从脚下穿越的跳绳，变成了从头顶飞过，让双脚空闲出来得以做出各种花样动作。胡安民编创了绳操、绳舞、绳技、绳拳。1994 年，105 岁的体育界泰斗、西北大学终身教授王耀东看了胡安民的表演，当即挥毫“中华跳绳王”。

3. 胡平生

胡平生，河北秦皇岛人，6 岁开始跳绳，他首创竞技跳绳运动，集竞技性、艺术性、观赏性于一身。他自编的五大系列 100 多种动作都被起了很有民族特点的名字：直飞、扯花、快花、龙花、凤花……国际跳绳联盟副主席李钟瑛为胡平生发明的上百种高难度的技术动作和套路惊叹不已，称胡平生是“中国第一跳绳专家”，其绳技是“中国一绝、世界一绝”。他发明了获得国家乃至国际专利的“胡氏”特制绳具，先后获香港中华专利技术博览会金奖和伦敦国际专利技术成果博览会金奖，给跳绳运动的发展带来了质的飞跃。

（二）陕西跳绳运动

陕西是跳绳的故乡，曾多次掀起跳绳热。1957 年西安某高中上学的胡安民创编了“跳绳舞”。1959 年，陕西师范大学举办了我国第一个跳绳培训班。1981 年，中国体育报发表了胡安民老师“论跳绳”的部分内容《跳绳的分类和方法》，随之全国各地响应国家体委号召，开展了“三跳”比赛，1992 年，举办了“西安首届跳绳大赛”。1993 年举办了“西安第二届跳绳大赛”，陕西电视台现场免费直播 100 分钟，开创了电视直播跳绳比赛的先例。1993 年，西安师范学院成立了全国第一家“跳绳协会”。1995 年“陕西省跳绳交流团”应邀访问新加坡。1999 年，西安师范学院成立了世界上第一所“跳绳艺术学校”。1999 年 9 月，陕西花样跳绳队赴京参加国庆 50 周年庆典活动，并荣获第六届全国民运会表演项目技巧类一等奖。2000 年登上了陕西电视台春节文艺晚会。2001 年 1 月，陕西花样跳绳队应邀访问香港，为“全港跳绳大会”助兴。2002 年花样跳绳列入“陕西省第三届民运会”正式比赛项目，结束了跳绳只是民间活动的历史；2003 年、2007 年、2011 年陕西花样跳绳队分别在银川市、广州市、贵阳市荣获第七、八、九届全国民运会表演项目技巧类一等奖。

（三）跃动 · 上海花样跳绳队

2008 年北京奥运之后，中国民间体育正在迅速崛起。跃动 · 上海花样跳绳队响应国家号召，不断对民间跳绳进行深度开发和改进，研发出一套极具特色的跃动跳绳体系。

2003 年，跃动 · 上海花样跳绳队的前身——民间体育跳绳俱乐部，在中国第一所高等体育学府——上海体育学院成立。2004 年，花样跳绳频频亮相国内大型赛事活动，队伍骨干多次深入民间调查研究，汲取民间跳绳运动精华。2005 年，花样跳绳作为民间体育优秀项目走进上海社区，团队被评为上海市大学生“先进集体”。2006 年，中国花样跳绳联盟——跃动 · 上海花样跳绳队正式成立，开始与国外跳绳组织交流合作。2007 年，跃动 · 上海花样跳绳队参与上海市教育局、体育局和卫生局共同联手科研课题“青少年儿童运动干预减肥”。2008 年，跃动 · 上海花样跳绳队与中国花样游泳队相聚三亚迎奥运，获得全国跳绳比赛团体总冠军；2009 年，他们代表中国参加第五届亚洲跳绳比赛，获得上海市优秀团队；2010 年，他们代表中国参加第八届世界跳绳比赛。随着跃动教材以及教学光盘、教学培训、跳绳器材等投入市场，“跃动”所到之处无不引起轰动，迅速在全国掀起了一股大众花样跳绳运动的热潮。

四、跳绳运动的优点

(一) 简单易行

跳绳花样繁多，可简可繁，随时可做，一学就会，特别适宜在气温较低的季节作为健身运动。从运动量来说，持续跳绳 10min，与慢跑 30min 或跳健身舞 20min 相差无几，跳绳 1h 可以让机体消耗 1300cal 的热量，可谓耗时少、耗能大的有氧运动。

(二) 跳绳对人体身心健康帮助大

1. 对心脏机能有良好的促进作用

经国内外专家研究，跳绳对心脏机能有良好的促进作用，它可以让血液获得更多的氧气，使心血管系统保持强壮和健康。

2. 提高呼吸的能力

不间断的跳绳可以增加呼吸频率和每次的呼吸量，从而促进人体的呼吸机能，减少患上呼吸道疾病的可能。

3. 增强神经系统的功能

跳绳过程中，精神状态是十分集中的。为了保持跳绳的持续性，需要神经系统集中起全部的注意力高度控制节奏，从开始跳几个到几十个、几百个的过程便是神经系统全面加强的表现。

4. 增进人体器官发育

跳绳能加快胃肠蠕动和血液循环，促进机体的新陈代谢，有利于儿童健康成长。

5. 促进骨骼的生长

对于青少年来说，跳绳可以促进骨骼的生长，使骨骼的血液循环得以改善，刺激生长激素分泌，促进增长身高。

6. 开发智力

跳绳可以提高大脑的思维灵敏度和判断力，有助于人的左脑和右脑平衡、协调地发展。跳绳时的全身运动及手握绳对拇指穴位的刺激，会大大增强脑细胞的活力，提高思维和想象力，因此跳绳也是健脑的最佳选择。

7. 提高身体综合素质

跳绳可以锻炼人的弹跳、速度、平衡、耐力和爆发力，同时可培养准确性、灵活性、协调性，提高整体素质。

8. 预防疾病

跳绳可以预防诸如糖尿病、关节炎、肥胖症、骨质疏松、高血压、肌肉萎缩、高血脂、失眠症、抑郁症、更年期综合征等多种病症。

9. 增强意志品质

跳绳到一定的时间完全是靠我们的意志品质的支持才可以坚持，稍有松懈便需要从头再来。对于意志薄弱者不妨用跳绳的方式来挑战自己的意志。

10. 促进身心健康

跳绳花样繁多，可简可繁，随时可做，全家人可以在一起进行双人或者是三人的跳绳运动，不仅趣味性强，还促进了家庭融和。

（三）是一项适合大众的体育健身运动

中华医学会心血管病分会副主任胡大一教授曾为青少年的健身提供了一道良方，他呼吁在青少年中开展跳绳运动，因为它是对付肥胖、预防血脂异常、高血压最切实可行的方法，跳绳可以让全身的关节与肌肉参与工作，也是一个很好的锻炼耐力的有氧代谢运动。

跳绳运动，男女老少皆宜，只等着大家去实践了，而且跳绳就像游泳和骑脚踏车一样，一旦学会了，一辈子都不会忘记。跳绳花样繁多，可简可繁，随时可做，一学就会，因此成为现今在全世界流行的健身方法，加上越来越多的娱乐明星也把跳绳作为自己保持身材和锻炼身体的方法，更使得跳绳这一普通的活动成为大众健身的明星活动。

五、跳绳的基本技术

跳绳运动分为趣味类、花样类、体能类、表演类、技能类五大类，竞赛项目有计数赛、花样赛、表演赛三种，跳绳技术有一百多种技术动作，现就最基本的动作介绍如下。

（一）花样跳绳的基本动作

花样跳绳以其独特的魅力吸引着成千上万的跳绳爱好者，无论是高难度的花样动作，还是一些简单的花样动作，都离不开最基本、最基础的动作，也就是我们所说的基本功。下面就花样跳绳的几个基本功的动作与方法进行说明，以供跳绳爱好者参考。

1. 单摇跳

单摇跳是跳绳最基本的技术，也是跳绳练习者最常用和最简单易行的练习方法，是练习跳绳者速度和控绳能力的基本功训练。

技术动作：双手握住绳把，目视前方2m处，上体正直或稍含胸，脚尖朝前或稍微内扣，双脚并拢或稍前后站立，双脚向上跃起一次绳从脚下通过一次。脚的腾空高度约为5cm，双脚向上方跃起时，腰腹用力，带动大腿，踝关节放松，大臂和双肘紧贴体侧，小臂与身体平面约有30°夹角，与地面平行线约30°夹角，跳时小臂始终保持开始时的状态，用手腕发力摆动绳子做回旋运动。

练习方法：计数跳、计时跳、规定次数跳和铁人跳。

2. 双脚交互单摇跳

双脚交互单摇跳俗称双踏锣，是一项练习跳绳者速度与协调性和控绳能力的基本功训练，国内外的大小型比赛都将其作为比赛项目。

技术动作：双手握住绳把，目视前方2m处，上体正直或稍含胸，脚尖朝前或稍微内扣，双脚前脚掌交替着地，单脚跃起一次绳从脚下通过一次。脚的腾空高度约为10cm，双脚交替向前上方或上方跃起时，腰腹用力，带动大腿，踝关节放松，脚落地时有轻微的趴地动作，大臂紧贴体侧，小臂与身体平面约有30°夹角，与地面平行线约30°夹角，跳时小臂始终保持开始时的状态，用手腕发力摆动绳子做回旋运动。

练习方法：计数跳、计时跳、规定次数跳和铁人跳。

3. 双摇跳

双摇跳俗称一鼓两响，这是一项练习跳绳者弹跳力、耐力、爆发力和控绳能力的基本功训练，是国内外比赛的正式比赛项目，也是花样跳绳最重要的一个基本功。

技术动作：双手握住绳把，目视前方2m处，上体正直或稍含胸，双脚脚尖朝前屏住，向上跃起一次绳从脚下通过两次绕过身体两周，双脚用前脚掌着地。腾空高度约为10~15cm，向上方跃起时，腰腹用力，带动大腿，双膝可伸直或微曲，踝关节放松，大臂紧贴体侧，小臂与地面平行线约30°夹角，跳时小臂始终保持开始时的状态，用手腕发力摆动绳子做回旋运动。

练习方法：计数跳、计时跳和规定次数跳。

4. 双手交叉单摇跳

双手交叉单摇跳俗称挽花，是一项练习跳绳者双手力量、协调性和控绳能力的基本功训练，是国内比赛的正式比赛项目，也是花样跳绳最重要的一个基本功。

技术动作：目视前方2m处，上体正直或稍微含胸。双脚落地或单脚交替落地，脚的腾空高度约为10~15cm，下肢动作同单摇跳动作。上肢动作为第一次跳时双手体前交叉过绳一次，第二次跳时过一个单跳，两次跳过为一个完整的动作。

练习方法：计数跳、计时跳和规定次数跳。

5. 蹲下跳

蹲下跳，是一项练习跳绳者下肢力量的专门性练习。

技术动作：双手握住绳把，目视前方2m处，屈膝成蹲姿，上体正直，双脚脚尖朝前屏住，用前脚掌着地，脚后跟离地，双脚向上跃起一次绳从脚下通过一次。向上方跃起时，腰腹用力，带动大腿，踝关节放松，双臂在体侧平举，用手腕发力摆动绳子做回旋运动。可进行单摇蹲跳、双摇蹲跳、挽花蹲跳和旋转蹲跳。

练习方法：计数跳和计时跳。

6. 前后打

前后打是一项练习跳绳者协调性、控绳能力和跳绳姿态的专门性练习。可用于行进间的动作串联及花样动作的串联，是绳舞、绳操、花样跳的一项重要基本功。

技术动作（以右侧摆绳前后打为例）：抬头挺胸目视前方，双脚并立，双手手心向上握绳把，绳落于体后准备，双手向前转腕同时屈左臂向前摆绳，使绳子由体后向右侧起绳到右前方，双手再由右前方画弧至左前方摆绳，其间绳打地于体前20cm处，然后右臂屈肘，双手手心由下朝上翻腕向右后摆绳，双臂在体后伸直将绳子从右后方摆动至左后方，其间绳子打地于体后20cm处，完成一次前后打动作。要求是绳的前落点与后落点始终打在体前、体后20cm两点上。

练习方法：原地前后打、转身前后打和左右前后打。

7. 侧打抡绳

侧打抡绳是花样跳绳中一项重要的基本功。此动作可以脚过绳也可以脚不过绳，主要练习控绳能力和抡绳的速度。

技术动作：两脚并立或前后开立，绳由体后经头顶抡至体前，左手体侧画弧至身体右侧，右手由体侧画弧至身体右侧前方，双手交叉（小臂手腕相叠）左手在上，抡绳一次后（绳在体侧画一圆弧），右手在上左手在下，双手交叉在身体右侧（同第一次交叉），然后双手交叉在体前抡绳（由右侧经体前胸腹部至身体左侧），右手由上交换至下，一次完整动作完成。

练习方法：慢速练习和快速练习。

以上几种跳绳的方法，是花样跳绳最基本也是最重要、不可缺少的跳法，这些动作可以组合也可以分解开来做，在这几种跳法的基础上，还可以创造出更多的花样动作来。

（二）长绳“8”字跳的技术

集体项目在跳绳比赛中最为精彩，也是最能体现团队精神的项目，长绳“8”字跳就是其中一项，该项目为我国各级跳绳比赛的正式比赛项目，现将有关的比赛规则要求和训练相关事项介绍如下。

1. 比赛名称

长绳“8”字跳（以下简称为“8”字跳）在我国各地叫法不一，如鱼贯跳、进出跳、飞人跳、飞龙跳等，其实这些都是根据跳绳过程中的表现而做一些形象生动的比喻而拟名的。我国第一部关于跳绳的竞赛规则颁布以后，统一称为长绳“8”字跳。

2. 比赛时间

正式比赛时间为 3 分钟，但是有时根据自身实际情况可以做相应的调整。例如小学生和老年人身体综合素质较差，比赛时间就可以相应的做以调整，缩短比赛的时间。

3. 参加人数

“8”字跳比赛要求人数为 10~12 人，其中两名运动员摇绳（男女不限），其余 8~10 人男女各半。这些运动员为一个团体，摇绳运动员和跳绳的运动员可以互相调换。

4. 比赛办法

比赛开始与结束均以口令或鸣哨为信号。裁判员发出“选手准备”指令后，所有参赛运动员就位；发出指令“预备”后，所有参赛运动员做好跳绳准备，摇绳选手持绳站好，间距不小于 3.6m。在口令或鸣哨后将绳同方向 360°摇起，运动员无论采用何种方式须依次以“8”字路线跑入绳中跳跃、长绳过双脚一次、再跑出长绳，则计次数 1 次，在规定时间内累积完成次数。比赛在 9m×9m 的场地进行。

5. 技术特点

“8”字跳为集体项目中的一项计时计数跳比赛，就是指在单位时间内累积成功次数，所以比赛需要速度和团体的配合。选择最佳的进出绳角度可以保证稳定性；起跳点与落点的选择对进出绳的速度影响极大；比赛的摇绳节奏和跳绳节奏的控制可以控制速度；绳波的高度在很大程度上影响着绳子的旋转速度。

（三）跳绳中的 24 个双摇

（1）正双摇和反双摇、蹲下正双摇和蹲下反双摇。

（2）挽花双摇和编花双摇。

（3）正凤花双摇和反凤花双摇、蹲下正凤花双摇和蹲下反凤花双摇。

（4）正双踏锣双摇和反双踏锣双摇、正凤花双踏锣双摇和反凤花双踏锣双摇。

（5）蹲下挽花双摇和蹲下编花双摇、双踏锣挽花双摇和双踏锣编花双摇。

（6）旋转双摇、蹲下旋转双摇和双踏锣旋转双摇。

（7）前后打双摇。

（8）割麦式双摇。

（9）剪刀式双摇。

第四节 拔 河

一、拔河运动发展的概况

拔河是人数相等的双方对拉一根粗绳以比较力量的对抗性体育娱乐活动。拔河起源于中国的春秋战国时期，唐宋以后，拔河逐渐在民间盛行。现代一般的拔河方法是：在地上划两条平行的直线为河界，由人数相等的两队在河界两侧各执绳索的一端，闻令后，用力拉绳，以将对方拉出河界为胜。在西方，拔河原为英格兰乡村的一种游戏，在1900~1920年的奥运会上曾被列为比赛项目。拔河被归入田径范畴，虽然理由十分牵强，但许多奥运史学家仍然一直把这一项目附属在田径项目上。但自从第七届比利时安特卫普奥运会后，国际奥委会考虑到拔河缺乏基本的体育比赛条件，因而取消了奥运会的拔河比赛。

拔河是古老的游戏和运动，历史十分悠久，在全世界广泛流行。据唐人封演《封氏闻见录》记载："拔河，古谓之牵钩。"早在春秋战国时期，我国的拔河运动就有记载。相传楚国攻打吴国前，楚将曾以篾缆为工具，训练"牵钩"。后来襄汉一代（古楚国属地）人民就沿用"牵钩"练武，或者在正月十五的时候，作为一种力量较量的娱乐活动。据《景龙文馆记》记载，唐代宫廷也有拔河活动。景龙四年（公元710年）清明，中宗命传臣为拔河之战。参加那次拔河比赛的有9位宰相、5位将军和2位驸马，分成两队。据《唐语林》载，唐玄宗也曾多次主持过拔河比赛，参加人数最多可达千余人，场内喧声雷动，使在场的观众，莫不震撼。唐代以后，拔河活动更是盛行于民间，历久不衰。

我国最早进行拔河活动的方法及器材，据《封氏闻见录》介绍："古用篾缆，今则大麻绳，长四五十丈，两头分系小索数百条挂于前，分二朋，两勾齐挽，当大绳之中，立大旗为界。震鼓叫噪，使相牵引，以却着为输，名曰拔河。"由此可见，我国古代拔河的方法和使用的器材，与目前开展的拔河运动已十分相似，所不同的是，现代拔河运用的大绳上已不再分系小索，不再把绳索挂在胸前。拔河用的大绳也短得多，只有25m左右，每队上场角逐的队员也只有12~15人左右。比赛方法也比以前严格得多，场地上划有一定的区域，规定一定的时间，有一定的局数等。但是目前全国还没有一个统一的规则。我们相信在不久的将来，随着拔河运动的开展，拔河统一的规则一定会出现。

20世纪80年代前，拔河运动在世界上极为普及，1900~1920年的历届奥运会，拔河均为比赛的项目之一。现在，每两年国际上组织一次世界拔河锦标赛。目前，国际拔河联合会还未得到国际奥委会的正式承认。我们相信，尽管拔河运动成为国际上流行的竞技运动项目尚需时日，但拔河运动深受各国人民的喜爱，在各国群众性运动项目中的地位不容忽视，拔河运动将日益显示其强大的生命力。

二、拔河运动的好处

（一）拔河运动对人体有极高的锻炼价值

经常参加拔河运动，对增进国民的身体素质和健康状况有很大好处。拔河时腿部要用力蹬地，腰部要挺直，手臂要用力握绳往后拉，脖子都要使上劲，总之，全身都要用力。所以，经常练习拔河，可以使人体的肌肉骨骼系统得到有益的锻炼，尤其能提高力量和耐力。拔河是一项强度较大的对抗性运动，它要求在较短的时间内动员全身各器官、系统投入紧张的工作。因此，经常进行拔河练习，可以改善神经系统的功能，提高和增进呼吸系统及心血管系统的功能，促进新陈代谢。

（二）培养团结合作的集体主义精神

由于拔河运动的对抗性很强，尤其是比赛双方势均力敌时，常常出现拉锯局面，甚至相持不下，这就要求全队队员心往一处想，劲往一处使，听从指挥，步调一致。从某种意义上讲，它比球类等其他集体项目更要求团结合作，行动统一。因此，经常练习拔河，不仅能够增强体质，而且可以培养集体主义精神，锻炼坚韧不拔的顽强意志和坚持不懈的毅力。正是由于拔河运动有很大的锻炼价值，而其本身又简便易行，只要有一块狭长的平地和一条长而结实的粗绳就行了，它可以同时吸引多人参加，而又不受性别、年龄、季节气候的限制。因此，拔河运动很容易开展，也值得开展。

三、拔河运动的技术和战术

（一）拔河技术

拔河运动比较简单，一般人都可以参加，谁都会抓着绳子使劲往后拉，可是要想使全队的力量集中地表现出来，还得讲究科学的方法及合理的技术，如果一味盲目蛮干，就会既表现不出实际水平，又达不到锻炼的目的，有时还会受到伤害。下面介绍拔河运动的技术及有关的注意事项。

1. 握绳的方法

握绳的方法，一种是两手心都朝上，另一种是两手心相对，也有其他个人习惯的握法。

无论怎样握，都必须握得紧才能用上劲。实践证明，更便于用力的握绳方法是：握绳时，一手在前，一手在后（一般讲，哪个腋下夹绳，那只手就在后，这样才有力量），相距2~3m。虎口向下，叉住拔河绳，然后握住，两手相对向外一拧，同时握紧。两手握绳后，两臂弯曲，向内收紧，靠绳一侧的腋窝夹住绳子，使力量集中于一处。这时眼看指挥员，咬牙闭嘴，从头到腰基本保持一条直线，两膝稍屈，身子下沉。从实际效果来看，无论采用哪一种握法，后面的人在他前面一人的背后握绳比较好，但要注意应离开前一人后背适当的距离。那种一开始就紧贴着前面人的后背握绳，或者前后两人手臂交叉握绳的办法是不可取的。

2. 脚的站法

“八”字步：两脚前后站立（一般讲，哪个腋下夹绳，哪只胳膊弯曲在后，同侧腿就是主要的，就稍站在后面一点），两脚跟相距约一拳，两脚尖分开成八字形，脚掌抓地，脚跟和脚的外沿用力，两膝微屈，以便启动时向后用力，这种站法比较稳当。

“丁”字步：两脚前后成丁字步站立，前脚脚跟与后脚脚弓相距约一拳，前腿自然伸直，后腿稍屈膝。用力方法和八字步一样，但重点在后腿上。启动后，两腿同时用力，前腿再向后移，倒着步子拉。这种站法适合于快攻。在拔河比赛时，有全队都采用八字步的，有都站丁字步的，也有两种步法混合使用的，即前面的几个人站丁字步，后面站八字步或最后一人站丁字步。

3. 身体的姿势

无论采用哪一种站法，拉的时候身体的姿势都应该是蹬腿、挺腰、仰头，全身向后用力，形成倾斜的直线。那种两手拉着，身体往绳子上趴，后拉的方法看起来很有劲，实际上力量并不大，而且不持久，用不上全身力量。

在拔河过程中，两队力量不相上下时，就需要“坚持”。坚持时一定要挺住，这时两脚蹬地的力量特别重要，腰要挺起来，仍然要向后用力，但可适当压低拔河绳，等拉时再恢复原来姿势。握绳以后，尤其是向后拉时，站成45°角左右比较合适。角度太大使不上劲，坚持时挺不住；角度太小站不稳，容易蹬空打滑。启动以后（包括坚持或刹住不动时）应该是一条呈现着向后拉的力量，而不是拉时向后拽，不拉时不用力甚至拉一下松一下。因此，从启动开始，身体基本上都是正面向前。要贴着拔河绳用力，不能趴到绳上或侧身挂在绳上。

4. 起动和起动后的技术要求

在拔河比赛中，争取主动是很重要的，尤其是在起动时，在不犯规或投机取巧的前提下，能否拉在对方的前面，往往对全局的结果起着重要的作用。由于起动的时间很短，而比赛双方都想争取这一瞬间的主动权，只有做到以下几点，才可能抢在对手前面，掌握起动的主动权。

（1）正确的预备姿势。当听到裁判员发出“预备”口令时，全体队员要迅速按原定方案站好位置，脚的站立方法和身体姿势正确，一腿或双腿稍屈，两脚呈蹬地状，注意力高度集中，等待“开始”的信号。全体队员完全处于准发力状态。只有在起动前全体队员做好正确的预备姿势，才能为起动时争取主动权打下良好的基础。

（2）灵敏的反应能力。在裁判员发出“开始”的口令后，在不抢拉犯规的前提下，哪个队起动反应快，哪个队就能及早发力，就能取得主动权。这里应着重强调，灵敏的反应能力应该是全队（包括指挥员在内）的每一个成员的必备素质，这就需要在实践和训练中不断提高反应能力。

（3）动作整齐划一。当裁判员发出“开始”的信号后，全体立即起动，拉着绳子猛向后蹬，同时猛力蹬地，使全队的力量好像变成一个人的力量一样，像火山爆发似的猛烈迸发出来。只有这样，才能为争取起动的主动权创造必备的条件。相反，如果起动反应虽快，抢在对手前面，但由于队员的动作不统一，力量分散，往往使主动局面马上变为被动局面。

（4）一切行动听从指挥。只有做到服从命令听指挥，才能做到全队动作整齐划一、步调一致，才能真正将全队的力量集中到拔河上来，才能主动出击，也才有可能掌握主动。在起动时，要想掌握主动权，统一的指挥、统一的行动是必不可少的条件。起动之后，全队跟随指挥员的信号用小步向后移动，全队要始终统一动作。只有这样，才能保证主动权一直在握。

（二）拔河战术

拔河比赛除了要以“力”取胜外，还要根据自己的特点，灵活机动地运用一定的战术，充分发挥自己的长处，不失时机地抓住对手的弱点及不足之处，将全队力量充分地调动起来，一鼓作气击败对手。一般常用的战术有以下两种。

1. 进攻战术

(1) 快攻。在对手力量较强时，采用快攻战术效果比较好，如果双方实力相当也可采用。采用快攻战术，关键在于快、猛、齐，动作要连贯，节奏要快。如果拉的动作不够连贯，或者节奏过慢，势必中间间隙时间过长，容易给对方造成反攻机会。当然，采用快攻时也要做好一旦快攻不成立即变换战术的准备。

(2) 稳攻。双方旗鼓相当或不能用快攻战术迅速解决“战斗”时，就可以采用稳攻战术。所谓稳攻，就是在与对方相持不下时，可以突然刹住，与对方僵持，以挫其士气，消耗对方体力，待对方斗志涣散或者稍有懈怠时，又突然起动猛拉；如仍不能马上奏效，可以再次刹住。“刹”的目的是消耗对方体力，寻找有利战机再次进攻，以求胜利。

(3) 以守为攻。在实力不相上下或己方略胜一筹的情况下，可以采用以守为攻的战术。所谓以守为攻战术，就是比赛一开始就全力刹住，使对方久拉不动，以挫其锐气，耗其体力，然后伺机反击，拼出全力，一拉到底，一气呵成，取得最后胜利。比赛中，采用的战术也不一定一成不变，一个好的拔河队，要能根据临场变化的情况，机动灵活地采用相应的战术，以达到迅速取得胜利的效果。

2. 防守战术

在拔河比赛中，防守是被动的、消极的，一般情况下不宜采用，但有时又不得不采用，可作为进攻的过渡。

(1) 暂时成被动状态时，如被对方拉得直向前移，但还不至于一下就被拉过去，或成拉锯状态时，可用刹住或蹲下的方法，一方面让队员稍事休息，另一方面也可借此调整队形和个别队员变了形的身体姿势，瞅准机会进行反攻。

(2) 对方一开始就猛拉甚至抖绳时，首先要稳住阵脚，不要被抖乱，可以先用刹住的办法消耗其体力，或利用对方抖绳的间隙猛拉。

(3) 如果阵脚乱了，这时，首要的是不慌张，全队应听从指挥，采取统一行动，如采用刹住的办法，整理队形，再伺机反击。

无论采用什么战术，除了以全队的实力、过硬的基本功、良好的战术意识及指挥员果断正确的指挥外，全队还必须团结一致、人人全神贯注。双方相持不下时，一定要坚持再坚持，采用的战术才能奏效，胜利才会到来。一定要记住，进攻是主要的，防守战术要在迫不得已时才采用，并要围绕进攻运用战术。即使暂时防守，也是为了再次进攻。

第五节 自行车运动

自行车又称脚踏车或单车，通常是两轮的小型陆地车辆。人骑上车后，以脚踩踏板为动力，是绿色环保的交通工具。自行车在我国内地、我国台湾及新加坡通常被称为“自行车”或“脚踏车”，在中国香港和澳门则通常称其为“单车”。

一、自行车的锻炼价值

由于自行车运动的特殊要求，手臂和躯干多为静力性的工作，两腿多为动力性的工作，在血液重新分配时，下肢的血液供给量较多，心率的变化也依据踏蹬动作的速度和地势的起伏而不同。身体内部急需补充养料和排出废料，所以心跳往往比平时增加 2~3 倍。

如此反复练习，就能使心肌发达、心脏变大、心肌收缩有力、血管壁的弹性增强。从而使肺通气量增大，肺活量增加，肺的呼吸功能提高。有研究表明，经常骑车锻炼的人比不骑车的人患心血管疾病的概率少50%。特别是由于骑车姿势的特殊，阻止了腹式呼吸，也就是这种前倾姿势有利于呼气，不利于吸气，为了获取足够的氧气，骑车人就不得不使肺泡全部动员起来，从而提高肺通气量，这样就能更好地增强肺功能。

骑车（包括健身房固定车）与健身跑一样是一种周期性的有氧运动，能增强心肺功能。人们骑车时，体能消耗较大，体内新陈代谢旺盛，身体各组织器官所需营养物质及代谢产物增多致使心跳加快，心肌收缩力增强以提高心脏输出量，保证营养物质供应及代谢产物的清除，同时也能改善血管壁弹性，预防血管硬化和高血压。

骑车以下肢运动为主，对增强下肢肌肉、关节、韧带的力量效果尤为明显。这对于伏案工作的脑力劳动者来说非常有益。骑车能锻炼人的平衡能力及协调性，从而提高中枢神经系统的功能。俗话说，老从腿起，骑车对下肢的锻炼，对抗衰老有明显效果。据国外调查统计数字证明，经常骑车的人比不骑车的人寿命长3~5年。特别是骑车锻炼的心理效应不能忽视，郊外骑车、骑车旅游，以及雨中骑车等，更能给人以美好的享受。在风和日丽的日子，约上几位朋友，在田野小路上骑车，目睹田园风光，此时愉悦之情油然而生，陶冶情趣，消除焦虑。

二、自行车锻炼的基本常识

骑自行车必须保持正确姿势，姿势的好坏与自行车车把、车座位置有直接关系。因此，自行车的型号要与骑车人的身材高矮相适应，不要勉强地改变身体姿势去适应车子。

骑车时上体应稍向前倾，但不宜过分低头含胸。腰部稍微弯曲，两肩放松，两臂伸直，应避免背部和肩部拱起，也不要塌腰。在踏蹬车时上体不要左右摇摆，否则久而久之容易引起驼背。车座高度一定要调整好，使之在蹬车时双腿伸直，从而发挥出双腿有效蹬车的力量，增强锻炼效果。

骑车郊游远足时，服装宜选宽松舒适、透气性好的运动服，最好养成戴手套习惯，以起到保暖和防护功能。鞋以硬底短统、合成橡胶运动鞋为宜，袜子以纯棉为佳，雨衣要使用自行车专用雨衣为好。在阳光或下雨时应戴帽子。旅途远时应携带专用水壶、密闭式护目镜和工具包。骑车时呼吸的节律要与动作相配合，一般蹬两圈配合一次吸气或一次呼气，呼吸要自然。自行车运动作为有氧锻炼，应是轻缓的较长时间的运动，一般应在30min以上。运动量适中，主要靠骑车速度和时间的调节，如用心率来衡量，一般以运动时心率每分钟120~140次为宜。

三、自行车自助游指南

近年来，我国有越来越多的人热衷于骑自行车长途运动健身、旅游、考察等。这样既可以锻炼身体、饱览风景名胜，又可以深入交通不便的偏远地区，考察、体验更多鲜为人知的风土民情。如果要准备骑自行车做长途旅行，且没有经验时，应注意以下事项。

（一）做好心理准备

确定旅行的目的和目标，树立坚定的信念，路再长也有终点，无论遇到什么困难，只要坚定地骑下去，就一定能到达目的地。

（二）出发前的准备

首先要收集、查阅、整理与沿途有关的各种资料和相关信息，包括较新版本的地图、交通图，沿途的地理、历史人文，名胜古迹，气象资料等。再根据个人或团队的体力状况、假期长度、旅行季节等因素制定出详细的旅行计划。一般而言，长途自行车旅行的最佳季节为每年的五至十月份。长途自行车旅行最好能结伴而行，但人数不宜太多，理想的人数为3~5人，且最好有异性同行。人数过多，沿途食宿难度较大，偏远的小地方接待有困难。由于人们之间的性格爱好存在差异，人数过多时很难统一行动；人数太少，安全保证较差。另外，人数太少，每个人的负担会相对加重，有些物资装备无论一人或多人只备一份，如修车工具、宿营装备等。

1. 选择自行车

由于自行车是旅游中的主要交通工具，所以旅游的成败与自行车的好坏有着直接密切的关系。自行车旅游属于一种体育运动项目，往往需要考核运动速度，所以自行车旅游业可分为普通自行车旅游和特殊自行车旅游。前者选用一般的加重型或标定型自行车，后者可选用特制的赛车、山地车等。特种自行车运动速度快，在不同的路线行驶时，也更加灵活有力。长途旅行，选择一辆性能优良的好车是关键，应根据自己能承担的消费能力和要骑行的路况而定。不一定最贵的车就是最好的，而是要选择最适合自己的。对于一般长途旅行用的自行车，建议选择变速山地车，一是因为它的变速性能不论对于上坡、下坡还是平路都能保证比较高的优于普通非变速车的骑行效率；二是因为它的宽胎具有良好的优于普通车的通过性，主要是在路面情况不好的情况下（坑洼沟坎、碎石、颠簸）不影响行进。

27英寸的平把全地貌车是专为长途自行车旅行设计的。该车前后均有车架，21速，可载150kg（含骑行者体重），且车胎可根据路面、载重情况自选，载重120~150kg，车带从1.50~1.75之间任选，有后架，可加装前架。如果要走的是柏油公路，也可用一般弯把27英寸细纹旅行车，车胎宽度为1.25，有后架，骑上它很轻快，适合载物不多的长途旅行。

2. 调车

一般自行车旅行是边骑边看，自由自在的，速度不是很重要，重要的是方便、舒适。车座以骑行者的腋部放在车座中间为宜，用手去摸轮盘轴心部，以摸到为准，这就是骑行者正确的车座高度。车把与车座在同一水平面上为好，高低在半寸之间。检查一下传动是否连贯，前后制动是否灵敏。

26英寸以下的轻便自行车一般不太适合于自行车长途旅行，可选比较老式的28英寸加重自行车。如是新车，在出发前一定要磨合200~300km，重新全面调整后再上路；如是旧车，要经过全面大修，特别要对车座进行加工改造。注意一定要保持坐垫表面干燥且不能有褶皱和缝合接缝，长时间骑行时才不至于磨破皮肤或长痱子。

另外，还应在自行车前后安装好挂包架。背着背包长途骑行非常疲劳和不舒服。最好还应在自行车大梁上安装一个水壶架，以便在骑行中可随时方便地取用水。在车胎内注入一些补漏剂，一旦车胎被刺破，只需将刺入物拔除，破孔向下打足气，即可自动将破孔堵住，保证继续骑行。出发前，一定要掌握自行车的调整和修理技术，包括备胎、更换车条、更换刹车块，修理、调整前后中轴、修理飞轮等。

3. 服装

如果是在夏季或在较暖和的季节骑行，最好能购置专门设计的短骑行服。如没有骑行服，特别是没有骑行裤时，可直接穿有弹力的紧身裤，里面不要再穿着其他服装，并且在经常摩擦的部位涂抹一些能起润滑作用的油脂。夏季骑行应穿着长袖上衣和遮阳帽，以免晒伤皮肤。冬季或在气候寒冷的地区骑行时，除注意保温外，还要注意防止衣裤或鞋袜过紧而导致血液循环不好以及引起冻伤的发生。另外，骑行时不能戴口罩，因呼出的热气会在不知不觉中在口罩外面结成薄冰，造成面部僵硬损伤。冬季最容易冻伤的部位是耳朵、鼻子和手脚，要特别注意这些部位的保温。可采取骑行和推车步行结合的方法，以促进和改善全身血液循环。还要准备一件雨披，除防雨外，还有许多其他用途。

4. 其他装备

为防风吹和小飞虫侵入眼睛，要准备好骑行眼镜。有颜色的可防强烈的阳光照射，无色的适用于阴天，还有一种浅黄色的骑行眼镜专门适用于夜间。准备一个小药箱也是必不可少的。常备药品要包括治疗腹泻、肠胃不适、感冒、水土不服、消炎、外伤、眼药水等药品，还应准备一些十滴水、风油精、清凉油、痱子粉等。冬季则要准备一些冰疮膏、寒痛乐、姜茶等。在西北地区，要多准备一些饮用水（每天需 5~10L）。

（三）注意事项

1. 道路选择

自行车旅游，对道路要求比较高。旅游时应选择平坦、易于通行的道路，除迫不得已，应尽量避免走坡道、土道，这对人和车都有损害。

2. 骑车技术

自行车旅游特别是长途旅游，掌握好自行车技术是很重要的，目的是为了节省体力，保证安全。自行车车座的调整，是自行车技术的一个重要方面。一般来说，以车座较低并有 5°~10°的后倾最便于长途旅游。一是低车座蹬车灵活，可用脚的不同部位轮流蹬车，这样可使脚的各种肌肉轮流休息，延长耐久性；二是车座低，人的位置相对降低，可减少空气阻力，也便于伏在车把上，改进空气流向；三是车座低，微后倾，可使身体挺直，臀部受力均匀，减少疲劳感，同时又可减轻双臂负担，保护手腕；四是车座低有利于安全，在遇到紧急情况时，双腿伸直便可着地，这样可避免造成危险。因此，旅游时对车座的调整，应以中等车座为最佳，这对保持体力、速度、耐力都有很大的好处。此外，自行车旅游选择适当的速度也是非常重要的。

3. 骑行速度

速度应保持在每小时 15km 左右，体力好的可加快到每小时 20km。自行车旅游贵在保持速度，选择适当的速度，切忌忽快忽慢，有劲拼命骑，没劲步步停的现象。途中休息也可保持每二至三个小时一次，不要想停就停，应坚持到时间或预定地点再休息。在特殊的道路条件下行车，适当地掌握行车速度更为重要。无论是山间小路，还是又长又陡的下坡道，车速度既不可太快，也不可太慢，应因地制宜选择速度。

每天骑行的时间，在开始的 3 天到一周内，不宜太长。以每天 6~7h，骑行 120~130km 较为合适。身体适应后，每天增加 20~30km，也不会有太大的问题。长途骑行后两脚会充血肿胀。休息时要平躺，尽可能把脚放在自行车上休息一下。

掌握骑行速度，以鼻吸鼻呼为主。在干燥地区旅行，可在鼻腔内适量涂一些凡士林油，可避免鼻腔干燥，保障呼吸顺畅。如果需要用口呼吸，那么就是强度大了，或是累了，这时应当减速，调整变速器。上坡、下坡时，使用变速器不要一下变几个档。

4. 季节特点

夏季，由于气温太高，白天骑行体力消耗极大，容易中暑等，不宜骑行，最好选择在早晚骑行。如必须露宿时，应随身带一个防潮垫。换上干燥的衣裤，穿上雨衣，躺在防潮垫上，并且时间不宜过长，切不可穿着汗湿的衣服就地随意躺卧。

夏季骑行时，如感到头晕头痛、全身无力、烦躁心慌、恶心呕吐、舌干口渴、出虚汗、心跳加快等症状，要迅速到阴凉处躺下休息，马上服用一些“十滴水”，等身体恢复后再逐渐活动。冬季骑行时，如感到皮肤发痒、红肿、麻木甚至起水疮时，要尽快用冻疮膏轻轻涂抹并做好局部保温。

第六节　野 外 生 存

一、野外生存概述

（一）野外生存的概念

野外生存是指在人迹较少的自然生态环境中维持生命的所有行为组合。野外生存是一种行为，也是一种能力，更是一种精神。

（二）野外生存的起源

野外生存起源于第二次世界大战期间。当时大西洋商务船队屡遭德国人袭击，许多年轻的海员葬身海底。人们从生还者身上发现了共同的特征，他们并不一定都是体能最好的人，但却都是求生意志最顽强的人。于是在德国人库尔特·汉恩等人的提议下创办了“阿德伯威海上学校”，训练年轻海员在海上的生存能力以及船触礁后的生存技巧。这就是最早的野外生存学校。

战争结束后，野外生存的独特创意和训练方式逐渐被推广开来，训练对象由海员扩大到军人、学生、工商业人员等群体。训练目标也由单纯体能、生存训练扩展到心理训练、人格训练以及管理训练等。随着人们对生活多元化的追求，野外生存训练不断被更多的人所接受。近 30 年来，随着现代文明的发展，野外生存训练在西方一些发达国家里，已逐渐成为中青年追求的一种时尚。人们出于爱好探险、厌倦了人造的娱乐场所、热爱大自然等原因，以个人、家庭、团队为单位，去一些原始的、人迹罕至的地方，通过野外生存活动，化解生活和工作压力，增强自己的意志，强健自己的体魄。

（三）野外生存的价值

野外生存中特别强调培养人的积极性、主动性、创造性和协作性。通过野外实践活动、技能的学习和操作，掌握野外行走、露营、埋锅造饭、获取食物和水、看地图、指北针和 GPS 使用等野外技能，学会处理野外险情及自救等。

野外生存是融健身性、娱乐性、实效性和终身性为一体的体育项目。在江、河、湖、海、森林、山地、草原、雪原、荒原等自然环境中进行活动，在领略优美风景、放松心情的同时，借助一定专业装备，依靠智慧和力量去克服遇到的各种自然障碍，学会基本的生存技能，锻炼意志品质。通过经受大自然的考验，达到促进身心健康、培养团队精神、提高生活情趣、学会生活的目的，既能满足享受生活乐趣的需要，又能体现人生观、价值观的教育。

由于当今大多数年轻人受社会经济发展、家庭条件等因素的影响，习惯以自己为中心，缺乏与他人交往的能力，使得身体素质、心理承受能力和社会适应性的总体发展呈下滑趋势。在人迹罕至的自然环境中生存，需要团队间和团队内部的协作精神。明确本人在团队中的角色定位，在自己或他人遇到困难时主动寻求帮助或帮助同伴，共同保证整个生存过程的顺利进行。通过对体力、毅力、交往、分工、协作等全方位的锻炼，培养人们的社会能力，提高他们今后面临生活、就业等压力时的适应力和竞争力。

（四）国内外野外生存的发展概况

1. 国外野外生活生存概况

野外生活生存训练在一些发达国家已非常普及，而且内容丰富、形式多样，如休闲类的野炊、露营、爬山、游泳、垂钓等。挑战类的，如百万美元大比拼，让来自世界各地的17对夫妻、兄弟姐妹或好朋友进行17天的生存生活大比拼，在这17天中，他们将经受攀岩、崖降、野营、定向越野、穿越丛林、横穿沙漠等一系列的大自然磨炼和在各个国家中寻找规定物品的社会考验，每天淘汰一组人或按准时回来的人计算，直到最后一天最先到达的人，可获100万美元奖金。除了社会上自发和有组织的野外生活生存活动外，很多国家还把“野外生活生存”列入学校教育的科目中，作为提高学生健康、培养人格、增强适应社会能力和竞争力的教育课程，如新西兰、美国、英国、澳大利亚等。

2. 国内野外生活生存概况

国内开展野外生活生存活动的时间比较短，除专业的登山组织以及需要在野外进行地质、森林、矿藏等科学考察勘探的机构和人士外，民间很少有专门的群体与组织进行这项活动。20世纪80年代中后期，由于对外开放的进一步扩大，西方的一些现代休闲、娱乐方式进入我国，其中也包括了野外生活生存。现在国内已有许多专业从事野外训练活动的户外运动俱乐部和拓展训练公司，大都采用商业操作形式，以营利为目的。训练形式有个人项目、团体项目。训练科目有水上、野外、场地、室内等。教育部通过对国内外学校体育教育的综合考察，认为野外生活生存训练是一种能够全面培养学生能力和素质的体育课程，并以课题的形式来检验该项活动对大学生健康水平的综合影响，以便于进一步推广。大学生野外生活生存训练是教育部“十五”规划的重点课题，是训练大学生心理承受能力，培养野外生存、生活能力，提高身体素质，热爱大自然，养成保护生态环境意识的一门新型体育教学课程，也是目前提高学生素质教育质量的有效教学途径。

二、野外生存的准备

（一）制定计划

要确定科学合理的野外生存目的地，根据目的地的实际情况制定日程和安全计划，尽可能地搜集当地的气象、环境、人文等有关资料，并根据资料制定日程、活动内容、人员分工。根据不同户外活动的特点，事先制定应急预案和措施。为了以防万一，出发前还要将自己的计划通知给家人、朋友等。

（二）野外生存的身心准备

做好体格检查，确保身体健康，并做好卫生防疫工作。进行全面的身体素质练习，在耐力、力量、速度、柔韧、灵敏性等方面进行全面训练。保持正常心态，避免盲目乐观，对各种可预见困难做好准备，培养吃苦耐劳的品格和团队精神。

（三）野外生存的物资准备

根据目的地的气候、地形及选择的活动方式合理选择鞋子、袜子及服装。户外鞋应提前几个月购买，并在外出实践前试穿磨合，以防新鞋磨脚。穿越植被比较多或在森林行走时应穿长衣裤。要准备好保暖用品，必要的服装、点火工具、简易帐篷、绳索、雨具、刀具、机械表、指北针，适量的水和食物及部分药品和药棉纱布，以及地图、对讲机、手机等通信工具。

三、野外生存知识与技巧

（一）野外判定方向

1. 利用北极星判定

夜晚，在月朗星稀的夜空下，我们总会找到形似勺子的北斗星座，在勺端七倍距离处有一颗明亮的星，那就是北极星，它的正下方就是正北方，顺时针即是东、南、西方，如图 14-15 所示。

2. 利用太阳和手表

将手表放平，以时针所指时数（每日以 24 小时计算）折半的位置对准太阳，“12 时”所指的方向就是北方。如在下午 2 时 40 分，应以 7 时 20 分的位置对向太阳，此时“12”字的方向即为北方，如图 14-16 所示。为提高判定的准确性，可在“时数折半”的位置上竖一细针或草棍，并使其阴影通过表盘中心。判定时，应以当地、当时的时间为准。

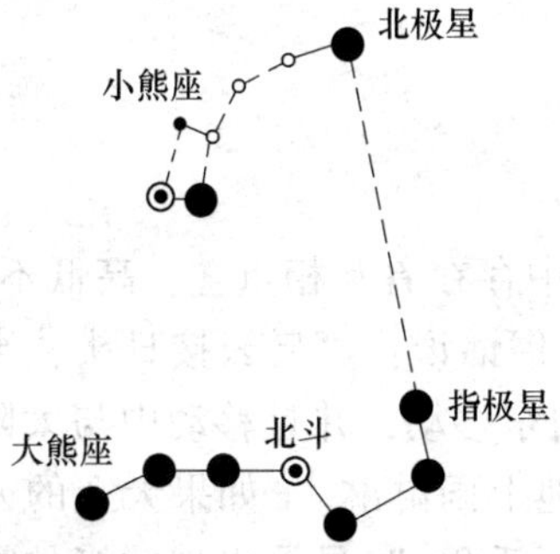

图 14-15　利用北极星判定方向

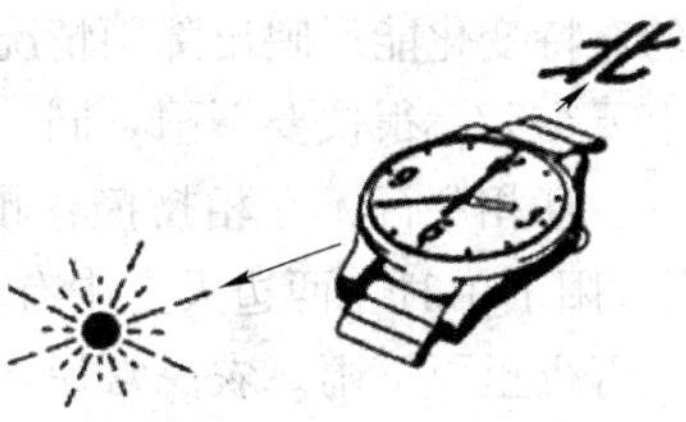

图 14-16　利用太阳和手表判定方向

3. 利用太阳阴影判定

选择一平整的地面，在地面上立一根细直的长杆，在太阳的照射下就会出现一个影子，并将影子标示在地面上，等待片刻（约 10~20min），再标出影子的新位置，然后过两个影子的端点连一直线，此直线就是概略的东西方向线。根据已知的东西方向线，在其上任选一点作垂线，这条垂线大体就是南北方向线，如图 14-17 所示。

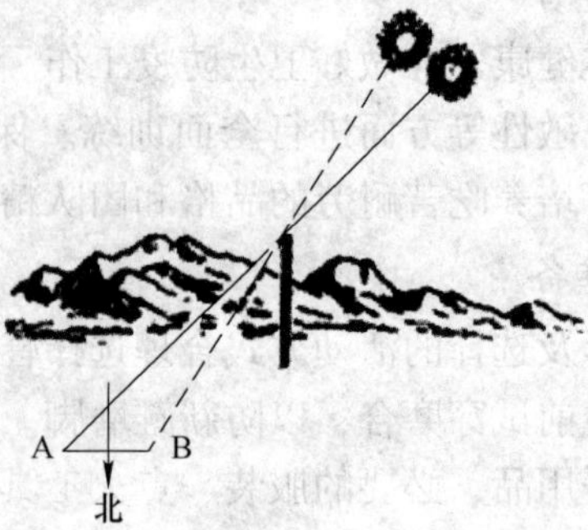

图 14-17 利用太阳阴影判定方向

4. 利用地物特征判定

如独立大树，通常是朝南方向枝叶茂密、树皮光滑，朝北则相反。独立树砍伐后，树桩上的年轮通常朝北方间隔小，朝南方间隔大。植物朝南方干燥、青草茂密，冬季积雪融化比较快；朝北方潮湿，易生青苔，冬雪融化比较慢。北方平原地区较大庙宇、宝塔的正门和农村住屋的门窗多数朝南开。

（二）识别天气

1. 观察动物

动物对气压变化相当敏感，观察它们的反应可以预测近一两天的天气变化情况。

如果看到河里、池塘里的鱼不停地跳出水面，或者浮上水面来，说明空气气压低、湿度大，预示着天要下雨了。如果发现有大量的蚂蚁搬家，或者两群蚂蚁打架，燕子低飞，蜻蜓满天绕圈飞，预示着天要下雨。如果天气长久干旱、炎热，突然有蚯蚓从地下钻出来，说明近日要下雨。如果发现蜘蛛出来添丝，说明几日内不会有雨。燕子高飞，蜻蜓在草丛中、树林间轻松地飞来飞去，说明天气晴朗。如果是连续阴雨，发现蚯蚓从地里钻出来，蜘蛛出来结网，说明天要晴了。

2. 根据云彩判断天气

云的奇特变化能反映出降雨情况。

天上云交云，很快要下雨。同一时间内，如果空中存在着互相重叠、高低不同的云，趋势不一，互相穿行，互相挤撞，预示着天要下雨。俗话说：“乌云接日头，半夜雨淋淋。”当太阳下山时，西边天空中有乌云出现，由西向东移动，并且移动中与太阳连接上了，预示着夜里要下雨。农民常说：“天上钩钩云，地上雨淋淋。”如果天上的云彩似钩子状，预示着雨就会随后赶来。“朝霞不出门，晚霞行千里。”早晨出现鲜艳的霞光，说明天要下雨；如果傍晚出现美丽的晚霞，说明明天是晴天。“天上馒头云，今天晒死人。”如果天上出现的云彩像馒头一样，预示着短期内连续晴天，太阳十足。“鱼鳞天，风雨都会翻。”如果天上的云彩像鲫鱼的细小鳞片，预示着天要下雨或者刮风。“西北天开锁，明日日高照。”在阴雨天，如果西北方向的天空云层裂开，露出一块蓝天，预示着雨停云消，晴天将到。

（三）野外行走技巧

出发前最好准备一根手杖，不仅能减少旅途的艰辛，还可以作为防卫武器，驱赶某些野兽。在平路行走时，应保持匀速。特别是刚开始出发时，应避免走得太快而造成疲劳，影响后面的行程。有规律地休息，平均每走30~45min就休息5~10min，必要时调整各自的负荷以便更舒服些。上坡时身体前倾，步伐小，可采用外八字形步伐并保持匀速前进；下坡时身体后倾，步伐小，可采用内八字形步伐；上下很陡峭的山坡可采用侧身走，或采用“之”字形路线横向行走，必要时使用安全绳。在丛林行走时应选择林间主道或小道行走，做好定向，以防迷路。穿丛林时最好穿长袖衣裤，避免和减少草木的树枝刺伤或划破皮肤，同时还可以避免蚊虫叮咬。系好鞋带，可将鞋带围绕踝关节一圈系紧，避免过长的鞋带被树枝挂松而影响行进。行进中用木棒打草惊蛇，同时注意树下有无毒蛇，注意勿被地面的树桩或藤蔓绊倒。在山地行进时避免穿林翻山，走大路不走小路，走高不走低，并注意断崖滑坡。夜行时注意发挥指北针作用，保持方向正确，尽可能在开阔地行进。黑夜里应缓慢前进，步幅要放小，重心前移之前应试探一下，如果是下坡，可以使身体重心后移拖着脚走。

（四）野外饮食

1. 取水

水是生存物质中最重要物质。在温暖条件下，每人每天至少饮3L水，在无法正常供水情况下要尽量减少水的消耗。

（1）节水方法。多休息，少活动；不要抽烟；待在阴凉场所，如果找不到，可搭一凉棚；不要躺在热腾腾的地面上；不要进食或尽可能少进食，如果身体得不到水分，体液会从要害器官转移以便消化食物，这会加速脱水，且脂肪很难消化，需要大量水分；不要饮酒，那样会使器官消耗大量水分；不要谈话，不要用嘴呼吸，可以用鼻呼吸。

（2）寻找水源：

1）植物。生长着茂盛植物的地方多水。

2）动物。注意观察，有许多动物会在拂晓或者黄昏时分出来觅水，动物的足迹往往会通向水源地。

找到水源后，根据水的颜色、气味、温度、水迹等概略地鉴别水质的好坏。纯净的水在水层浅时无色透明，深时呈浅蓝色。用玻璃杯或白瓷碗盛水观察，通常水越清水质越好。一般清洁的水是无味的，而被污染的水则常有一些异味。为了准确地辨别水的气味，可以用一只干净的小瓶，装半瓶水，摇荡数下，打开瓶塞后立即用鼻子闻。也可把盛水的瓶子放在约60℃的热水中，闻到水里有怪味，就不能饮用。

水的净化：1）利用水质净化药片（清水1片、浑水2片）。2）在一罐清水内滴入5滴2%的碘，在比较浑浊的水或者冷水中滴入10滴（等待30min以后即可饮用）。3）把水煮开，持续10min。4）沿着水源地开挖一条沟，就可以利用土壤来达到过滤作用。5）搭一个分层三脚架，在每一个过滤层内分别放入青草、沙子、布等过滤水。

（3）收集雨水。雨水通常可直接饮用。下雨时，可用雨布、塑料布大量收集雨水。用空罐头盒、杯子、钢盔等容器收接雨水。容器应放在干净的石头上，不要放在地上，否则雨势较大，地面的泥会溅到接水的容器中。

（4）制水方法：

1）利用植物蒸发袋制水。

2）通过蒸馏、冻结等方法淡化海水。

3）在找水极其困难或身处极特殊的环境里时，可将注意力转向饮用水的代用品。如植物的根、皮、叶都可用来吸吮，抑制干渴；人畜的尿液，在特殊情况下可直接饮用；污水煮沸后可饮用；动物的血也可饮用。

2. 取火

（1）燃火材料：

1）火种。火机、火柴和随身携带的打火石、棉花等火种。把火种保存在一个防水、防潮的容器里。

2）引火物。干燥的树枝、树叶等。

3）燃料。干枯的大木棍或树干、成捆的干草、干燥的牛粪等。

（2）燃火的地点。燃火之前应选择一个良好的地点以满足取暖和安全烹饪食物的目的。

1）选择一个隐蔽的位置。

2）把直径 2m 以内的堆积物清扫干净，直到露出地面以下的土壤。

3）若地面潮湿，就要首先用树木搭建一个平台，上面铺一层沙子或石子。

4）在有风的情况下可以挖一个土坑，在土坑内生火。

5）不要在潮湿或者多孔渗水的岩石附近生火，因为遇热达到一定程度，岩石有可能发生爆炸。

6）准备一桶沙子或水，一旦火势过大可随时扑灭。

3. 宿营

选择宿营地，理想的宿营地应地面平整、排水性好、靠近水源、附近有树，如山顶的背风向阳处或空旷的山谷。

不宜用作宿营地的地点如下：

（1）干涸的河床、河流转弯处的内侧。洪水是最危险的隐患。

（2）山顶迎风面。风大，取水不方便。

（3）谷底。夜晚较潮湿，露水多，易结霜。

（4）有枯枝或蜂巢的大树下。小心枯枝砸坏帐蓬或惊动野蜂。

（5）动物的觅水处。会受到动物的干扰。

四、野外常见的险情与应对措施

（一）脱离团队

在野外，脱离团队是非常危险的。出发前应再三强调纪律，并掌握相互联系的方法。同时，也要做好不慎脱离队伍的准备。全体队员必须明确每天的路程和到达目的地的时间，不可以全部依赖领队。每个人都要带地图、指北针、水壶、粮食、灯具、救生盒等必需的个人装备，绝不可出现多人共用某种装备的情形。万一离队时，如果确信自己可以继续走到目的地，就要继续前进，直到和队友会合；如果体能有限或过分恐慌，应先留在原地，再想办法回到团体行进的路线或上一次的宿营地寻找避难所，等待救援。

（二）迷失方向

迷路时，绝不可慌乱而乱走，这样只会更加迷失方向。首先必须安静下来，休息一会儿，然后尽量找回自己有信心找到的地点，沿途要做好标记，并在本子上记录这些标记的所在位置。寻找行程中的地标物（高山、峡谷等），尽量到制高点来确认自己的方向。

（三）遭遇毒蛇、猛兽与蚊虫叮咬

（1）预防蛇咬的措施就是要准备一根手杖，边走边打草惊蛇。应戴帽子，穿长袖外套，以及穿有强韧护脚的裤子和坚韧的靴子，并带好蛇药。

（2）预防猛兽。在行进过程中大声说话、吹哨子都会惊动一些野兽，它们会识趣地离开。如果与熊、野猪等猛兽不期而遇，应马上寻找木棍、铁锅作为武器，但动作应缓慢、轻柔，不要惊动野兽，也不要表现得过分惊慌，要慢慢地远离它们。碰到狼、野狗时，千万不要转身逃跑，应蹲下身拾石块、木棍，并背靠石壁或大树，防止它们从后面袭击，并伺机爬到树上避难。

（3）预防蚊虫叮咬。为预防蚊子、蛀、蚋等吸血性昆虫和各种蜂的攻击，应带祛风油或风油精。受到叮咬后用肥皂清洗，并将伤口内刺囊取出。

（四）遭遇暴雨、雷击、洪水、沼泽

（1）遭遇暴雨。

1）影响能见度，应更加注意辨别方向。雨湿路滑，必要时使用安全绳，确保行进安全。

2）避雨时，应注意保暖，防雷击，防山洪。

3）在宿营时遭遇暴雨，应根据周围地形和雨势大小决定是否将帐篷转移到安全地点，对帐篷进行加固，挖好排水沟，将帐篷内多余物品整理好，收入背包中，准备随时撤离。必须轮班外出，一旦发现山洪暴发、泥石流等危险存在，马上撤离帐篷。

（2）避免雷击的方法是：要避免走进被淋湿或已经有水的地方。最好踏在塑胶布上或背包及其他绝缘物上，同时要穿上雨衣以避免淋湿，然后蹲下来。躲在大树或大岩石旁边时，要避免躲在隐蔽物的正下方，而要在稍微离开这些隐蔽物且半径与这些隐藏物同高的圆圈内蹲下来避难。根据研究，身高在这些树木和岩石高度的五分之一及以下时，避雷效果最为显著。

（3）遇到洪水时应走向高处或靠近大树并抓紧背包。

（4）在沼泽中要3~5人一组，相互连接。一旦落入，不能乱动，应俯卧在背包上，“游出”沼泽地。

（五）遭遇地震、高空落石、森林火灾

（1）遭遇地震时，马上熄火，逃到空旷地或大树下。

（2）遇到高空落石时，要趁空当，迅速逃离现场，并用器物保护头部。

（3）应注意野外用火安全，不乱丢烟头、火种。野炊时，准备一桶水或沙土；撤营时，将营火完全熄灭。一旦发生山火，在燃烧初期应尽量灭火；火势失控时，尽量逃往山下或河边等安全地带，避免被火围困；如已被山火围困，可到已砍伐形成的空旷地带躲避从而保护自己。

五、野外常见伤病防治与求救

（一）昏厥

野外造成昏厥的原因多由摔伤、疲劳过度、饥饿过度等造成。主要表现为脸色突然苍白，脉搏微弱而缓慢，失去知觉。遇到这种情况不必惊慌，一般过一会儿便会苏醒。醒来之后应喝些热水，并休息。

（二）中毒

中毒的症状是恶心、呕吐、腹泻、胃疼、心脏衰弱等。遇到这种情况，首先要洗胃，快速喝大量的水，用手指触咽部引起呕吐；然后吃蓖麻油等泻药清肠，再吃活性炭及其他镇静药，多喝水，以加速排泄。为保证心脏正常跳动，应喝些糖水、浓茶，暖暖脚。被蝎子、蜈蚣、黄蜂等蜇伤后，伤口红肿、疼痒，并伴有恶心、呕吐、头晕等症状，要先挤出毒液，然后用肥皂水、氨水、烟油、醋等涂擦伤口。

（三）求救信号

求救信号有以下几种：SOS 求救信号；燃放三堆火，将火堆摆成三角形；浓烟信号，白天燃烧潮湿植物产生浓烟。

第七节 拓展训练

一、拓展训练概述

拓展训练英文为“Outward Development”，又称外展训练（Outward bound），原意为一艘小船驶离平静的港湾，义无反顾地投向未知的旅程，去迎接一次次挑战，去战胜一个个困难。拓展训练通常利用崇山峻岭、瀚海大川等自然环境，通过精心设计的活动，达到“磨炼意志、陶冶情操、完善人格、熔炼团队”的培训目的。

（一）拓展训练的起源

拓展训练起源于第二次世界大战。当时大西洋上很多船只由于受到攻击而沉没，大部分水手葬身海底，只有极少数人得以生还。人们对生还者进行了统计和分析研究后惊奇地发现，这些生还者并不是他们想象中的那些年轻力壮的水手，而是年龄偏大的海员。救生专家们调查、分析后找到了问题的答案：这些人之所以能在危难中生还，心理健康，意志坚强起着决定性的作用。那些老水手正是因为具有良好的心理素质，能够勇敢地面对危险，沉着分析处境，从而可以逃离死神。而大量年轻水手，尽管身体强健，可当灾难来临之际，却丧失了生还的信心，失去求生的希望，精神的沮丧带来心理防线的全面崩溃，从而导致智力活动的终止和体能的迅速下降，很快就葬身海底了。

鉴于上述判断，人们有意从教育训练的角度解决这个问题。于是在 1941 年，一位德国出色教育家库尔特·汉恩和一个英国船务公司的主席在英国成立了一所学校——阿德伯威海上训练学校。学校以海上训练为模式，全力协助身处险境的船员，培养坚毅的性格和建立无惧的勇气面对逆境。这就是拓展训练的雏形。

第二次世界大战以后，在英国出现了一种叫作“Outward Bound”的管理培训，这种训练利用户外活动的形式，模拟真实管理情境，对管理者和企业家进行心理和管理两方面的培训。由于拓展训练这种非常新颖的培训形式和良好的培训效果，很快就风靡了整个欧洲的教育培训领域，并在其后的半个世纪中发展到全世界。训练对象也由最初的海员扩大到军人、学生、工商业人员等各类群体。训练目标也由单纯的体能、生存训练扩展到心理训练、人格训练、管理训练等。

（二）拓展训练的发展

1. 拓展训练在国外的发展

第二次世界大战结束之后，Outward Bound 这所新型学校并没有因为其历史使命的结束而结束。1946 年，Outward Bound 信托基金会（Outward Bound Trust）在英国成立，目的是推广 Outward Bound（简称 OB）理念，并筹集资金创办新的 OB 学校，OB 信托基金会拥有 OB 的商标，掌握着该商标使用许可证的发放。1962 年曾在戈登思陶恩任教的美国人乔什·曼纳（Josh. L. Miner）在美国成立科罗拉多 OB 学校，并于 1963 年正式从 OB 信托基金会获得许可证书，成为真正将拓展训练推广开来的人。

将拓展训练在学校教育推广开来的是美国一所高中的校长皮赫（J. Piech）。经过不懈的努力，皮赫将拓展训练的方法应用于学校教育中，与现存的学校制度结合起来，为教育开辟了新的思路和领域。在当时的美国，有一些学校的老师开始对学生进行短期的探险教育，包括攀爬岩石、绳类活动等，活动大多以野外活动俱乐部的形式进行，有时也会作为日常教学课程的一部分来进行。当时这些教育活动仅限于教师个人的尝试和教育实践，并没有被列入正规的教学大纲中。皮赫认为这样是不够的，必须将拓展训练活动方法与高中课程紧密结合起来，并开始寻找它们的结合点和结合的方法。此后，皮赫获得了联邦教育局局长长达三年的大规模辅助经费。1974 年拓展训练计划被“全美教育普及网络（NDN）”评选为优秀教育大纲。1974 年以来，美国高中课程大纲中一直沿用该计划的学校达到 90%。1982 年，负责专门普及计划的工作人员从哈密尔顿维恩哈姆市的学校中独立出来，成立了非营利性的团体，开始拓展训练计划的普及工作。这使教育系统以外的团体（大学、基督青年联合会、野外教育机构、企业研修机构等）对引入专门计划的热情大大提高，专门计划的申请急剧增加。

1983 年，第一届拓展训练国际会议在新西兰召开。1988 年在美国召开的拓展训练国际会议提出了对拓展训练商标进行保护。1991 年在阿伯德威召开的庆祝拓展训练创办 50 周年的同时成立了国际理事会。2005 年底，拓展训练国际组织作为全球规模最大、历史最悠久、从事户外体验式教育的非营利机构，其网络已跨越了 32 个国家，成立了逾 50 家拓展训练中心和学校。

2. 拓展训练在国内的发展

1970 年，香港外展训练学校成立，这是中国第一个加入拓展国际组织的专业培训机构。1999 年该组织在广东肇庆建立了外展训练基地，成为该训练组织下属的国内第一个培训基地。1995 年，拓展被引进中国大陆并翻译为“拓展训练”，此后以“拓展训练”命名的体验教育模式整合改造后在中国逐渐开展起来。短短的十几年间，拓展训练在培训领域引起了前所未有的轰动，拓展训练培训机构遍布全国，呈几何数字增长。比较正规且形成规模（即每年培训人数超过千人以上）的培训机构已有 500 多家，而参与其中组织拓展训练或“类拓展训练”的各机构，包括培训学校、户外运动俱乐部、管理咨询公司等已超过数千家。

我国拓展训练从创建之初就与学校结下了不解之缘。初期主要是一些高校的成人培训班将它列入课程，后来工商管理学硕士（MBA）的教学接受了拓展训练，不过他们都是与校外的拓展训练学校联合授课，许多拓展训练学校对此做出了很大的贡献。真正让拓展训练植根于校园，是从2002年起，国内的一些院校开始制定大纲，开展了不同形式的拓展训练课程，修建专门的训练架，将拓展训练由社会教育回归学校教育。此课程在学生中引起极大反响，深受学生们的喜爱。现在，拓展训练已作为一门课程列入教学大纲，开设或准备开设拓展训练课程的院校越来越多。随着我国拓展训练在院校的开展，合格教师的不断增多及学校资金投入增加与场地建设的不断完善，使拓展训练的课程内容更加丰富。一些学校还建立起耗资几十万元的教学专用场地，也有不少学校开设了关于拓展训练的专题演讲或示范教学，一些院校的教师也常在一起交流关于拓展训练在学校的开展情况。拓展训练必将在学校得到很好的发展，尤其在高校中会有很大的发展空间，并且有可能在不同的专业领域内开设不同主题的拓展训练课程，比如应用心理拓展训练课、管理拓展训练课、军事拓展训练课、领导力拓展训练课等。

（三）拓展训练的作用

拓展训练的本质是一种体验式培训。学员在活动中通过亲自参与来获得个人的体验和感悟，然后在培训师的指导下，团队成员互相交流，分享个人体验，提升自我认识。大学生参加拓展训练不仅可以磨炼克服困难的毅力和勇气，挖掘自身的潜能，挑战自身的极限，还可以培养其健康的心理素质和积极进取的人生态度，培养他们的创新精神及实践动手能力。参加拓展训练将有利于大学生身体素质、心理素质，社会素质，创新素质的提高。

1. 激发想象潜能，培养学生的创造力

当今社会，创新是知识经济的灵魂，创造力是衡量科技人才质量的重要标准。而培养学生创造力和创新精神又是素质教育中的重点。激发想象潜能，培养学生的创造力是拓展训练的重中之重，很多项目都是为培养学生创造性思维而设计的。

2. 培养积极的人生态度和出色的团队精神

当代学生大部分是独生子女，从小受到家长的娇惯、纵容，使孩子养成了任性、孤立、自私、没有爱心等不良习惯。通过参加拓展训练能让学生在参与中体会到团队协作的意义，怎样与别人合作，同伴间相互的关爱和信任对彼此潜能的发挥具有重要意义。拓展训练能让团队中每一个队员在共同的目标下一起体验成功与失败，享受快乐与心酸。这种特有的氛围使得每个人都敞开自己的心扉，建立起彼此的信任、理解、关爱，懂得帮助别人就是在帮助自己。

3. 促进心理发展，培养坚忍意志，增强适应能力

心理素质是人才素质的基础，它的提高有利于人才素质的全面提高。拓展训练就像一个安全的、充满真诚并富有挑战性的心理实验场，在一些特定的环境和气氛中，学生要不断克服自己的心理恐惧，提高情绪调节和自我调控能力，保持平和心态，勇于挑战自己，战胜自己，从而塑造冷静、果断、坚韧不拔的良好意志品质。因此，参加拓展训练能对学

生的心理健康起到积极的促进作用。

二、拓展训练的基本流程

拓展训练的基本流程，如图 14-18 所示。

图 14-18　拓展训练的基本流程

（一）亲历

这是拓展训练关键的第一步。体验教育是拓展训练的专门术语，也是拓展训练活动中必不可少的内容和不可逾越的阶段。任何一个训练项目的开始都是学员在培训师的指导下去经历一种模拟的场景，去完成一项任务，并以观察、表达等行动的形式进行，这种初始的体验是整个过程的基础。拓展训练中所进行的各种活动都是体验型的实践活动，它可以与各种有不同理念背景的指导方法结合起来。

（二）感受

学员在拓展训练中置身于模拟的场景时，容易得到最真切的感受。这种感受是全方位、活性很强且印象深刻的。每一位学员由于自身认识水平不同，认识问题的角度或切入点不一致，在活动的体验中会产生各种各样的看法。在这些不同看法的影响下，活动的结果有可能是成功，也有可能是失败。

（三）分享

主要是采用回顾的方式，进行信息的交流，让受训学员把自己的看法、感受与同伴分享。通过分享与交流使众人掌握较为全面的信息，从而对事物的认识有一个较清晰的轮廓。学员在拓展训练中多动脑、勤思考，就会获得亲身的体验与感受。在一个团队中，每个人都把自己的感受与同伴分享，这样每个人都会从他人的回顾中得到经验，这也是拓展训练的一大魅力所在。

（四）总结

通过分享，我们对拓展训练的体会有了初步的认识，这时就需要把人们已获得的认识上升到一定的理论。拓展训练指导教师根据大家讨论的结果，结合相关的理论知识进行归纳总结，把学员的认识从感性认识提高到理性认识。

（五）应用

点评结束还并不能称之为万事大吉，要启发受训学员将拓展训练中所获得的经历体验和理论认识放回到实践中去检验与应用，这才是拓展训练的初衷与最终目的，这也是拓展训练的延伸。这个过程是完成认识从实践中来，最终用来指导实践的循环上升的过程，是在培训之后的生活和工作中由学员自己实现的。这也是拓展训练的终极意义所在。

三、拓展训练的实践操作

（一）拓展训练的基本环节

拓展训练是在一定理论指导下的实践过程。在此过程中应根据体验式学习和人的认识规律，一个环节一个环节地进行，努力做到前后连贯，环环相扣。必须突出拓展训练的特点和独特的魅力。拓展训练的基本环节主要分以下六个方面：破冰游戏、团队热身、个人项目、团队项目、分享、回顾总结。

1. 破冰游戏

破冰游戏的主要目的是让学员之间互相熟悉，拉近距离，以便学员能够轻松愉悦地投入到训练当中。破冰游戏是拓展训练中必不可少的一部分。

出于自我安全防卫意识，人与人之间形成了一种无形的心理隔膜，严重地影响了人际间的思想交流和情感沟通，这就是通常所说的人际坚冰，也许你并未意识到，但在你的潜意识里，这种心理防卫意识却是客观存在的。拓展训练既然要熔炼团队，就不能让心理鸿沟妨碍了训练的过程和结果。只有破除人际坚冰，才能使拓展训练达到应有的绩效。破冰的作用就是促使学员和教练彼此熟悉，消除陌生感，建立互信，使学员对课程的学习采取开放的态度。

2. 团队热身

团队热身也就是组建小组。组织团队在于使学员参与到以团队为单位的项目中来，目的是培养个人与团队间的协作、合作。在培训开始时，团队热身活动将有助于加深学员之间的相互了解，消除紧张，建立团队，轻松愉悦地投入到各项训练活动中去。

3. 个人项目

个人项目是挑战个人极限的活动设计。本着心理挑战最大、体能冒险最小的原则进行设计，每项活动对学员的心理承受力都是一次极大的考验。基本原则是在学员身体能承受范围之内，对学员心理承受力进行最大的挑战，促使其实现自我突破。

4. 团队项目

团队项目是继团队热身之后的重要环节，它以改善学员的合作意识和受训集体的团队精神为目标，通过复杂而艰巨的活动项目加强学员的合作意识，以统一任务和统一目标为基准，促进学员之间的相互信任、理解、默契和配合，形成真正的团队。

5. 分享

学员将参与活动体验的心得与其他人一起讨论、交流、分享。学员在拓展训练中多动脑、勤思考，就会获得亲身的体验与感受。分享主要是采用回顾的方式进行信息交流，让学员把自己的看法、感受发表出来与同伴分享。通过分享与交流使众人掌握较为全面的信息，从而对事物的认识有一个较清晰的轮廓。在这个过程中，拓展训练指导教师会鼓励学员积极地发言，灵活运用提问等技巧引导大家的思维在原有观点的基础上更进一步，群策群力，使众人的观点向着正确的方向前进。

6. 回顾总结

回顾可以帮助学员消化、整理和提升训练中的体验，升华出新的认识、新的思想。总结可以帮助学员展开联想，将训练中所得到的体验转移到工作与生活当中，以实现训练的整体目标。

（二）拓展训练项目分类

拓展训练的项目纷繁复杂，形式众多，人们在实践过程中又不断地开发和设计出一些新的项目。我们可以根据培训的不同目的和要求来确定和设置不同的项目作为训练科目。

在大运动量的拓展训练项目进行之前，为了避免受伤，或是在交换场地项目如遇等待时，开展一些热身游戏既可调整训练气氛，又可使筋骨得到活动。这类游戏有：生日线、我们都是一家人、百花争艳、价值组合、风中劲草、坐地起身、巧解手链、信任传递、不可能完成的任务等。

1. 室内训练项目

室内训练项目是根据拓展训练计划的要求，在室内进行的以智力为主，兼有体力游戏为辅的培训项目，有人将其称为“头脑魔鬼训练”或“头脑风暴”。拓展训练的“破冰”阶段也通常在室内进行，或遇恶劣天气在室外训练的不安全因素增加的情况下，也常安排一些室内训练项目。这些训练项目是根据培养学员的相关能力分类设置的，主要有：团队建设能力类、逻辑思维能力类、角色模拟能力类、应变能力类、观察能力类、创新能力类、竞争能力类、合作能力类、领导能力类、沟通能力类、激励能力类等。

2. 场地训练项目

场地训练项目是专门为拓展训练而设置和修建的人工场地，通常修建在风景优美、空气清新、远离喧嚣城市的郊外。该类训练项目重在通过参与有挑战性的项目，突破心理极限达到培训目标。在方法上主要以体育活动为载体，以心理认知为突破口，以组织行为的手段，提高到管理学的高度来分享点评。这类项目的培训目标明确，项目内容经典突出，形式表现活泼多样，具有极大的心理挑战性，学员的体验极为深刻。因此，这是拓展训练的主体。这些训练项目根据培养学员的相关能力分类设置，如心理素质类、体能素质类、沟通能力类、团队新人类、合作能力类、竞争意识类、创新精神类等。具体的经典项目有：信任背摔、孤岛求生、生死电网、成功之路、盲人足球、无轨电车、捆绑行动、高空单杠、跨越断桥、勇攀天梯、缅甸桥、梅花桩、毕业墙等。

3. 野外训练项目

野外训练项目是把户外运动的项目作为拓展训练的主要科目，是利用崇山峻岭、瀚海大川等自然环境，通过精心设计的活动达到“磨炼意志、陶冶情操、完善人格、熔炼团队”的培训目的的活动。拓展训练本身就是从野外生存发展起来的，因此，户外运动的每一个项目都可作为拓展训练的内容，也可以把若干个户外运动项目串编成一个综合性的拓展训练项目，这都需要根据拓展训练的培训目的而定。由于该类训练有着十分明确的培训目标，在要求上比一般的休闲式户外运动更为严格。也许由于在难度上有了人为的设计，因而对学员的体能要求必然会高一些。但是，野外的训练项目比较室内项目和场地项目有着更多的不可预测因素，对安全的要求更高，主要项目有登山、攀岩、漂流、速降、溯溪、溪降、野营等。

第八节　登　　山

一、现代登山运动的产生和发展

登山运动和其他体育运动项目一样，是在人类生产劳动的基础上逐渐形成的。俗语说“靠山吃山，靠水吃水”，世界上无论哪个国家和民族，只要具备山区地理环境，就必然要和山打交道。也就是说，人们长期生活在山上或靠近山的地方，就要从山中取得生活和生产资料，这样在找矿、伐木、采药、狩猎、战争、通商、旅行、迁徙等生产活动中，各种登山技能也在逐渐产生和发展。但这并非自觉的体育活动，把登山作为一项专门的体育运动，是从 18 世纪末期才开始的。

1760 年 7 月，在阿尔卑斯山脚下的莎莫尼村头出现了这样一张告示："凡能登上或提供登上勃朗峰之巅的路线者，将以重金奖赏。"署名者是一位杰出的植物学家——H·德索修尔。但告示贴出来之后长期没有人理会，他年复一年地贴下去，直到 1786 年，莎莫尼村的一位医生 M·帕卡尔才将这张告示揭了下来，他与该山区的水晶石匠 J·巴尔玛结伴，于该年 8 月 8 日首次登上了海拔 4807m 的阿尔卑斯山主峰勃朗峰。次年，H·德索修尔本人率领一支由 20 多人组成的登山队（这是最早的登山组织），由巴尔玛做向导，登上了该峰，验证了前一年的首次攀登，并进行了科学考察。于是，一个新的体育运动项目——"阿尔卑斯运动"（即登山运动）随之兴起。后来，人们把 1786 年作为现代登山运动的诞生年，并得到了国际登山界的公认。

19 世纪，特别是 1850 年以后的 15 年间，登山运动的发展非常迅速。世界上第一个登山组织——英国登山俱乐部，也是在这个时期（1857 年）建立的。19 世纪末以后，登山运动从竞技登山和探险登山两个方面向前发展。一方面，以西欧阿尔卑斯为中心的竞技登山持续活跃；另一方面，则是欧洲的登山家逐步向东欧的高加索、美洲的安第斯，特别是亚洲的喜马拉雅、喀喇昆仑等山区展开活动。攀登 6000~7000m 以上高峰的探险登山，日益吸引着更多的登山探险家。1919 年英国登山俱乐部向全世界宣布，英国将从 1921 年开始向地球最高点珠穆朗玛峰挑战。到 1938 年，英国队共 7 次从中国西藏进入珠峰北侧，进行攀登活动，但均告失败。

在探险登山方面，从 20 世纪 50 年代开始，出现了一个争向海拔 8000m 以上高峰进军的热潮，被称为"喜马拉雅的黄金时代"。1953 年 5 月 29 日，英国登山队的 E·希拉里和丹增从南坡首次登上了世界最高峰——珠穆朗玛峰。1964 年 5 月 2 日，中国登山队许竞等 10 人登上了 8000m 以上高峰中最后一座未被征服过的西夏邦马峰（8012m）。至此，仅仅用了 14 年的时间，地球上 14 座 8000m 以上的高峰，全部被人类征服。

二、登山运动的分类

根据登山难度、高度及是否使用登山装备，通常将登山运动分为高山探险登山、竞技登山运动、攀岩运动和普通登山活动四大项。

（一）高山探险登山

高山探险登山是登山者在各种登山技术装备的辅助下，经受各种恶劣自然条件的考验，以攀登高峰（一般指雪线以上的山岭）峰顶为目的的登山活动。

（二）竞技登山运动

竞技登山运动又称技术登山。它是一种运用熟练的攀登技术和各种技术装备，专门攀登悬崖或冰壁的登山活动。该活动始于 19 世纪末。在欧洲，诸多登山者将登山目标转移到亚洲高山区的同时，西欧以阿尔卑斯山为中心的竞技登山运动也活跃了起来。目前，在攀登技术上有两种不同的风格类型：一种是力量型，另一种是技术型。两种类型平分秋色，但技术型更具魅力。有人将技术登山称为"高山上的芭蕾"。

（三）攀岩运动

攀岩运动是一项不用攀登工具，仅依靠手脚和身体的平衡攀登陡峭岩壁或人造岩壁的竞技性运动项目。根据竞赛规程，攀岩比赛可以分为难度攀岩（即比攀登的高度、技巧）及速度攀岩（比赛攀上陡壁的速度）两种。

（四）普通登山活动

由于受登山技术和登山技术装备等各种条件的限制，广泛开展高山探险登山和竞技登山比赛是不可能的。但是，与旅游和群众性体育活动相结合，组织一些难度较低、装备条件要求简单的登山活动和攀岩比赛还是可行的。普通登山活动有两种：旅游登山和定向登山比赛。

旅游登山是一项旅游和登山相结合的活动，历史悠久，但作为现代人的旅游登山还是在20世纪70年代初随着登山运动的发展而兴起的。80年代以后，西欧、日本、美洲各国和港台地区的登山旅游活动非常活跃。在我国，由于中国登山队的成就及其在野外科学考察中的特殊贡献，而且登山运动本身又能锻炼人的身体和意志，因此，群众性的大型登山活动也随之逐步开展起来。

定向登山比赛亦是一项普通登山活动，它在欧洲、日本等国开展得较为普及，与旅游登山的不同之处在于它是一种比赛性的登山活动，因此，组织起来比旅游登山更严密，也更具有程序性。

三、登山装备

登山装备是登山活动中集体和个人所使用的专用装备、保障装备和日用装备的总称，它与登山食品、燃料一起构成登山活动的整个物质保障。

登山装备主要包括专用装备、保障装备和日用装备三大类。

（一）登山专用装备

登山专用装备是指直接与登山活动有关的装备，包括被服装备、技术装备和露营装备。

（1）被服装备：主要是常用的保暖、防护等一系列物品，如岩石衣裤、岩石鞋、御寒服装、风雪衣、高山靴、行囊及防护眼镜等。

（2）技术装备：主要是进行技术操作时的必需装备，如冰镐、冰爪、铁锁、安全带、主绳、辅助绳、雪崩飘带、钢锥、铁锤、雪铲等。除此之外，可根据每次任务的具体路段情况，改进、制备一些相应的增效技术装备，如上升器、下降器、走雪橇、金属梯、小挂梯、滑车等。

（3）露营装备：主要是提供休息、饮食的装备，例如帐篷、睡袋及灶具等。

（二）保障装备

保障装备是为了应付各种意外情况及其他目的而备用的一些器材和用具，如氧气装备、通信器材、摄影器材、自卫武器、交通工具、观测仪器、救护器材和一般用品等。

（三）日用装备

日用装备包括起居用品、卫生用品、简单工具、常备药品、辨向图仪、娱乐用品、纸张文具、缝纫用品、灯火照明、体育用品等。一次登山活动，运动员在高山区活动时间较长，有时可达一两个月，各种用品必须携带齐全。

四、登山技术

登山技术是指运动员在登山运动中，为克服在复杂地形上遇到的各种困难而采取的科学的操作方法。在登山时遇到的各种地形困难是运动员行动的威胁和障碍，登山过程，就是运动员不断排除这种威胁的过程。

登山技术主要分为结绳、保护、攀登、下降、渡河、搭桥等技术。

（一）结绳技术

结绳技术是登山运动员必须掌握的基本技术之一。在登山途中，运动员互相保护、越过障碍、攀登岩石或冰雪峭壁、渡过山间急流等都离不开绳索。绳索是登山中所使用的最重要装备。然而绳索只有通过与运动员身体或其他物体的相互连接和固定，才能起到辅助行进和保证安全的作用。结绳方法是否运用得当，直接影响绳索使用的质量和效果。

绳结依其用途不同而分为固定绳结、接绳绳结、保护绳结、操作绳结和收绳绳结五种类型。

（1）固定绳结。固定绳结是将绳索一端直接固定于自然物体上的结绳方法，固定时多采用布林结、牵引结和通过结。

（2）接绳绳结。接绳绳结根据要求，将短绳接成长绳时使用的绳结。有平结、交织结（分单双交织结）、混合结三种。

（3）保护绳结。保护绳结使绳索之间或绳索与铁锁之间能够产生摩擦和滑动的绳结，有单环结和抓结两种。

（4）操作绳结。用于特殊的攀登和下降技术中所采用的结法，有双套结和中间结两种。

（5）收绳绳结。绳索用过之后必须收拢好，以便下次再用。

（二）保护技术

为防止登山过程中因动作失误而引起意外险情所进行的各种操作，统称为保护技术。保护技术主要分为固定保护、行进保护和自我保护三种。

1. 固定保护

固定保护是对行进者预设的专门保护。根据保护与被保护者的相对位置，固定保护有交替、上方和下方三种保护方式。

（1）交替固定保护。运动员结组通过较陡峭的冰被时，多采用这种保护。

（2）上方固定保护。上方固定保护因固定保护者处于被保护者上方而得名，多用于攀登峭壁的保护中。

（3）下方固定保护。第一人攀登峭壁时，因上方无人，上方固定保护只能采用下方攀登保护，即保护者的位置在攀登者的下方。

2. 行进保护

行进保护是指行进中不需要预设专人保护，只是在出现险情后依靠保护装置而采取的一种应急保护技术。最简便的方法是用主绳将 2~5 名运动员的身体连接牢固，构成一个结组。结组行进中，一旦有人失误滚坠，同组其他人都要利用保护装置机敏地进行保护性操作，即立刻以最方便的姿势和最快速的动作，将冰镐全力插入冰雪、碎石或裂缝中，以期通过固定自己的身体而拉住滑坠者。

3. 自我保护

不管是行进保护还是固定保护，攀登者一旦失误，都不能消极地依赖别人的保护，而要尽量使用各种自救动作，这就是自我保护。特别是在行进中，如果失误滑坠，就要在呼叫"保护"的同时，迅速将身体成俯卧姿势，并用全力使冰镐尖与坡面摩擦，以减低下滑速度。

（三）攀登技术

根据不同地区的地貌特点，将攀登技术分为岩石作业和冰雪作业两大类。在两类作业技术中，一般是根据不同地形而选择相应的技术。

1. 岩石攀登技术

（1）徒手攀登法（三点固定法）。

攀登时，攀岩者的双手和双脚构成人体的四个支撑点（简称支点），当移动一手或一脚时，其他三个支点保持固定状态以使身体平衡。攀岩时身体要自然放松，以三个支点稳定身体重心，随攀岩动作的转换身体重心要随之移动，这是攀岩能否平衡、稳定、省力和成功的关键。在攀岩时身体切勿靠得太近，这样会影响观察攀岩路线和支点的选择，同时使人容易较快地疲劳。身体重心落在脚上，身体与岩面保持一定距离就不易碰撞到岩面，视野开阔，便于观察路线，寻找攀登支点。在攀登过程中身体要舒展，上、下肢要协调用力，有节奏，上拉、下蹬同时用力，身体重心的移动随支点而移动。

（2）利用器械的攀登方法。

根据攀登岩石峭壁时攀登者所使用的器械，可将利用器械的攀登方法分成以下三种：

1）上升器攀登法。第一个攀登者登到岩石峭壁顶部后，在上方将主绳一端固定好，将另一端扔至峭壁下方，固定拉紧。攀登者将上升器用扁带等连于安全带上，调整好长度（一般以手臂伸直的长度为宜）后，手握上升器，并将它们卡于主绳上。一手握上升器，另一手在上升器下方握主绳，沿绳子的方向蹬伸双腿时向上快速推上升器，使身体不断沿主绳上升。

2）抓结攀登法。抓结是一种绳结，抓结攀登是在没有上升器的情况下采用的攀登方法。其连接方法是用两根辅助绳在主绳的手捏端打成抓结，另一端即连脚端打成双套结，不断向上攀登。在操作过程中，为了维持好身体平衡，可利用岩壁的摩擦力向上抬腿，始终保持面朝岩壁姿势。

3）缘绳攀登法。当攀登的岩石峭壁的坡度小于90°时，在岩石顶部固定好主绳，将另一端扔至下方，攀登者可拉紧主绳，屈臂引体，一手迅速上移，另一手进位紧握向上攀登。

向上引体时，身体后仰角度不宜过大，两脚随着屈臂引体及时有力地向上蹬踏岩壁。蹬踏时以前脚掌为主，手脚要协调配合。为了防止滑脱，可在主绳上打结与身体连接，手握抓结向上攀登，或另增加一条主绳与攀登者身体连接，采取上方保护的方式助攀。

2. 攀登冰陡坡技术

在冰雪作业中，主要困难来自超过45°角的冰陡坡。在这种路段上攀登时，脚下容易滑脱，平衡较难掌握。一旦滚坠，下滑速度很快。因此，不仅要在脚下佩戴冰爪，而且在一般情况下，要用绳索结组，在固定保护下轮流单人攀登。如路段不长、下方又无危险地形，也可结组同时攀登。攀登时，双手在胸前横握冰镐，一手握镐头三通处，镐尖朝下，另一手握冰镐下方 1/3 处（双手距离约等于肩宽）。双臂用力将冰镐尖扎牢于冰面，然后依次移动双脚，反复进行。踏脚时也要用力使冰爪扎牢于冰面，或者采用双手各握一把短小冰镐上攀的方法。在攀登 45°角以下的冰坡以及各种雪坡时，脚下需佩带冰爪，在冰镐辅助下自然上攀即可，只是在冰坡上行进时要用力踏足，以使冰爪扎中于冰面。

（四）下降技术

陡坡、峭壁下降，主要分为缘绳下降、器械下降及坐绳下降三种。根据路线的坡度，下降分为缓坡、中坡、陡坡、峭壁等四种不同难度的技术。其中，在低于 45°角的缓坡、中坡下降，因危险性小，一般不需要特殊装备和技术，在冰镐辅助下，根据体力情况，自然下降即可。

第九节 攀　岩

一、攀岩的起源与发展

攀岩运动是从登山运动中衍生出来的竞技运动项目。攀岩是指人类利用原始的攀爬本能，借助各种装备作安全保护，攀登峭壁、裂缝、海蚀岩、大圆石以及人工岩壁等。攀岩于 1974 年被列入世界比赛项目。

攀岩技术的兴起最早可追溯到 18 世纪的欧洲。当时的登山者为了克服类似阿尔卑斯山等终年积雪的冰岩地形，发展出一套系统的攀登技术，只是此时无论在技术或者器材上都还相当简陋，一直到第二次世界大战前后，部分是应战争上的需求，攀岩才逐渐有了今日的雏形。

为了在世界推广和普及攀岩运动，国际攀登联合会（UIAA）在各大洲成立委员会，统筹洲内大赛。进入 20 世纪 80 年代，以难度攀登为代表的现代竞技攀登比赛开始兴起并引起广泛的兴趣。1985 年在意大利举行了第一次难度攀登比赛。1988 年 6 月国际竞技攀登比赛在美国举行。1989 年首届世界杯攀登比赛分阶段在法国、英国、西班牙、意大利、保加利亚和苏联举行，运动员参加各地比赛，最后累计总成绩，进行排名。世界杯攀登比赛每年举行一次。“亚洲攀委会”于 1991 年 1 月 2 日在我国香港成立，第一届亚锦赛于同年 12 月在香港举行。1993 年 12 月在我国长春举行了第二届亚锦赛。1987 年中国登协主办了第一届全国攀岩比赛，并列入全国比赛项目。

1985 年法国人发明了可以自由装卸的仿自然人造岩壁，并在法国举行了首届室内攀岩比赛。人工岩壁的出现大大增加了攀岩运动的科学性、娱乐性和观赏性，实现了人们把大自然中的岩壁搬到城区室内的久远梦想，这既满足了都市人群参与攀岩运动的需要，又避免了野外攀登所带来的风险与不便，现代意义上的攀岩运动从此便在世界各地迅速地推广开来。

二、攀岩的分类

攀岩的分类方法很多，按照不同的方法可以将攀岩分成很多种。

（一）按地点分类

（1）自然岩壁攀登。在野外攀爬天然生成的岩壁，一般是开发和清理过的难度或抱石路线。

（2）人工岩壁攀登。在人工制造的攀岩墙上攀登，包括室内攀岩馆和室外人工岩壁。

（二）按攀登形式分类

（1）自由攀登。不借助保护器械（主绳、快挂、铁锁等）的力量，只靠自身力量攀爬。此种攀登形式在我国占主导地位，考验人体潜能。

（2）器械攀登。借助器械的力量攀登，在大岩壁攀登中较为常用。对于难度超过攀登者能力范围的路线有时也借助器械通过。

（三）按保护方式分类

（1）顶绳攀登。在岩壁上端预先设置好保护点，主绳通过保护点进行保护，攀登者在攀登过程中不需进行器械操作。

（2）先锋攀登。路线预先订上数个膨胀钉和挂片，攀登过程中将快挂扣进挂片成为保护点并加入主绳保护自己，攀登者要边攀登边操作。

（3）传统攀登。将不同规格的岩石塞放置到岩壁上天然生成的裂缝、岩洞、石桥等地形中，形成保护点，再使用快挂和主绳进行保护，攀登者边攀登边操作。

（4）抱石。攀登路线短、高度低、难度大的线路，不使用主绳、安全带等保护装备，代之以安全垫作为坠落时的缓冲。

（5）自我攀登。不依赖第二人，攀登者使用器械自我保护进行攀登。

（四）按照比赛性质分类

（1）难度攀登。运动员下方系绳保护，带绳向上攀登，并按照比赛规定有次序地挂上中间保护挂索的比赛。

（2）速度攀登。上方系绳保护，运动员按指定路线进行速度攀登的比赛。

（3）大圆石攀登。岩石高度不得超过 4m，每条路线不超过 12 个支点；攀登时运动员不系保护绳，每次比赛需要选择 10 条路线攀登。

三、攀岩的装备

由于攀岩具有一定的危险性，从这项运动产生之日起，人们就开始不断地研制生产为攀登者提供安全保障和便于这项运动开展的各种装备和器械，主要分为保护性和辅助性两大类。保护性装备包括主绳、安全带、铁锁、头盔、保护器、上升器等。因为所有这些装备都会关系到攀登者的生命安全，在选择和购买时一定要考虑其质量、用途、性能等因素。一般来说，有国际攀登联合会（UIAA）认证标记或欧洲标准（CE）标记的都能保证安全。辅助性装备包括攀岩鞋、镁粉、粉袋等，可根据自己的喜爱去挑选适合自己的装备。

四、攀岩技术

（一）基本原则

（1）手脚协调统一，平稳地移动。

(2) 平衡性、灵活性、柔韧性的统一。

(3) 保持身体重心平衡，将身体的重心放在脚上。

(4) 保持自己的能量，将重力作用在脚上而不是手臂上。

(5) 合理运用耐力，减少不必要的能量消耗。

(6) 放松肢体。

(二) 基本方法

1. 身体姿势

攀登时身体要自然放松，以三个支点稳定身体重心，而重心要随攀岩动作的转换移动，这是攀岩能否稳定、平衡、省力的关键。要想身体放松就要根据岩壁陡缓程度，使身体和岩石保持一定距离，靠得太近，会影响观察攀岩路线和选择支点。但在攀登人工岩壁时要贴得很近。在自然岩壁攀登时，上、下肢要协调舒展，攀岩要有节奏，上拉、下蹬要同时用力。身体重心一定要落在脚上，保持面向岩壁、三点固定支撑、直立于岩壁上的攀登姿势。

2. 手臂动作

手在攀岩过程中是抓住支点、维持身体平衡的关键，手臂力量的大小直接影响攀岩的质量和效果。因此攀岩必须有足够的指力、腕力和臂力。对初学者来说，在不善于充分利用下肢力量的情况下，手臂的动作就显得更为重要。手臂如何用力，在人工岩壁攀登和自然岩壁攀登时情况不同，前者要求第一指关节用力扣紧支点的同时，手腕要紧张，手掌要贴在岩壁上，小臂也要随手掌紧贴岩壁而下垂，在引体时，手指（握点）有下压抬臂动作。其动作规律是，重心活动轨迹变化不大，节奏更为明显。但攀登自然岩壁时其动作就变化很大，要根据支点不同采用各种用力方法，如抓、握、挂、扣、扒、捏、拉、推、压、撑等。

3. 脚的动作

攀登技术发挥的好坏，关键是两腿的力量是否能充分利用。只靠手臂的力量攀登不可能持久。脚的动作要领是，两腿外旋，大脚趾内侧靠近岩面，两腿微屈，以脚踩支点维持身体重心，在自然岩壁支点大小不一和方向不同的情况下，要灵活运用。但要切记，膝部不要接触岩石面，否则会影响到脚的支撑和身体平衡，甚至会造成滑脱而使膝部受伤。另外，在用脚踩支点时，切忌用力过猛，要掌握用力的方向。

4. 手脚配合

凡优秀攀岩运动员，上、下肢力量是协调运用的。对初学者来说，上肢力量显得更为重要，攀登时往往是上肢引体，下肢蹬压抬腿而移动身体。如果上肢力量差，攀登时就容易疲劳，表现为手臂无力、酸疼，逐渐失去抓握能力，此时，即使有好的下肢力量，也难以维持身体平衡。所以学习攀岩，首先要练好上肢力量，上肢又要以手指和手腕、小臂力量为主，再配合以脚腕、脚趾以及腿部的力量，使身体重心随着用力方向的不同而协调地移动，手脚动作的配合也就自如了。

(三) 基本技巧

(1) 拉：抓住前上方牢固支点体向上。

(2) 撑：利用台阶、缝隙或其他地形，以掌和小臂使身体向上或向左右移动。

（3）推：利用侧面、下面的岩体或物体以手臂的力量使身体移动。

（4）靠：利用能够容纳身体的裂缝，用背部靠住一侧岩面，用四肢顶住对面岩石，使身体上移。

（5）胀：将手伸近缝隙里，弯曲手掌或握拳以此抓住岩石的缝隙并移动身体。

（6）蹬：用脚掌内侧或脚趾的蹬力把身体支撑起来，减轻上肢的负担。

（7）胯：利用自身的柔韧性避开难点，寻求有利的支撑点。

（8）挂：用脚尖或脚跟挂住岩石，维持平衡使身体移动。

（9）踏：利用脚前部下踏较大的支点，减轻上肢的负担，移动身体。

参 考 文 献

[1] 白刚，观建国，郑维．大学体育基础理论与健康教程［M］. 杭州：浙江工商大学出版社，2009.
[2] 薄志炜，师长青. 实用登山攀岩技术［M］. 西安：西安地图出版社，2005.
[3] 毕桂凤，高艳华. 体育健康［M］. 徐州：中国矿业大学出版社，2007.
[4] 常超. 大学生体育与健康［M］. 北京：经济科学出版社，2010.
[5] 陈军. 登山与攀岩技术指导［M］. 长春：吉林文史出版社，2006.
[6] 陈黎. 大学体育教程［M］. 徐州：中国矿业大学出版社，2010.
[7] 崔秀. 普通高校体育选项课教材（乒乓球）［M］. 北京：北京体育大学出版社，2003.
[8] 代永胜，王湛卿. 大学生体育与健康［M］. 北京：机械工业出版社，2014.
[9] 董少伟. 大学体育理论教程［M］. 北京：北京体育大学出版社，2014.
[10] 高谊，冯永丽. 普通高校体育与健康理论教程［M］. 天津：南开大学出版社，2013.
[11] 贡建伟. 大学体育与健康教程［M］. 北京：科学出版社，2014.
[12] 黄宽柔，姜桂萍. 健美操·体育舞蹈［M］. 北京：高等教育出版社，2006.
[13] 黄伟明，郑印渝. 新编大学体育与健康教程［M］. 镇江：江苏大学出版社，2014.
[14] 黄艳美. 大学体育与健康［M］. 北京：清华大学出版社，2013.
[15] 贾鹏飞. 公共体育课教程［M］. 北京：人民体育出版社，2010.
[16] 赖锦松，余卫平. 大学体育教程（第三版）［M］. 广州：华南理工大学出版社，2012.
[17] 李晓钟. 瑜伽练习［M］. 北京：中国青年出版社，2005.
[18] 李征. 大学体育系列教材（非体育专业）［M］. 合肥：合肥工业大学出版，2002.
[19] 刘佳，胡玉华，邓集钢，等. 大学体育与健康教程［M］. 长沙：湖南大学出版社，2012.
[20] 毛秋明，黎加林. 羽毛球［M］. 长沙：湖南大学出版社，2004.
[21] 邱丕相. 中国武术教程［M］. 北京：人民体育出版社，2003.
[22] 寿文华，魏纯镭，荣丽. 体育舞蹈［M］. 北京：北京体育大学出版社，2007.
[23] 苏仕君. 大学体育健康实用教程［M］. 西安：西北大学出版社，2011.
[24] 孙克成，徐国娟. 新编大学体育与健康教程［M］. 北京：航空工业出版社，2014.
[25] 唐武英，周仁端，林春月. 大学体育与健康教育［M］. 厦门：厦门大学出版社，2014.
[26] 陶宇平. 户外运动与拓展训练教程［M］. 成都：电子科技大学出版社，2006.
[27] 田振生. 大学体育教程［M］. 保定：河北大学出版社，2004.
[28] 王皋华，张威. 大学体育与健康教程（第二版）［M］. 北京：北京体育大学出版社，2014.
[29] 王萍，李德祥. 大学体育与健康教程［M］. 北京：北京师范大学出版社，2010.
[30] 吴云，王乃英，李国梁. 新编大学体育与健康教程［M］. 济南：山东人民出版社，2014.
[31] 谢香道，刘贺余，刘国荣. 大学体育教程（第四版）［M］. 上海：会计立信出版社，2012.
[32] 杨天庆，崔雪梅. 野外生存之旅［M］. 兰州：甘肃人民出版社，2008.
[33] 殷志栋，陈应合. 大学体育与健康［M］. 大连：大连理工大学出版社，2012.